自然、文化与历史生成

唐娜·哈拉维的女性主义技科学思想研究

杨 艳 / 著

社会科学文献出版社

目 录 Contents

绪　论 / 001

第一章　女性主义视角下的生命　　043

第一节　灵长类的视野：性别、种族与自然 / 046

第二节　免疫系统中的政治学 / 079

第三节　重构自然 / 089

小　结 / 099

第二章　赛博理论与女性主义　　101

第一节　技术、文化、政治与军事的产儿：赛博 / 104

第二节　赛博本体与女性主义身份政治 / 116

第三节　新女性主义技术观 / 140

第四节　赛博：一场"文化地震" / 153

小　结 / 167

第三章　情境知识：技科学中的客观性　　169

第一节　知识与政治 / 171

第二节　情境知识 / 188

第三节　当代生命科学与技术的情境知识 / 210

小　结 / 226

第四章　伴生种：生活世界中的关系　　229

第一节　从赛博到伴生种 / 231

第二节　人与狗 / 243

第三节　关系实在 / 257

小　结 / 273

第五章　哈拉维女性主义技科学思想评价　　275

第一节　哈拉维女性主义技科学思想的方法特征 / 279

第二节　哈拉维女性主义技科学思想的定位 / 294

第三节　哈拉维女性主义技科学思想的理论意义与局限 / 354

小　结 / 370

结　语 / 372

参考文献 / 380

绪 论

一 哈拉维的学术地位及其相关研究

（一）哈拉维的学术地位

唐娜·哈拉维（Donna Haraway）是当代西方著名的女性主义学者、后现代文化评论家、STS 学者、生物学家。她有着扎实的自然科学、哲学和语言学功底，在生物学、灵长类动物学、科学史、科学哲学、科学社会学、科幻文学等方面都有很深的造诣，凭借出色的跨学科研究而蜚声学术界。哈拉维关于科学的社会与文化研究影响巨大，她的作品受到科学论者、动物学家、人类学家、社会学家和文学家的广泛引用。2000 年，哈拉维获得 4S 学会（Society for the Social Studies of Science）和科学情报学会颁发的"贝尔纳奖"，以表彰其为科学的社会研究所做的杰出贡献。

哈拉维最著名的作品是《赛博宣言：20 世纪 80 年代的科学、技术与社会主义女性主义》（A Manifesto for Cyborgs: Science, Technology, and Socialist Feminism in 1980s，以下简称《赛博宣

言》),此文一经发表,立刻在女性主义者和科学研究者中引起巨大反响。《赛博宣言》于 1985 年首次发表在《社会主义评论》上,其中的"Manifesto"一词来自《共产党宣言》(The Communist Manifesto)。《共产党宣言》是全世界无产阶级的纲领性文件,而《赛博宣言》也的确担得起 20 世纪晚期女性主义研究纲领的重任。《赛博宣言》被翻译成意大利语、西班牙语、德语、荷兰语等 12 种语言,在《澳大利亚妇女研究》等 15 家杂志上刊登,时间跨度从 1985 年到 2000 年,足见《赛博宣言》在西方学术界的影响力、生命力和经久不衰的魅力。海莉斯(N.Katherine Hayles)说:"唐娜·哈拉维的《赛博宣言》已经成为 20 世纪学术界的一个传奇,它被成千上万次地引用并被翻译成 12 种语言,它已经达到里程碑的地位,尤其是《引文索引》(Citation Index)的统计显示,与《赛博宣言》同时期的超过 90% 的人文学科论文一次都没有被引用过。"[1]哈拉维关于灵长学的出色研究一直被社会建构主义奉若经典,[2]凭借对灵长学中性别、种族、阶级因素的深刻挖掘,她获得了 1990 年"古斯塔夫斯·美尔人权奖"以及 1992 年美国社会学协会"科学、知识与技术部"颁发的"罗伯特·K.默顿奖"。哈拉维专门阐述女性主义技科学思想的《诚实的见证者@第二个千禧年:女性男人©遇到致癌鼠™:女性主义与技科学》一书,于 1999 年作为"最佳科学与技术研究著作"获得 4S 学会颁发的"路德维克·弗莱克奖"。

---

[1] N.Katherine Hayles, "Unfinished Work from Cyborg to Cognisphere," *Theory Culture & Society*, Vol.23, 2006, p. 159.

[2] 哈拉维否认自己是社会建构主义,本书也不认同这个定位。

安德鲁·皮克林（Andrew Pickering）说："唐娜·哈拉维大概是实现科学研究和文化研究结合的关键人物。"① 安德鲁·芬伯格（Andrew Feenberg）说："替代技术批判理论的最重要的形式就是人道主义的受控体（即赛博）或'非现代'的批判。"② 唐·伊德（Don Ihde）形象地把电影《黑客帝国》③ 海报上一女三男的人物造型比作当代技科学研究领域的四元主将——哈拉维、拉图尔、皮克林和他自己。上述三位科学技术论领域重要人物的评价可以有力地证明哈拉维的学术地位与影响力。

相较而言，哈拉维在国内的知名度则低得多。虽然人们习以为常地到"赛博广场"购买电脑、手机、照相机等数码产品，却很少去想"赛博"二字是什么含义。这让人喜忧参半，喜的是"赛博"确如哈拉维预言的那样，正在彻底地改变我们的生活，忧的是哈拉维这位"赛博之母"竟然无人知晓。虽然哈拉维不是"赛博"实体的制造者，也不是"赛博"一词的创造者，但她是首位阐述"赛博"本体论意义的思想家，将"赛博"由实验室引入大众文化，启发人们以崭新的方式思考问题、开展研究、从事斗争以及更好地生活。

国内学术界对哈拉维也没有给予足够的重视，这也许跟如下几点原因有关。其一，哈拉维的身份复杂，是女性主义者、科学论者、

---

① 〔美〕安德鲁·皮克林：《实践的冲撞——时间、力量与科学》，邢冬梅译，南京大学出版社，2004，第266页。
② 〔美〕安德鲁·芬伯格：《技术批判理论》，韩连庆、曹观法译，北京大学出版社，2005，第32页。
③ 电影英文名字是 The Matrix，讲述了一个人工智能与人类战争的故事。"Matrix"，即矩阵，该词的本意是子宫、母体、孕育生命的地方。哈拉维曾多次使用该词喻指"技科学"，伊德也对该词十分强调。

生物学家、社会主义者、文化批评家,她的研究具有很强的跨学科性,带来的研究难度在一定程度上造成研究者们不愿选择她作为研究对象。其二,哈拉维的女性主义者身份是一块烫手山芋,这个身份造成她的理论因不可抹杀的政治色彩而具有易被攻击的脆弱性。其三,哈拉维的作品阅读难度相当大,她的语言晦涩,文本风格多变甚至混乱,思维跳跃性强(她喜欢超文本链接,因而这个特点十分突出),而且大量运用隐喻。从事女性主义研究的学者对哈拉维多有提及,但多数只是三言两语介绍一下哈拉维某方面的思想(如灵长学研究以及赛博思想)。我们从这种提及中只能获得哈拉维思想"点"的印象,而不知其"线",更难求其"面"。而且介绍的内容基本上是西方学者公认的观点,缺乏独到的认识。特别令人遗憾的是,从事科学论研究的学者竟然很少有人特意强调哈拉维的名字,更不用说专门去研究了。当然这恐怕与哈拉维在科学论中的特殊性有关,但就其思想内容和影响来说,哈拉维应该得到国内科学论研究者的充分关注。

(二)国内外对哈拉维思想的研究

哈拉维获得的多项荣誉及其著作的极高征引率足以引起学术界的追捧和研究。但耐人寻味的是,西方学者大都热衷于对哈拉维思想的运用,将之直接与本学科结合,为本学科研究的深化服务。如社会学家、人类学家、生物学家、神学家甚至作家都发现它对本学科的启发性,并加以运用和发展。《赛博手册》是较早的从赛博技术的角度看赛博社会的文集(哈拉维为该书作序《赛博与共生体:共同生活于新世界秩序》），它集合了赛博史以及流行的赛博文化理论的重要文献，涵盖了空间技术、战争、医学和赛博的生产。Glen A. Mazis 的《人类、动物、机器：打破边界》在哈拉维赛博理论的基础上，继续深入探讨人类、动物和机器在当下的关系，最终提出建立人类、动物和机器的共同体。Mike Michael 在《重新联结文化、技术与自然》中充分运用哈拉维对赛博、杂合体（hybird）和怪物（monster）的分析，进行技术案例研究，建构了新的杂合体对象，揭示了在生产有序与无序中自然、文化和技术的交织。Nina Lykke 与 Rosi Braidotti 主编的《在怪物、女神与赛博之间》中的所有作者都采用了哈拉维的"怪物"、"女神"和"赛博"这三个隐喻，发展出"赛博女神"这个新的隐喻，并分析了"怪物"在生物医学领域的存在。

  Kevin J. O'Brien 发现了哈拉维的赛博实在对基督教传统的环境伦理所做的贡献，进而认为赛博伦理是生态神学的重要资源。Stacy Alaimo 认为哈拉维的赛博与生态女性主义会合，构成了对环境女性主义的挑战。M. J. Fischer 分析了哈拉维技科学研究的四个人类学特征，并指出人类学亦应借鉴哈拉维的研究方法。Casper Bruun Jensen 认为，哈拉维提出的异质性物质——符号存在物的动态生成的本体论，对于计算机辅助操作工作（CSCW）的重新概念化有很大的启发。与之类似，Erin Smith 分析了《赛博宣言》对于计算机辅助课堂的教学改革的启发。Edward Hall 认为哈拉维对"基因拜物教"的分析解释了遗传学知识空间化的哲学问题，对于重新评价基因技术和遗传学十分关键。海莉斯把哈拉维的思想带入文学领域。诸如此类的应用性文章还有很多，不一而足。

相比之下，对哈拉维理论的基础研究似乎少得多。《如何像一片叶子：对唐娜·哈拉维的访谈》由哈拉维的学生古迪福（Thyrza Nichols Goodeve）对哈拉维的访谈整理而成，记录了她的个人生活和思想，[①]对于简明扼要地把握哈拉维的主要思想很有帮助。Robert M. Young 在《科学、意识形态与哈拉维》中细致地分析了哈拉维的女性主义文化与政治批判。David Bell 所著《赛博文化理论家》一书主要借用了哈拉维和 Manuel Castells 的思想，分析赛博空间、网络和信息社会的文化，重点并不在于系统研究哈拉维的思想。Joseph Schneider 所著《唐娜·哈拉维：生动的理论》一书把哈拉维定位于越战之后的美国，分析了她的政治和学术关注的根源。该书较清楚地介绍了哈拉维所阐述的自然与文化的关系，哈拉维对于女性主义科学文化与社会研究的杰出贡献，以及哈拉维对全球资本主义与科学技术关系的揭示。但由于是根据访谈所写，所以该书难免带有作者个人的兴趣导向，难以全面和客观。Nick Mansfield 的《主体性：从弗洛伊德到哈拉维》考察了"主体性"这个文化理论问题的系谱，指出哈拉维的"赛博"立足于社会政治史，将主体视为权力、科学与技术交互作用的产物，交叠和交界的身份取代了本质身份，"赛博"反映了哈拉维的自觉政治学。Don Ihde 与 Evan Slinger 主编的《追踪技科学：物质性的矩阵》重点研究了哈拉维、拉图尔、皮克林与伊德四位技科学思想家的思想特点和思想交叉。

[①] Donna Haraway, *How Like a Leaf: An Interview with Thyrza Nichols Goodeve,* New York: Routledge, 2000, p. 84.

Joost Van Loon 分析了哈拉维的女性主义赛博科学观作为社会与文化理论的深刻意义。Jonathan Crew 认为哈拉维的转移代码世界缩小了科学、技术、社会与人文的鸿沟。Baukje Prins 分析了赛博杂合主体的伦理。Constance Penley 对哈拉维进行访谈，探讨普遍意义上的"赛博"。Nicholas Gane 在《赛博宣言》发表 21 年后的 2006 年访问哈拉维，探讨了其关于赛博关键概念和表述的新解释与新演进。Kirsten Campbell 分析了哈拉维的女性主义科学与社会研究中的女性主义反身性问题，这种反身性研究把女性主义和建构主义有机结合在一起。

应该承认，国外的应用性研究多数匠心独具，真正做到了将哈拉维某方面的理论消化吸收，但其基础性研究明显不足，尤其是综合性研究还属凤毛麟角。因此，对于对哈拉维不甚熟悉的中国学界来说，一项综合系统的基础理论研究显得尤为必要。

从目前国内的重要出版物来看，国内对哈拉维思想的引介和研究相对滞后，比较有价值的就是 2001 年出版的《后现代转向：社会理论的新视角》[①]一书，收录了哈拉维的代表作《赛博宣言》(此书将哈拉维作为与利奥塔、福柯、罗蒂同等重量级的后现代大师，这足以表明哈拉维作为一名后现代思想家举足轻重的地位)。美中不足的是，《赛博宣言》的译文有些翻译不够精准，一定程度上增加了这篇原本就晦涩的名作的阅读难度。2004 年出版的曹荣湘编《后人类文化》[②]收录了大量国外关于赛博、后人类和超人类的文献，这些文献都是基

[①] 〔美〕塞德曼编《后现代转向：社会理论的新视角》，吴世雄译，辽宁教育出版社，2001。
[②] 曹荣湘编《后人类文化》，上海三联书店，2004。

于哈拉维的赛博定义构建自己的理论。李燕在《全新的女权主义理论和实践》[1]中也注意到了哈拉维的女性主义"赛博格"(国内对"赛博"的另一种译法)思想并做了简要介绍。华南师范大学的王宏维也简单指出了哈拉维反对本质主义和整体论的立场。[2]

国内对哈拉维思想的介绍虽然少之又少,但也不乏可圈可点者。研究相对较为深入和全面的就是李建会和苏湛合写的《哈拉维及其"赛博格"神话》(《自然辩证法研究》2005年第3期,也是两人的译著《哈拉维与基因改良食品》的中文版序言),此文重点介绍了哈拉维其人其作,分析了《赛博宣言》、后现代女性主义科学观和基因改良食品的文化解读。北京师范大学研究生张晓荣写有《当基因改良食品遭遇后现代》[3],依托哈拉维对基因改良食品的后现代解读,探讨了基因改良食品带来的人类主体性的异化。她的另一篇文章《关于Cyborg的哲学探索》[4]考察了赛博的基本概念、渊源和哲学内涵等。周丽昀写有《情境化知识——唐娜·哈拉维眼中的"客观性"解读》[5]一文,研究了哈拉维的"客观性"思想。吴小英的《科学、文化与性别——女性主义的诠释》[6]一书在第五章"女性主义的知识构想"中详

---

[1] 李燕:《全新的女权主义理论和实践》,http://philo.rue.edu.cn/dept/teacher/mp/liyan/200512/737.html。
[2] 王宏维:《关于赛博格女性主义》,http://theory.people.com.cn/GB/49154/49156/4331218.html。
[3] 张晓荣:《当基因改良食品遭遇后现代》,《广西社会科学》2007年第4期。
[4] 张晓荣:《关于Cyborg的哲学探索》,《华北电力大学学报》(社会科学版)2004年第12期。
[5] 周丽昀:《情境化知识——唐娜·哈拉维眼中的"客观性"解读》,《自然辩证法研究》2005年第11期。
[6] 吴小英:《科学、文化与性别——女性主义的诠释》,中国社会科学出版社,2000。

细考察了哈拉维通过灵长学研究所揭示的"科学叙述策略",强调了哈拉维的建构主义倾向。这几个人分别对哈拉维思想的某方面有所涉及,分析也比较精当和深刻,但令人遗憾的是这些研究过于零散,因此,国内学界仍然维持着对哈拉维的片段式理解。不难看出,哈拉维在国内学界的地位与她在国际上的广泛声誉极不相称。而且国内的研究主题主要是哈拉维早期的赛博思想和客观性思考,其近年来的思想新进展尚无人进行研究,这对于全面认识一个人的思想而言,不能不说有极大的缺失。中文版的《哈拉维与基因改良食品》[①]也的确是理解哈拉维技科学思想的一把很好的钥匙,书中许多幽默精彩的语言和插图准确地反映了哈拉维技科学思想的关键词。但是这本薄薄的小册子毕竟只是《诚实的见证者@第二个千禧年:女性男人©遇到致癌鼠™:女性主义与技科学》一书的导读性读物,我们最多只能厘清这一本书的思想脉络,"窥一斑而知全豹"在学术研究中是行不通的。

可喜的是,2006年张巍的硕士学位论文《哈拉维的赛博格思想研究》[②]和王玲莉的硕士学位论文《哈拉维技术哲学思想研究》[③]都开始尝试系统研究哈拉维思想。张巍的论文较全面地分析了哈拉维赛博思想的内涵,主要包括赛博思想的提出背景、内涵和评价。该文特别涉及哈拉维新近的伴生种研究及其与赛博的比较,展现了对哈拉维思想发展的敏锐。王玲莉的论文主要分析了哈拉维的技术观(主要是赛博思

---

① 〔英〕乔治·迈尔逊:《哈拉维与基因改良食品》,李建会、苏湛译,北京大学出版社,2005。
② 张巍:《哈拉维的赛博格思想研究》,硕士学位论文,哈尔滨工业大学,2006。
③ 王玲莉:《哈拉维技术哲学思想研究》,硕士学位论文,东南大学,2006。

想）与其女性主义政治学思想的关系，应该说这种思考也是契合哈拉维的赛博女性主义主旨的。但是这两篇论文共同的缺点是没有把哈拉维的思想放在一个大的学术背景下（科学论、女性主义等）去考察，难以真正把握哈拉维思想的理论价值和地位。

总体来说，国内对哈拉维的认识还停留在很浅显的层面，不仅与国际学术界的研究相比落后许多，而且严重滞后于哈拉维本人的思想发展。本研究即首先在纵向上全面把握哈拉维的科学论思想，重构其科学论思想发展的历史与逻辑线索；其次，在横向上把哈拉维的思想置于当代科学论的语境之下，对其进行评价；最后，力图在上述研究的基础上深化我们对当代科学、技术以及当代生活的认识。

二 科学论、女性主义与哈拉维

（一）科学论与哈拉维

众所周知，从 20 世纪七八十年代起，由于以"追随科学家"为特征的"实验室研究"的开展，科学论研究逐渐转向"作为实践的科学"。哈拉维的研究一开始就着眼于科学活动，采用访谈、录音、实地考察等方法，体现了基本的实践研究特征。但是其研究过于强调性别中心主义、资本主义及殖民主义的作用，又使实践的意味淡化，社会建构的意味增强。到了 90 年代，哈拉维的研究出现了标志性的转折，即由以性别为中心的建构主义转向彻底的实践研究。哈拉维关注的"实践"绝不限于"追随科学家"的实验室研究，它的深度和广度都拓展了许多。她把实践植入更大规模的社会过程，包括了经济、体制、文化的约束和社会权力分配的永恒形式。她认为，医生的每一次诊断和治疗方案、政府管理机构的每一次政策选择、每个人尝试掌握一门新技术，都可被看作知识生产的实践，因此再也没有必要把目光局限在实验室、大学和研究院所的高墙内。实践本身越来越无所不包，知识的建构也越来越复杂。应该说，哈拉维的实践研究预示着实践研究的一种新趋向：走向文化批判与建构。多数实践转向的科学论者对实践中的文化、自然要素都同等地进行描述，而哈拉维则特别突出科学实践中的政治、道德、伦理、经济错综复杂的纠缠与作用，技术与自然本身反而比较暗淡。尽管如此，哈拉维淡化对性别的过分强调而转向文化批判与建构，使她得到4S职业团体的接纳，获得学会颁发的大奖，并成为学会综合性研究成果《新科学技术论手册》的顾问。

总的说来，哈拉维与主流科学论一直保持若即若离的关系。她拒绝相对主义的社会建构，却往往因为女性主义视角对性别、种族等文化要素在科学活动中的过分强调而被列入社会建构论之列。她转向彻底的实践研究，也是由于恪守对女性主义关注的政治、道德、伦理等异质性要素的偏重，而这使她的研究具有不同于其他科学论者的文化批判与建构的特征。

（二）女性主义与哈拉维

19世纪末，第一次女性主义浪潮勃发，其要求男女之间的平等，即两性的平等，主要努力集中在争取妇女的公民权与政治权利上。从20世纪60年代起，女性主义进入第二次浪潮，其基调是要消除两性的差别。这次浪潮最重要的成就就是女性主义学术研究的兴起。

"身份政治"是第二次女性主义浪潮中"性别理论"的一个重要概念，也是女性主义借以反抗男性中心主义的武器。身份政治主张所有女性都具有共同的处境、本质和经验，因此应该在与男性的斗争中联合起来。而在哈拉维看来，身份政治是荒谬的，因为所谓的"女性"身份根本就不存在，只有在种族、阶级、职业、教育等方面存在差异的妇女。更为严重的是，这种身份政治扩展到认识论领域，形成立场论倡导的"边缘认识论"，鼓吹女性等边缘群体的认识优势。哈拉维看到身份政治企图在女性主义中建立"元叙事"，这不仅脱离了女性境况的事实，而且对于女性主义运动十分有害，"身份"有可能滋生新的霸权主义。哈拉维试图彻底清算身份政治影响下的本质主义和整体论错误，铲除其政治根源及认识论根源。赛博以模糊的边界与断裂的身份摒弃了立场论的身份政治，提出了女性主义的新政治纲领。情境知识解构了边缘认识论的优越性，提出真正局部的、多元的、地方性的、偶然性的认识。哈拉维对女性主义主流政治图式与知识图式的批判和建构体现了彻底的反本质主义的后现代主义倾向，她因此成为公认的后现代女性主义的领军人物。

出于推翻唯一一种科学、唯一一种权威的目标，哈拉维工作的重要任务是对科学、本体论以及认识论中的本质主义和整体论进行清算，得到多元化的差异的科学、本体与认识。但是，对科学进行以性别为主的社会批判难以摆脱本质主义的质疑，而且容易落入社会决定论，于是，哈拉维放弃了单一的性别批判，转向更加丰富与宏观的涵盖了政治、经济、道德、伦理与技术等的文化批判。这种文化批判在动态的复杂的科学实践中研究科学,相比于其他女性主义科学论者执着于性别批判的研究,体现了哈拉维别具一格的历史生成论的女性主义特征。桑德拉·哈丁(Sandra Harding)等女性主义科学论者把客观性看作对性别的反映,这种思路没有跳出社会建构的框架。而哈拉维关注性别因素以及与性别有关的文化批判在制造科学过程中的建构性作用,已经走向实践的研究。正像哈拉维所说,女性主义更深的含义在于深入事物的运作过程,去看这个过程中有什么、发生了什么以及为什么。

从哈拉维的科学论思想可以发现她的女性主义前后发生了重要转折,分水岭就是赛博理论的提出。早期的灵长学研究严格意义上说考察的是性别视角下的科学,虽然注重科学研究的过程,但更主要的是关注科学研究过程中的性别,挖掘性别的导向,这就在一定意义上表明哈拉维此时还停留在社会建构的框架内,没有挣脱她所批判的二元论。《赛博宣言》解构了女性的本质,把女性主义发展为一种文化批判,宣布了"后性别"(post-gender)时代的到来,于是哈拉维的女性主义不再表现为突出性别对科学的重要影响,而是演变为一种更加宽泛的文化批判与建构,包括了政治、经济、伦理、道德等诸多方面。换句话说,她的文化批判与建构成为她的女性主义的新标志。也正是因为哈拉维女性主义内涵的这种转变,她的研究得到了主流科学论者的认可和推崇。

哈拉维的科学论思想既有与一般的女性主义科学论共享的视角,又有对一般女性主义科学论视角的扩展,还有对主流女性主义科学论的反思和批判。因此,哈拉维的科学论思想在女性主义科学论中居于前沿位置，我们对它的了解和认识对于全面把握女性主义科学论，以及加深对女性主义科学论发展规律的认识都具有重要意义。

三 哈拉维女性主义技科学思想概观

哈拉维的科学论思想源自她的"技科学"研究。"批判自然／文化二分与主张历史生成"是本研究概括的哈拉维女性主义技科学思想发展的主轴。如果说"批判自然／文化二分"属于哈拉维的解构性工作，"主张历史生成"则是哈拉维的建构性工作。哈拉维的技科学研究坚持"历史"这个核心概念。这里的"历史"绝不是"过去"和"已发生"的含义，而是活生生的现实过程。哈拉维的"历史"兼具哈金的"历史本体论"及道斯顿、伽里森等人的"历史认识论"之特征，它是指科学技术是在真实的实践过程（过去或现在）中产生的，是在历史、时间或社会生活中突现（哈拉维的术语是"内爆"）出来的。与他人不同，哈拉维更为关注这种内爆过程中政治、经济、道德、伦理等宏观的异质性文化要素。

（一）自然／文化二元论

笛卡尔把自我、理性置于哲学的首要地位，开近代主体论之先河；康德确立了人在认识论中的主体地位，规定了人与对象的关系。按照皮克林的说法，自然与文化、主体与客体等一系列的二元划分一直是西方现代思想的基石。因此，对二元论的讨伐就成为后现代思潮的出发点。科学论是20世纪六七十年代以来新开辟的一个在特定的阵地——"科学"内部批判二元论的领域。反对科学中的"逻各斯中心主义"的源头可以追溯到托马斯·库恩（Tomas Kuhn）的开创性工作。库恩批判了累积式的科学发展模式，代之以动静交织的科学发展图景，驳斥了"放之四海而皆准"的规范方法论准则，否认科学真理为自然界之真理和理论选择的实践标准，把社会、历史、心理诸因素揉成一团，作为范式选择的标准。但是激进的解读者从范式的不可通约性得出"一切知识都是文化决定的"，自然根本不起作用或作用很小这个相对主义的命题，于是，在科学论领域，"自然/文化"这对范畴开始凸显，并成为科学论最核心的范畴。

在库恩的感召下，社会建构论、后殖民主义理论以及女性主义理论争相投入对科学的社会与文化研究。以"爱丁堡学派"为代表的社会建构论主张用社会因素解释科学知识的内容，其核心主张"对称性原则"给自然/文化二元论以沉重打击。但是由于固守社会一极否定自然一极，这种"新的不对称"使社会建构论仍在自然/文化二分的框架下。后殖民主义科学观认为不同的地域文化造就不同的科学，挑战了自然/文化二分。但他们推崇的"本土科学"把纯精神的东西抬高到至高无上的地位，天地、人神的神圣联系可以产生足以信赖的知识，这就完全堕入落后文化的泥淖。

在科学论中，女性主义对二元论的批判影响十分广泛。其批判涵盖了男性/女性、生理性别（sex）/社会性别（gender）、自我（self）/他者（other）等多对范畴。其中，最着力批判的就是男性/女性的二元对立。女性主义认为，男性/女性的对立始于古希腊，亚里士多德把质料看作女性的、被动的，把形式看作男性的、积极的。

从 19 世纪起，自由女性主义就意识到妇女的屈从地位由一整套社会习惯和法律制度造成，因此致力于社会的改良。而 20 世纪的激进女性主义则发现，要推翻父权制不仅必须推翻政治和法律制度，还必须铲除它的社会与文化制度。由于女性主义的终极目标始终是追求妇女的解放，社会主义女性主义、马克思主义女性主义、生态主义女性主义、后现代女性主义等形形色色的女性主义分支都围绕着批判男女两性的对立这个核心工作而产生和壮大。

那么，男女两性的对立如何与自然/文化的二分联系在一起？麦茜特（Carolyn Merchant）、凯勒（Evelyn F. Keller）等一批女性主义科学论者在探讨人与自然、女性与自然的主题时，发现男性对自然和女性施加了双重压迫，男性和父权文化是女性和自然的共同敌人。在她们看来，自然作为人和理性的对立面，在历史上从来都与女性的概念联系在一起。自然与女性概念都是历史和文化建构的，不同历史时期不同的社会势力对女性和自然有不同的描述和态度。从实际效果看，女性主义研究对父权制意识形态进行了卓有成效的批判，对自然与文化的关系也有相当的揭示。但是女性主义者从自然概念与女性的对应入手分析父权制的霸权，从而得出人们必须爱自然、与自然和谐相处的结论，这种分析方式本身还停留在父权制的框架内，而且这种分析较从本质上阐明自然与文化的关系还有相当的距离。

女性主义认识论对自然/文化二元论的批判相对而言更加深刻。女性主义经验论分析了性别偏见渗入科学研究的过程，包括背景假设、辅助假设、科学问题的确认和定义、研究过程的设计、材料的搜集和解释等。但它只是对经验科学运作的方式或者说科学认识论不完善的实践过程进行批判性描述。经验论对科学的批判仅限于"坏科学",而没有深入科学本身。而且其"改良"方案在很大程度上完全脱离了科学活动的过程,转到要求促进妇女意识觉醒以及强调妇女解放运动的作用上。立场论虽然主张对认识者与认识对象进行同等研究,但是从操作上看,更加侧重于认识者的社会文化情境,特别是确认女性认识优势的主张造成立场论违背了自身倡导的情境性。立场论实质上主张用另一套特殊的社会利益和愿望(女性的)取代男性的社会利益和愿望。在这种意义上说,即便经验论与立场论已经涉足"发现的语境",但是对科学活动的动态过程本身缺乏研究。而且其研究重心仍然是"科学共同体"的活动或女性的经验,忽视了其他社会文化力量。按照哈拉维的话说,她们将异质性要素复杂纠缠的技科学理解得过于简单。再者,她们将性别等文化要素本质化,并强调其决定性意义,这种做法暴露了她们没有跳出社会建构论的窠臼。

毋庸赘言,在后现代背景下,自然/文化二元论的溃散已成为大势所趋。总的说来,科学论领域关于自然/文化二元论的批判具有以下两个特征。一是微观场点的批判。科学史案例分析、人类学实验室考察、话语分析以及争论研究都属于"微观的批判"。很少有人从社会文化这个更加广阔的场景去考察自然/文化二元论,我们相应称之为"宏观的批判"。宏观的批判不是进入对读者而言十分陌生的实验室,而是在读者十分熟悉的社会文化生活中展开,因此更容易获得读者的理解和支持。二是许多科学论分支在颠覆自然/文化二元论的同时也带来了负面的效果:对文化的过分强调导致反科学思潮的兴起、技术恐惧论和技术悲观主义的盛行,更有甚者,后殖民主义思潮还引起了封建迷信等伪科学沉渣泛起。

以上两个特征有一个共同的致因,那就是相关研究似乎都没有充分考虑当代的社会文化现实,没有更多关注当代的科学、技术、人、社会之间的复杂关系。在充分认识和把握这些现实和关系的基础上,批判才有活源之水,才更具实效,更易为人所接受,才不致产生不合时宜的态度(如反科学技术)。那么我们的社会文化现实是什么呢?用哈拉维的术语说,就是"技科学"(technoscience)。

总之,一方面,"大科学"时代科学的存在方式多样化,既是知识体系,又是社会体制,还是实践过程,这势必引起人们对客观(自然)与主观(文化)之关系的思考;另一方面,库恩将社会、政治、心理等因素引入科学,启发人们探求自然与文化原有的密切关系,从而达到认清科学知识本质之目的。结果是,当人们从对认识论(强调主体/客体二元论)的解构转向社会、历史与文化分析时,"自然/文化"二元论就成为科学论研究的突破点,而"技科学"则变成探讨自然与文化关系的纽带。

(二)"技科学"初探

如果说"自然/文化"二元论是哈拉维"解构"的出发点,那么"技科学"则构成了哈拉维"建构"的基础。技科学体现出一种生动的历史辩证法。哈拉维用种子(生物机体)的例子清晰地阐释了技科学的庞杂和生动。种子的外衣下包含着实践的历史,它在时间中生成与成长,例如采集、繁殖、销售、分类、专利、生化分析、食用、培育、收获、庆祝和饥饿。生物技术体制中的一粒种子蔓延到整个世界，包括了劳动系统、种植日程、防虫程序、销售、土地所有等规范，以及关于饥饿和安康的观念。可见，技科学实质上是由多条线交织而成的动态的、异质的实践过程，交织线有技术的、物质的、政治的、经济的、道德的、伦理的以及文字的，每条线都可以延伸到世界的每个角落和缝隙。用哈拉维的话说，技科学"既是文化的实践又是实践的文化"。

哈拉维直言，她的全部研究都置于"技科学"中，她历来主张任何认识必然跟认识者所处的历史和社会情境有关。在她看来，从近代自然科学创立至今，技科学由小规模地发生在英国上层人物的科学实践中发展为主导了全部当代科学，形成"新世界秩序"（New World Order）[1]。那么，哈拉维为何会使用"技科学"一词？她的"技科学"含义究竟是什么呢？保罗·拉宾农（Paul Rabinow）认为，"技科学"的含义应该追溯到海德格尔。海德格尔曾说，技术性是危害性和致命性的典型，将整个世界变成了资源和资金。笔者发现，利奥塔（Jean-Francois Lyotard）在《被解释的后现代：1982—1985年通信录》里较早谈到"技科学"这个词。利奥塔将该词意指技术与科学的合二为一，技术居于支配地位，而科学居于从属地位，资本主义是技术与科学联姻的媒介。利奥塔指出，"显然，就当前状态下的技科学来说，正是一种排序的权力在地球上起作用，而且人类与其说是它的受益者

---

[1] 指一种相互联结的网络状态，每个存在都潜在地与其他存在联系在一起，并且每个链接都使它的世界得到更新。在哈拉维看来，新世界秩序与冷战的世界秩序正好相反，后者是二元对立的，而前者是多元纠结的。正如她所说，核物理学是支持冷战世界的科学，转基因学则是支持新世界秩序的科学。

不如说是它的工具"。① 利奥塔认为，技科学是追求实现"复杂化欲望的"一种"自主性运动"，这种运动与人的安康和稳定相矛盾。他认为，人们正在无止境地遭受技科学带来的扰乱与不安。此外，利奥塔对于解决技科学带来的伦理问题，如克隆技术的伦理问题，持悲观态度。利奥塔关于技科学的论述十分分散，而且侧重点在社会批判上，他对技科学的厌恶和悲观与哈拉维对科学技术的友好态度截然不同，因而对哈拉维的"技科学"并没有明显的直接影响。事实上，对技科学有具体论述的是当代著名科学论者布鲁诺·拉图尔（Bruno Latour）。在《行动中的科学》中，拉图尔用该词意指"在外部世界与实验室之间不断地来回往返"，造成取消"内部"与"外部"分界线的状态。拉图尔指出，科学家只是科学活动的同盟中很少的一部分，还有更多的人（政客、商人、律师、教师等）被"征募"进入科学，为实验室科学家提供决定性的资源。总之，拉图尔用"技科学"攻击那种将"科学"与"社会"两分的立场。哈拉维直接借用了这个新创词语，并表示，她采用这个词是为了描述与科学内容有关的所有因素，无论它们多么肮脏或出人意料。哈拉维使用"技科学"一词也的确意在强调所有与科学相关因素的复杂性和非确定性。她对"技科学"给出了简单定义："技科学是一种生活方式、一种实践、一种文化、一种生产性的矩阵（matrix）。"② 她精练地概括了技科学的特征，"技科学极大地超越了科学与技术、自然与社会、主体与客体以及自

---

① Jean-Francois Lyotard, *The Inhuman: Reflections on Time,* trans. , Geoffrey Bennington and Rachel Bowlby, Stanford: Stanford University Press, 1991, p. 53.

② Donna Haraway, *Modest_Witness@Second_Millennium. FemaleMan©_Meets_Oncomouse™. Feminism and Technoscience,* New York and London: Routledge, 1997, p. 50.

然与人工等区分"，[1]而正是这些区分构成了现代性的想象的时代。"就像新世界秩序中其他杜撰的没有连字符的压缩词一样，技科学这个词表达了一种混杂性（fused）和转基因性（transgenic）。"[2]单从哈拉维对技科学的表述就可以看出，技科学最显著的特征莫过于超越自然与文化的界限，它由各式各样的异质性要素组成，其中自然与文化、主体与客体、精神与物质等都消融在社会生活之流中。更为重要的是，技科学也是哈拉维逐渐彻底摆脱康德主义的认识论框架，走向马克思的社会－历史实践中生成的辩证法的出发点。

哈拉维说："我采用 technoscience 这个词是因为 technoscience 中没有连字符，这个指称正好模拟了过去 200 年间世界科学与技术之间的内爆。"[3]她认为，"内爆"（implode）是描述技科学最生动的词语。该词的字面解释是"使某物向内爆裂或坍塌"。我们可以发现存在物（entity）技术的、文本的、有机体的、历史的、形式的、神话的、经济的与政治的要素、行动，以及众多世界在技科学中碰撞、挤压、交织，原有的范畴彼此坍塌（collapse）进入对方，界限变得模糊难辨。哈拉维指出，技科学成为人类与非人类行动者的密集节点，在那里，物质的、社会的和符号的技术促成两类行动者的结盟；被称作"自然"的东西和事实为人类所建构，同时也建构了人类。因此，她

---

[1] Donna Haraway, *Modest_Witness@Second_Millennium. FemaleMan©_Meets_Oncomouse™. Feminism and Technoscience*, p. 3.
[2] Donna Haraway, *Modest_Witness@Second_Millennium. FemaleMan©_Meets_Oncomouse™. Feminism and Technoscience*, p. 4.
[3] Donna Haraway, *Modest_Witness@Second_Millennium. FemaleMan©_Meets_Oncomouse™. Feminism and Technoscience*, p. 50.

说:"多种因素的内爆在20世纪晚期的技科学中不可避免,包括政治的与技术的,自然的与社会的,以及对科学的客观性有深刻影响的内爆。"[1] 而我们的认识论习惯往往把政治的、经济的东西作为背景,而把技术的、形式的东西突出强调;或者着重文本的、形式的东西而抑减神话的东西。事实上,政治与技术难解难分,故事与事实的距离也触手可及。也正是因为如此,哈拉维特别强调:在技科学中,我们不应只关心意义是否反映了独立于人们之外的世界这种科学和认识论问题,还要关心意义形式创造什么样的世界这种伦理和政治问题。如果说主张技科学中异质性要素的"内爆"正是哈拉维与皮克林(其术语是"冲撞")、拉图尔(其术语是"转译")等科学实践论者本质上的共同点,那么突出关注内爆过程中的政治与伦理就显现出哈拉维相比于其他科学实践论者更强调科学实践过程中的文化要素,这也是由哈拉维的女性主义视角决定的。

(三)哈拉维女性主义技科学思想扫描

通过梳理哈拉维的主要研究,我们可以发现:灵长类打破了人与动物的界限;赛博打破了人与机器的界限,并扩及打破有机体与机器、物理与非物理的界限;情境知识(Situated Knowledge)主张知识的情境性、局部性与偶然性,将文化的东西悉数纳入制造知识的可能性中;新近的伴生种(Companion Species)研究不只进一步表达了她对颠覆"自我"/"他者"二分的期望,而且阐发了日常生活中异质性

---

[1] Donna Haraway, *Modest_Witness@Second_Millennium. FemaleMan©_Meets_Oncomouse™. Feminism and Technoscience*, p. 114.

要素关系的哲学。哈拉维始终在批判一个对象,即自然/文化二分法;她始终在向我们传达一个信息:自然与文化没有边界。哈拉维说:"我全部的认识论起点就在于这点认识,即自然与文化范畴的分离是一种暴力,而且是一种继承性的暴力。"① 正是超越自然与文化边界的目标及批判自然/文化二分的使命,促成了哈拉维技科学思想的产生,并成为贯穿她的科学论研究的轴线。

哈拉维技科学思想的发展脉络比较清晰,紧紧围绕批判自然/文化二分法展开。她较早的灵长学工作证明了自然与文化边界消解的事实,学术研究巅峰时期的赛博研究提出了自然文化交融的本体,随后的"情境知识"又提出了在赛博本体时代的认识论问题,此后关于伴生种的研究则关注在自然/文化二元论坍塌后如何重建所有异质性要素关系的哲学。因此,自然与文化的关系是哈拉维自始至终关注的焦点。

"批判"是手段、是前提,而"建构"新的理论主张才是研究的个人创造性之所在。可以说,哈拉维技科学研究有"破"有"立","破""立"相继,解构与建构并举。哈拉维的解构与建构工作可分为四个阶段。

第一阶段,哈拉维的关注点在于生命科学中的性别问题。她关于灵长学史的著名研究揭露了灵长学的男性中心主义与殖民主义特征。二战前,垄断资本主义、战争和男性主导的社会生活决定了灵长学的这两个特征。罗伯特·耶基斯(Robert Yerkes)指出,雌猿要靠对雄猿进行"性贿赂"获取进食权。他以灵长类实验室作为一个重

---

① Donna Haraway, *How Like a Leaf: An Interview with Thyrza Nichols Goodeve*, p. 106.

新设计人本质的实验工厂，将生物学机制运用于人类操控。克拉伦斯·雷·卡朋特（Clarence Ray Carpenter）指出了灵长类中雄性对雌性的支配以及雄性之间的竞争与进攻。二战后，人类平等、合作与发展成为时代主旋律，灵长学研究由实验室走向田野，研究者的性别结构发生变化，而且他们在教育、出版、研究等方面的复杂关系网络对灵长学研究的影响越来越大。珍妮·古多尔（Jane Goodall）等女性灵长学家的性别特征被遮蔽，而她们的理性则被极力强调，而且这种理性必须以男性的辅助为保证。《国家地理》热衷于对女性灵长学家的介绍，归根结底还是把女性与灵长类动物等同，均作为男性欣赏和观察的对象。为白种灵长学家的研究做出重要贡献的有色人种都被隐去，西方国家借在殖民地国家研究灵长类之机加深对它们的经济剥削、动物资源掠夺，甚至政治干预。以"妇女－采集者"为代表的女性主义灵长学家的理论成果挑战了灵长学男性中心主义的表述，而以日本为代表的后殖民主义灵长学修改了将灵长类作为沉默被动的研究对象以及贬抑雌性的西方灵长学理论。经典免疫学告诉我们，作为"自我"的机体排斥作为"他者"的抗原物质，以维护机体健康。哈拉维从经典免疫学理论中发现了对抗的政治学，它是文化中对抗的政治学"自我"／"他者"二元论的反映。文化中的对抗涵盖了男性与女性、白人与有色人种、西方与东方、资本主义与社会主义等。而新免疫学理论中的"网络理论"认为免疫系统的每个成员都能跟其他成员交互作用，成员没有固定身份，作用具有情境偶然性和局部混杂性。这种理论无疑是冷战结束后世界走向多极化，各国各地区间政治、经济和安全关系加强的产物。根据以上解构工作，哈拉维认为，当代科学是一定社会文化情境影响下科学家的特定叙述和文本,是科学家讲述的"故事";而科学家却把自己对世界的描述混同于绝对真理,把男性的偏见和价值隐藏在中立和客观的表征之下。照此推论,当社会文化情境发生变化时,科学理论也必然发生变化,即海伦·朗基诺(Helen Longino)评论所说:一种社会秩序对应一种灵长学。因此,哈拉维提出了一个重构方案——"叙述理论"。"叙述理论"主张人人有权从自身所处的社会文化条件与背景出发,提出自己的科学表述。这种重述是根据真实的科学知识核心地带存在的对抗和多样化的物质-符号过程做出的,不是将自然对象化、将自然的建构条件规范化的产物,而是将主体性与政治学充分纳入科学的产物。总之,哈拉维解构了男性殖民主义视角下的传统灵长学,而提倡从女性主义的视角去观察灵长类,得出另一种视角下的科学。哈拉维对科学的审视和重构揭示了科学的性别生成性特征,并为我们提供了不同性别视角下的科学,具有一定的建设性意义。

第二阶段,哈拉维关注点在于20世纪80年代的科学技术以及在此之中的女性主义去从。作为控制论、军国主义、资本主义产儿的赛博打破了人与机器、有机体与机器以及物理与非物理的界限,制造了身份模糊破碎的本体。例如,我们再也不能胸有成竹地判断植入深海鲽鱼基因的番茄是不是番茄了,因为它是植物与动物的结合体。哈拉维借助赛博这个以杂合性(hybridity)为特征的实体与隐喻批评了女性主义中具有二元论本质的整体论思想,力图将女性主义从二元论框架中彻底救出。人与动物的结合体——致癌鼠穿越了哈佛大学的实验室、杜邦公司的销售处、美国最高法院法庭、《专利法》条文、《科学》的封面、公众之口以及绿色运动组织的文献,将它们"招募"到制造知识的生产线上,从而使自身成为一个自然与文化的混合本体。80年代科学技术的社会关系引起阶级关系、性别关系、种族关系的剧烈转型,人们失去了被规定好的、与生俱来的身份或分类,在新的科学技术中获得重新塑造的身份。赛博既打破了旧身份的边界,又建构了新身份。可见,政治与价值并非一成不变的,而是历史变化与生成着的,表现为伴随科学技术的发展而变革。哈拉维由此指出,女性主义的政治斗争在赛博时代必须抓住机遇与挑战,采用新的斗争思路与斗争方式。

第三阶段,哈拉维关注认识论,对认识论进行了文化批判与建构。她批评了社会建构论只见符号不见物质的片面认识,以及用社会否定自然的愚蠢观点;质疑了女性主义立场论鼓吹的女性/边缘群体的认识优势,指出他们本质主义与单一视角的实质。这两种观点都将社会无限放大,将自然无限缩小。情境知识主张知识的情境性、局部性与偶然性,肯定了物质与身体被忽视的意义,将自然与文化的东西悉数纳入制造知识的可能性中。情境知识主张不同认识主体由于在不同时间、不同地点具有不同定位(position)(包括身体、身份、价值、利益、理论、兴趣等)而产生不同的认识。情境知识修改了"知识"的定义,知识不再是"人们在实践中获得的认识和经验",而是成为对实践的解释,它不是在人类关于自然的观点背后寻找客观性,而是在任何一个表达层面发生情境性对话的过程。局部性的、偶然的和偏好的情境知识是客观性的保证,它同时承认知识的物质真实性与历史随机性。这种兼顾就是承认知识制造过程中身体、技术、文本、政治、道德、伦理的动态纠缠（需要指出的是，哈拉维的具体操作尤其突出了政治、道德、伦理、经济等文化要素），体现了知识的历史生成性特征。巴拿马圭米人（Guaymi）身上携带的一种病毒及其抗体对于白血病研究很有价值，于是"人类基因组计划"（HGP）美方的亚特兰大疾控中心1990年从一位患白血病的圭米妇女身上抽取了血样（这位妇女仅是临时被口头通知血样的用途）。美方从该血样中获得一种"不死的"细胞线，于是美国商务部向联合国提出申请该项专利。此事引起广泛关注，关注者反对土著人基因被研究者搞成专利并商业化，反对土著人的基因信息被滥用，认为应该给予土著人经济补偿，并主张这项计划必须在联合国的监管下开展以防范剥削与牟利行为。在1993年召开的联合国人权会议上，土著人与"农村发展基金会"共同要求HGP停止采样行为，与土著人坐到一起倾听他们关于伦理与科学问题的看法，与土著人组织合作，给予他们投票权并成立一个由土著人领导的管理委员会。结果圭米人凭借灵活的策略最终迫使研究方（美国）放弃申请圭米人基因专利。1994年底HGP发表公告，表示愿意与土著人建立相互信任，并接受由联合国建立一个独立委员会，监管该计划的伦理及其他有争议的问题。可见，人类关于基因的知识并不是降生在实验室中，它联结着国家、土著人、科学家、国际组织、医疗机构和公众，从这些机构和群体的不同定位出发解释它们纠结、作用、斗争的内爆过程，就得到了局部、可错、随机的情境知识。

第四阶段，哈拉维的关注点转到日常生活上。哈拉维后来以人与狗为代表的伴生种研究是对前三个阶段研究思想的继承、完善与提升。她将对自然/文化二分法的批判进一步推进到日常生活，因为日常生活的批判与任何其他领域的批判相比都具有最大程度的说服力，每个人都参与其中，都可以发现或经历自然/文化越界的事实。在前三个阶段的研究中，批判占有相当大的比重，但在伴生种研究中，哈拉维的主要工作是重构自然与文化关系的哲学。哈拉维通过自己切身的生活经验发现，狗可以从事多项工作，可以与人交流和沟通，可以与人一起参加体育竞赛，可以改变我们学习知识和传播知识的方式，会带来地方法规的变迁，会造成公民权利的凸显，会引起有关克隆的伦理争议，会牵扯实验室动物的境遇，会影响国际进出口贸易的数额，会充当军事侵略的帮凶和暴政的工具，会成为性别歧视与种族歧视的证据。哈拉维根据人与狗的互动、回应、尊重、共同繁荣的关系，以及与人—狗关系相关的政治、经济、伦理、道德线条的纠结，明确提出放弃自然或社会的终极实在。异质性的伴生种历时性地、实时地彼此建构与塑造。在政治、道德、技术、科学等构成的不可还原的复杂性中，技科学实在表现为各种要素的互动关系；"关系"标志着作用着的互动要素之间在本体论上的不可分性，在关系之外讨论事物失去意义。历史生成的关系使实在与建构的争论成为多余，将我们的关注点由自然或文化引向生动丰富的实践与日常生活。

四 生活体验与理论形成：哈拉维及其技科学思想成长回顾

哈拉维的生平经历和学术生涯对她的学术思想尤其具有不可忽视

的影响,而国内这方面的介绍较少。可以说,如果不考察她的人,就无法真正理解她的意;当认识了这个鲜活的人,我们许多理解上的疑惑就很容易豁然开朗。这就是为什么每当哈拉维被问及她的一些思想,她总是喜欢回顾一下自己的人生经历。正如约瑟夫·施耐德(Joseph Schneider)所说,一个人的生活实际就是在经历她的理论。当我们了解了哈拉维的生活与学术历程,就能对这句话有所体悟。

1944年,哈拉维出生在美国科罗拉多州丹佛市的一个白人爱尔兰天主教中产阶级家庭。她在讲到自己的经历时总要强调自己年轻时是一个"虔诚的天主教女孩"。哈拉维不仅参加教会,而且她所身处的环境充满了天主教的故事、形象和比喻,用她后来的话讲就是"世俗的实践"(worldly practice)。哈拉维笃信生活的世界中存在实在的象征存在物(symbolic entity),与我们的日常生活密切联系,而她本人就是这些象征存在物的一部分。在随后的学术生涯中,尤其是在30多年以后,哈拉维明确表示已经放弃这些信仰,并称自己为"忠诚的无神论者和反天主教者"。但是,她承认年少时接受的天主教的圣礼主义(Scramentalism)对她此后的研究有深刻的影响。哈拉维一直坚信比喻实在论(Figural Realism),反对被传统思想限定的物质与符号之间的分裂。在哈拉维看来,"有血有肉的身体和人类历史无论何时何地都处于交互关系中,而且关系者也不限于人类"。[1]尽管如此,哈拉维还是十分警惕这种比喻实在论会导致怀特海所批判的现代科学思想中的"误置了的具体性"(misplaced concreteness)。

---

[1] Donna Haraway, *How Like a Leaf: An Interview with Thyrza Nichols Goodeve*, p. 106.

哈拉维区别于其他人最主要的特点就在于她逾越边界的勇气，而这些边界在许多人眼里是绝对不能违反和争论的。哈拉维进入了以自由的艺术和科学见长的科罗拉多大学，但她选择了三门主修专业——动物学、哲学和英国文学，三门专业的兴趣差异和能力跨度都很大。1966年大学毕业后，哈拉维获得富布赖特奖学金，前往巴黎大学科学系进行了为期一年的硕士研究生学习。相比于在丹佛的生活和在大学的成长，在巴黎的这一年对哈拉维而言，是至关重要的，她对左翼政治产生了浓厚的兴趣，并投身其中。哈拉维常常强调自己是"冷战、苏联人造地球卫星和美国二战后军国主义的产儿"，更加全面地看，她还是60年代越南战争期间白人中产阶级特权者的产儿、美国与西欧学生运动的产儿，以及初兴的市民权利、妇女权利和同性恋权利运动的产儿。哈拉维结束国外的学习后，正赶上美国政府支持青年学习自然科学的政策出台，她幸运地争取到去耶鲁大学攻读生物学博士学位的机会。

在耶鲁大学，哈拉维热情地投入反越战、反种族主义和女性主义的校园政治热潮中。哈拉维对实验室并不感兴趣，她感到自己在实验室难有出色的表现。在著名生态学家伊夫琳·哈钦森的帮助下，哈拉维开始发展她在生物学史和科学史方面的兴趣。她对生物学与胚胎学的哲学和历史的研究形成了丰富而详细的隐喻，她惊奇地发现这些隐喻以极其具体和形象的方式启发我们思考自然与社会。她的博士学位论文《晶体、结构和场：20世纪发育生物学中的有机体隐喻》采用了库恩的"范式"概念去理解科学史中的稳定性和变化。论文的中心问题是：对于生物学史从19世纪晚期到20世纪早期由活机论、机械论到有机论的演变，库恩"范式"概念的描述程度。

如果从哈拉维后来的著作向前追溯到她最早的著作，最让我们吃惊的是，她的早期著作中全然没有后来作品中强烈的政治与批评色彩，她的社会主义、女性主义和反种族主义都没有明显体现。当然，哈拉维作为一名年轻学者在一家著名大学的出版社出版博士学位论文，而论文又是有关一个崭新领域的，因此，有"政治"性的话语显然是不太恰当的。然而就在哈拉维完成博士学位论文之后，她的生活和思想都发生了重大的转变。

70年代，哈拉维与米勒结为伴侣，并追随他到夏威夷大学执教。在那里，哈拉维不仅完成了她的博士学位论文，而且教授"普通科学"，并开设了"生物学与性差异心理学"课程，这一课程对她以后发展女性主义起到了重要作用。

哈拉维在夏威夷的经历对她的政治学思想的形成具有决定性意义。哈拉维说，火奴鲁鲁的民族和种族多样性（盎格鲁和欧洲血统只占少数），再加上那里的帝国主义和殖民主义的严酷是她以往从未经历过的，她在那里的经历跟她在丹佛作为一位爱尔兰天主教白人女孩的经历迥然不同。"生物学与性差异心理学"课程也对她的思想形塑起到重要作用，这不仅仅因为她用种族和后殖民女性主义的术语讲述它，而且因为"对我们这些在殖民地大学从事妇女研究的人来讲，在教学中将身份政治、身份理论和身份经验结合在一起是非常关键的"。[1] 与此同时，由于目睹了越战中残酷的生物战与化学战，哈拉

---

[1] K.K.Bhavnani and Donna Haraway, "Shifting the Subject: A Conversation between Kum-Kum Bhavnani and Donna Haraway," *Feminism & Psychology*, Vol.4, No.1, 1994, p. 21.

维更加清楚地认识到，生物学作为一门知识和学术事业与更大的历史构成密切联系，但是后者往往在科学史中隐蔽地成为背景和情境。总之，在夏威夷，多样性的历史交织在一起，影响了哈拉维此后的个人和学术生涯。

离开夏威夷后，哈拉维在美国霍普金斯大学科学史系待了六年。霍普金斯大学拥有十分雄厚的财力和实力，在外交政策、国防和医学与公共卫生改革研究方面很有影响力。哈拉维自言，在霍普金斯大学，她成为一名科学史家。她在那里加入了由少部分女教师和办公人员组成的"马克思主义－女性主义妇女联盟"。这个组织中有白人也有黑人，哈拉维在其中经历了全新的共同体的感受和差异的政治学。她和同事南希·哈特索克（Nancy Hartsock）一起阅读了大量的科幻小说，并研究生理性别/社会性别问题。正是在霍普金斯时期，由于参与了社会主义女性主义和反种族主义政治，哈拉维开始思考以下问题：科学中的女性主义、科学中的种族、科学中的军国主义、马克思主义与科学、化学战与生物战。

正在此时，哈拉维开始创作《灵长类的视野：现代科学世界中的性别、种族与自然》（*Primate Visions: Gender, Race, and Nature in the World of Modern Science*）。这本著作是继其博士学位论文后的第二本专著，其中的诸多观点为她的进一步研究奠定了基调。在这一时期的创作中，哈拉维着迷于人与动物的关系，着迷于灵长类的科学故事对于人类种族与性别故事的重要性。她发现在灵长类的故事中，生理性别/社会性别、自然/文化的支配性概念岌岌可危。她把灵长类看作灵长学家创造的用来维护西方科学、社会、自然与文化的根本原则的形象，指出灵长类的故事是强大的道德和伦理故事，确定了谁是人类和事实上并不中立的知识基础。

70年代晚期，加州大学圣克鲁斯分校筹建了一个跨学科的学术单位，名为"意识史部"，招募两名人文与社会科学方面跨学科研究的杰出青年学者。一个席位由著名人类学家詹姆士·克利福德获得，另一个席位给予在女性主义理论方面的突出贡献者。哈拉维在灵长学方面的出色研究以及她在《征兆》(*Signs*，妇女研究和女性主义理论的旗帜性刊物)和《激进历史评论》上发表的多篇关于生理性别/社会性别和种族方面的文章，再加上博士学位论文的出版，这几方面无可挑剔的成果使她得到了这个在当时的美国还是第一个的席位。哈拉维进入圣克鲁斯开始了新的事业：将科学、女性主义与反种族主义结合在一起，进行开创性研究。正如哈拉维经常谈起的那样，圣克鲁斯分校对她个人和职业而言都是再好不过的肥沃土壤。在圣克鲁斯的头十年，哈拉维发表了一系列著名论著，这使她一跃成为国际著名的女性主义科学论者和文化批评家。此外，在圣克鲁斯的生活使哈拉维对北加利福尼亚产生了浓厚的感情，因为那里有着更多的种族和民族差异。

哈拉维曾接受她的前研究生古迪福的专访。围绕哈拉维是如何经历她所书写和教授的理论问题，他们谈到了哈拉维在圣克鲁斯的生活。从80年代早期起到现在，哈拉维与伴侣豪格尼斯生活在靠近海德堡索纳摩县城的地方，养了很多狗和猫，并种植了很多植物。就是在那里的生活，使哈拉维经历了她的理论。

哈拉维与米勒离婚后仍保持了亲密的友谊，他们甚至享受了一次"离婚旅行"。哈拉维在霍普金斯大学自己的课堂上遇到了研究生豪格尼斯，二人因为在科学知识、左翼政治和社会正义等方面的相通和共识而走到一起。1977年，哈拉维、豪格尼斯、米勒和费罗曼奴（米勒的同性伴侣）在海德堡买了3英亩的土地和土地上矗立的一座废弃的房子。当哈拉维受聘于圣克鲁斯分校并且米勒也来到加州后，他们四个人就开始了一种另类但生机勃勃的家庭生活。费罗曼奴是菲律宾-墨西哥裔人，来自一个移民工人阶级家庭，他的故事交织着哈拉维所谓的加州反种族通婚法的种族史。费罗曼奴与哈拉维十分亲密，但他们的关系始终摆脱不了种族史和阶级史，带有"地方"的特征。对此，哈拉维说，对所有人而言，没有历史就没有一切。

哈拉维在海德堡的私生活完全违背了我们传统的"家庭"和"配偶"概念，尽管哈拉维本人一直用这些术语来指称他们四个人之间的关系。四个人之间复杂的多层次友谊超越了我们惯常的边界限制。正是在这种氛围中，哈拉维在理解人与人之间的关系时渐渐开始反对支配性、偏好的异性恋家庭、血缘和种族范畴。她说道：

> 我憎恶基于亲属和家庭的联系，渴望植根于友谊、工作、部分共享的目标，棘手的集体痛苦，难以逃避的道德和持久的希望的团结，人类联合和差异的模式。是时候对陌生的、无意识的、差异的最初场景进行理论化了，在那里没有什么源自身份和生殖的故事。通过血缘的联系已经足够血腥了。①

---

① Donna Haraway, *Modest_Witness@Second_Millennium. FemaleMan©_Meets_Oncomouse™. Feminism and Technoscience*, p. 265.

80年代早期哈拉维在海德堡的日子可谓平淡，但是从她的生活挑战了异性恋的、中产阶级的性和种族的传统来看，这种生活又非常独特。在哈拉维本人看来，这段时间她感到无比幸福。哈拉维在这一时期经历着她的理论，定格了她当时的研究主题，并一直影响到她后来对狗和伴生种的研究。

哈拉维崇尚字面义（literal）与喻义（figural）的融合，即物质（material）与符号（semiotic）的融合，这种融合帮助我们与我们和许多他者共居的世界保持联系。她青年时期信奉天主教圣礼主义，后又接受学术基础中的生物学有机论。她的社会主义女性主义思想主张生活的世界和物根据私有财产、商品、利润和市场集中在一起。她把后殖民主义和反种族主义的标签带到技科学的研究中。这就是哈拉维所谓的"一个人的理论与她的生活可以同时发生，同时混合"。

在围绕"赛博"思考的头十年，哈拉维非常多产。始于霍普金斯大学的灵长类研究继续深入，同时她又有了许多新的观点和分析，最主要的就是围绕赛博的思考。这一时期发表的作品如《玩具熊父权制：伊甸园中的剥制技术》（1984）、《赛博宣言：20世纪80年代的科学、技术与社会主义女性主义》（1985）、《情境知识：女性主义中的科学问题与局部视角优势》（1988）、《"自我"在免疫系统中的建构：后现代身体的生命政治学》（1989）令她声名鹊起。1989年《灵长类的视野：现代科学世界中的性别、种族与自然》成书出版，1991年《猿类、赛博与妇女：重构自然》收录了前述这几篇著名文章，从而成为哈拉维最负盛名和引用率最高的作品。

但是十年的成功和愉快被接下来的悲伤与不幸笼罩。费罗曼奴和米勒因患有艾滋病先后于1986年和1991年离世。两位挚友的去世使哈拉维深受打击，并开始思考生命与死亡的关系。《"自我"在免疫系统中的建构：后现代身体的生命政治学》一文就包含哈拉维的深刻思考。她关注医学是如何描述人体免疫系统和"自我"的，即在受到"他者"的猛烈攻击时如何自卫。此文前瞻性地探讨了关系的复杂性和场点，提出了未来十年她关注的主题。

有一个例子可以表明哈拉维关注复杂性和违反边界，以及她喜好借用生物学存在物作为社会与文化批评的隐喻。哈拉维在《赛博与共生体：共同生活在新世界秩序中》一文中介绍了生物学家马吉李斯发现的生物学存在物 Mixoltricha Paradoxa。Mixoltricha Paradoxa 是一种显微镜生物，存活在南澳大利亚白蚁的尾肠内。在哈拉维那里，这种单细胞的有机体直接造成了什么是"个体"、什么是"集体"的危机。说这种有机体是"它"就遇到了问题，因为这种东西总是要与其他五种存在物共生。

哈拉维打破了"一"与"多"、"自我"与"他者"的界限，这种工作甚至超出了后结构主义对于主体性的批评。哈拉维对关联、复杂性、内在性和偶然性的观点在灵长类、赛博、生理性别/社会性别、技科学与种族的研究中，甚至后来的伴生种研究中都有明显体现。

哈拉维塑造的形象打破了我们所熟悉的字面义的（物质的）与象征的（符号的）之间的区分，最重要的是"自然"与"文化"之间的区分，她把打通之后的自然与文化称作"自然文化"（natureculture）。哈拉维书写的故事不只是关于物质－符号（material-semiotic）的，她还寻求拭去语词与世界或语词与"肉体"之间的想象的差异。在哈拉维的作品中，所有的物质-符号存在物，包括灵长类、赛博、变异的诚实见证者、致癌鼠以及伴生种都是拥有特殊历史的客体。

哈拉维坚持她分析的客体都是特殊的，有特定根源，因此我们很难将它们孤立和去情境化（decontextualize），也就更难将对它们的分析变成抽象的普遍。还是以Mixoltricha Paradoxa为例，哈拉维说："我们与Mixoltricha Paradoxa的关系在包括实验室机器、航空旅行、动物学与分类学史以及澳大利亚殖民科学的技科学关系中形成。"[①] 从这个意义上讲，哈拉维的存在物都不是抽象的，而是对原先单薄存在物的丰富描述。

哈拉维追求技科学与知识中的复杂性、物质性、民主、局部客观性（partial objectivity）和强客观性（strong objectivity）、真理、女性主义、反种族主义、符号学和社会主义，所有这些在她的第四本书《诚实的见证者@第二个千禧年：女性男人©遇到致癌鼠™：女性主义与技科学》（1997）中得到进一步推进。此书的标题采用了@（邮箱地址）、©（版权标记）和™（注册商标）三个句法学标记，将她的研究定位在晚期资本主义和虚拟与实在的空间中。哈拉维借助三个形象——诚实的见证者（modest witness）、女性男人（femaleman）和致癌鼠（Oncomouse）[②] 讲述了女性主义研究与技科学的非纯洁的（noninnocent）故事。

针对技科学情境，哈拉维创造了"衍射"（diffraction）的方法论，

---

① Donna Haraway, *How Like a Leaf: An Interview with Thyrza Nichols Goodeve*, p. 84.
② 致癌鼠是生物医学和生物技术实验室的动物，用于乳腺癌研究。她/他是一种实在的转基因有机体，也是第一个获得专利的基因工程活体产品。

"衍射"是为旨在于世界之中制造差异的批评性知识而提出的。哈拉维从林恩·兰朵夫（Lynn Randolph）的画作《衍射》那里借来这个术语。该画展示了一位分裂的女性形象，穿过一个屏幕进入一个世界，形成了差异的干涉图样。不论是兰朵夫的画作还是哈拉维文本中的"衍射"都是指制作、记录变化或过程，都是做批评性工作。

兰朵夫极富启发性的绘画给予哈拉维的思考很大的帮助。例如，《实验室》这幅画描绘了一只拥有女性乳房的白色致癌鼠头戴荆棘花冠，坐在观察室中，许多双眼睛透过窗户盯着它。17世纪科学革命的"诚实的见证者"被借来想象适用于21世纪的更加诚实的见证者。"女性男人"是从乔娜·拉斯（Joanna Russ）的科幻小说《女性男人》（1975）中借来的，赋予跨国女性主义的混合范畴物质性。"吸血鬼"（vampire）形象源自18世纪晚期的中东欧神话，用以反对种族和生物学的纯化。

就像早期的研究一样，哈拉维的写作植根于其他人的工作，这些工作都处于历史的、物质的细节中。无论是作为西方科学史源头的17世纪皇家学会和波义耳实验室，技科学中生育政治学、种族和阶级的交织，人类基因组工程的表达，人类遗传学的修辞，还是科幻故事中的角色与情节，承载这些东西的文本都不是抽象的。80年代中期集中刻画的赛博被她更加偏爱的"物质-符号存在物"（material-semiotic entity）代替，她把这些物质-符号存在物（如芯片、基因、种子、胎儿、数据库、炸弹、种族、大脑、生态系统）称作"技科学身体上的干细胞"，它们身上建立着生活与世界。

哈拉维的策略是将技科学世界中的这些节点复杂化和历史化。在她看来，这些节点勾画了知识、实践与权力的世界。她鼓励科学家和知识工作者把混杂和差异的文化结合起来，这样有助于他们认识和捕获技科学中的其他节点和世界。哈拉维为赛博描绘的时空是"挤压的、混杂的、内爆的"。她扩展了福柯的"生命权力"（biopower），指出"技术生命权力"（technobipower）在全球网络中运作。

哈拉维也卷入了20世纪末学术界关于科学与社会研究的大论战（简称"科学大战"），科学卫士和科学论者的争论白热化，各执一端，不可开交。哈拉维在论战中独树一帜，她没有采用双方熟悉的理论和哲学语言，而是运用自己的隐喻和形象。哈拉维这样做，在很大程度上是为了避免陷入争论中某一方的特定立场，从而犯下她所批判的二元论的错误。在哈拉维看来，太多熟悉和抽象的理论不会产生关于知识的真知灼见和有效行动。就像福柯那样，她反对任何"准宏大"（quasi-grand）理论，希望鼓励一种观看、思考和行动的新方式，从而改变我们与他者在现在和将来共同认识和生活的方式。

正是哈拉维的这种写作方式，使读者感到阅读十分困难。相对于相关学术论争，她所讨论的术语使读者感到生疏，她的概念也往往晦涩不清，她的视野的复杂性使读者不得不接受她繁多的隐喻和形象，况且读者也很难在女性主义、马克思主义、后结构主义、科学史和科学的社会研究以及生物学等领域做到全面通晓。哈拉维倡导多样化与横剖（crossing-cutting）的写作方式，因为她相信这种技巧对于读懂当今和未来复杂的技科学与社会是必不可少的，对于那些希冀建立更加民主、自由、公正和有希望的世界的积极而负责的公民而言也是不可或缺的。

哈拉维逾越了可以追溯到古希腊的现代西方文化传统的诸多划界，这些划界为生理性别、社会性别、种族和民族的等级结构提供了依据。在她那里，物质或符号的成为物质－符号的，自然或文化成为自然文化，实在论与相对主义的对抗成为关系实在论，有效性的争论变成前景（foregrounding）和背景（backgrounding）的问题。人与动物之间的隔阂被灵长类超越，人与机器之间的区分被赛博打破，狗与人的关系又成为哈拉维的研究中心。就像拉图尔所说，机器与无生命者绝不是被动的，人与无生命者之间的关系必须认真对待。

《灵长类的视野：现代科学世界中的性别、种族与自然》一书获得了 1990 年"古斯塔夫斯·美尔人权奖"以及 1992 年美国社会学协会科学、知识与技术部颁发的"罗伯特·K. 默顿奖"；1999 年，《诚实的见证者@第二个千禧年：女性男人©遇到致癌鼠™：女性主义与技科学》作为"最佳科学与技术研究著作"获得 4S 学会颁发的"路德维克·弗莱克奖"；2000 年，哈拉维本人获得 4S 学会和科学情报学会的"贝尔纳奖"，以表彰其为科学的社会研究做出的杰出贡献。2004 年出版的《哈拉维文选》收录了她近 30 年来最具影响力的论文并介绍了她正在从事的研究。

然而哈拉维并没有停留在这些成就的光环下，最近几年她又开始了一项新的被她称为"狗窝的诞生"（The Birth of the Kennel，模仿福柯的 The Birth of the Clinic）的研究，这项研究主要是探讨人与狗的关系。《诚实的见证者@第二个千禧年：女性男人©遇到致癌鼠™：女性主义与技科学》一书中的"衍射"分析与福柯的《临床医学的诞生：医学概念的考古学》中的"考古学"方法有极大的相似性，而关于伴生种（人与狗归于伴生种）的研究沿用了这种衍射的方法。

2003年，哈拉维将围绕这项新研究的已经发表的一些论文合为一本只有100页的小册子——《伴生种宣言：狗、人与重要的他者性》。与早期的《赛博宣言》相比，这篇宣言提供了完全不同的时间与空间。关于这两篇宣言中的中心形象——赛博和狗，哈拉维解释说，它们都是地方性的、有历史的。借用她关于赛博的一句名言："它不是生于花园，而是出自历史。"赛博与军国主义、冷战、太空竞赛和通信科学与技术相关，而伴生种与千禧年末的历史、加快的速度、消失的距离、内爆和挤压等所有我们当前不得不面对的情境密切相关。虽然没有抛弃"赛博"，但哈拉维乐观地认为目前对人—狗关系的研究对于人类更有助益，将使他们与地球上的其他存在和存在物更和平地共存。与伴生的其他物种共同观看、倾听和生活，或许是人类的一种更有意义的关系实践。

2008年的新作《当物种相遇时》延续了对伴生种的研究，而且仍以人与狗的关系为主要研究对象。该书突出了以人与狗为代表的伴生种间的回应及互动的亲密关系，并对建立这种非家庭的"亲属关系"提出了伦理与道德方面的要求。哈拉维的关注点已经不限于前期的科学史与科学认识论思考，她的兴趣进入了我们习以为常的日常生活世界。正像胡塞尔、维特根斯坦以及哈贝马斯等倡导"回到日常生活"的大师一样，哈拉维试图在日常生活中思考一种重建自然与文化关系的哲学。

第一章
女性主义视角下的生命

自 18 世纪以来，种族、性①、性别②、国家、家庭和阶级的主题就已深深写入西方生命科学的"自然"之身。二战后，"去殖民化"运动兴起，地区和全球女性主义与反种族主义运动轰轰烈烈，核威胁与环境恶化如泰山压顶，地球的脆弱生命网络得到普遍认识，而自然却继续着 18 世纪以降实在与神话的混合体形象，编织着物质与符号之线。哈拉维清醒地意识到，对于后工业时代的人而言，"自然是什么"是一个首要面对的问题，自然中的物质与符号交织缠绕是我们每个人无法回避也不能回避，学习适应也必须加以利用的实在。解构并重构（reinvent）也就成为哈拉维追求的目标。

借助生物学的知识背景，哈拉维将研究置于 20 世纪晚期西方生命科学及生物技术和文化急剧变化的背景下，在生命科学的变化和文化的转折中找寻自然与文化越界的证据。哈拉维的研究旨在分析科学内容与社会情境之间的关系，但她并不满足于揭露生命科学被资本主义父权制文化建构的实质，也不因这一点而抛弃西方科学，她的目标是启发女性主义者认识知识的本质，并鼓励她们学会解读知识的权力网络，按照女性主义的价值观重写科学。

---

① sex，在不强调与 gender 作为对应范畴使用时均译为"性"，强调对应时则译为"生理性别"，下同。

② gender，在不强调与 sex 作为对应范畴时均译为"性别"，强调对应时则译为"社会性别"，下同。

第一节　灵长类的视野：性别、种族与自然

　　自然科学是西方对自然表征的最高成果和完美典范，哈拉维选择立足于自然科学去重新发现自然，本身就是对这个典范地位的完全颠覆。灵长学如何进入哈拉维的视线，担当起这个颠覆的重任？哈拉维指出，西方世界醉心于灵长学的研究不仅出于追寻起源的兴趣，还因为怀有构建"他者"并证明其在后殖民时代的位置的希望。她选择灵长类作为研究对象，是为了向我们揭露西方世界这个并不光彩的希望，当然最主要的原因是，猴子、猿和人类是近亲，共同存在于决定什么是知识的多次斗争的边界上，灵长类没有被安全地放在一个专业、稳固的学术领域，甚至在20世纪晚期，也仍有许多人声称懂得灵长类，对专业人员的研究表示质疑。哈拉维说："灵长学存在于诸多希望和利益的边界，通过这个极好的主体，我们可以探求隔墙的可渗透性（permeability）、边界的重构以及对社会不断强化的二元论的厌恶。"[①]哈拉维梳理的整部灵长学史揭示了二元论的建构过程，这个过程就是自然与生理性别成为知识的自然-技术客体（natural-technical object）的过程，就是文化与社会性别确立合法地位的过程。然而，哈拉维没有停留于解构的快意中，她试图重构二元论双方的关系，即开始了"越界"（transgress）的冒险。

[①] Donna Haraway, *Primate Visions: Gender, Race, and Nature in the World of Modern Science*, New York and London: Routledge, 1989, p. 3.

一　灵长学：一门历史化的科学

自然科学以观察和逻辑推理为支柱，追求发现自然的原因与规律。但是哈拉维发现，现代西方的自然科学掩盖了与该学科理论相关的物质-符号因素的混杂互动及自然与文化边界的渗透，是"去历史化"的科学。这种"去历史化"影响到我们客观地认识自然科学的内容。于是，她试图进入灵长类的视野，将灵长学重新历史化，将各种异质性要素内爆的画面层层展开，绘出一幅灵长学建立与发展的生动画卷。

（一）"历史"被发现

"历史"从古希腊时期就被边缘化，充其量只是真理的"复制品"。柯林伍德说，古希腊人并不关注事件本身，"而是不断在脱离事件走到隐藏在它们背后的某种教训里去，走到某种永恒不变的真理里去"。[①] 直到19世纪，历史的意义才被重新发现。文德尔班认为："自然研究与历史的分别，首先开始于利用事实来构成知识的时候。这个时候我们就看到，前者追求的是规律，后者追求的是形态。在自然研究中，思维是从确认特殊关系进而掌握一般关系；在历史中，思维则始终是对特殊事物进行亲切的摹写。"[②] 可见，"摹写"是基本的历史研

---

① 〔英〕R.G.柯林武德：《历史的观念》，何兆武、张文杰译，中国社会科学出版社，1986，第35页。
② 〔德〕文德尔班：《历史与自然科学》，商务印书馆，1953，第59页。

究方法。斯宾格勒也同意这种看法，他说："在历史的世界里，没有所谓的理想、没有所谓的真理，有的只是事实。也没有什么道理、诚实、平等、最终目标之类，有的只是事实。"[1] 尊重事实，是历史必须坚持的原则。通过对特殊时间、地点、人及事物的摹写达到尊重事实之目的，这表明历史是一项解释性的事业。

科学史家库恩也同意历史是一项解释性的事业。他指出："多数人会承认，它是一种解释性事业，一种启发理解力的事业，因而它不仅要表现事实，还要表现事实之间的联系。"[2] 库恩认为，对科学思想的理解要放入其所在的时空背景与文化背景，对不同时代的科学事业的解释，不能脱离其所处的时代。以库恩为代表的历史主义科学哲学对科学史最富价值的贡献就在于打通传统科学史"内史"与"外史"的界限，对科学知识产生过程中活生生的生活和经验做忠实展现。这项工作简单说就是将科学史真正"历史化"，这里的"历史"绝不是"过去"和"已发生"的含义，而是鲜活的过程。灵长学史同其他科学史一样，是被"去历史化"的，我们从中只能获得灵长学知识的理论演变，却无法知晓这类知识产生的确切语境。这些隐匿的语境共同造就了"纯洁的"知识，而真实的情况是，我们的知识并不"纯洁"。哈拉维批评说："我们找不到伊甸园中的猿或太空中的猿，只能找到生活在地球上的猿和人。"[3]

---

[1] 〔德〕斯宾格勒：《西方的没落》，陈晓林译，黑龙江教育出版社，1988，第507页。
[2] 〔美〕库恩：《必要的张力》，纪树立等译，福建人民出版社，1981，第14—15页。
[3] Donna Haraway, *Primate Visions: Gender, Race, and Nature in the World of Modern Science*, p. 164.

（二）哈拉维对灵长学史的考察

哈拉维对灵长学史的梳理过程就是对灵长学产生发展的语境做历史化的分析，将在某个时间、某个地点、由某些人实施的事实及事实之间的联系真实地再现出来。这是一项摹写和解释的工作，可以使我们认识灵长学之"自然"形成的客观过程。

1. 二战前垄断资本主义下的灵长学

20世纪上半叶，西方资本主义国家就对非人灵长类产生了浓厚兴趣。法国最早在1924年在法属几内亚和突尼斯建立殖民前哨，饲养灵长类动物，开展热带药物研究，并进行辅助的实验和解剖；德国在坦纳利弗建立猿类研究基地；比利时在比属刚果设立国家公园，保护黑猩猩，开展国际研究；美国在巴拿马运河区建立灵长类聚居区，后来组建专门的国内实验室；苏联也在国内进行灵长类的生殖和神经生理学研究。此时的灵长类研究之所以得到西方政府和慈善基金的资助，是因为殖民扩张中殖民者极易感染热带病，如黄热病，而当地的灵长类是替代人类最合适的研究材料。伴随这种早期研究的还有殖民地与西方国家关于灵长类的不平等贸易。在这个阶段，种族、侵略和支配已经植根于灵长学史。

二战前自然科学的形象代表莫过于美国自然历史博物馆。这是一个"伊甸园"般的神秘地方，西方人可以在此找寻人类在自然中的悠久起源。博物馆中由卡尔·爱克雷（Carl Akeley）凭借他发明的动物剥制技术一手创建的"非洲厅"尤其逼真地向人们展示了自然。巨大的动物仿真模型矗立在大厅，标本黑猩猩和青铜雕塑栩栩如生，向人们讲述20世纪美国种族、性和阶级的故事。爱克雷十分崇拜美国第26届总统西奥多·罗斯福的"完美男性气概",赞同他对自然的态度。[1] 他将罗斯福的名言刻在非洲厅的墙上:"隐蔽的神秘野外用任何语言都不足以形容……我们只有将自然作为财产占有,将之传予子孙,使其增长,不致浪费,我们的国家才会富强。"[2] 爱克雷创作的每个仿真模型群都是由一只强壮的成年雄性、一两只雌性和一只婴儿期动物组成,其中的雄性绝不会是年迈或畸形的,每个群中的每只动物都有自然的功能分配,构成一个有机的等级的整体。爱克雷并不是严格意义上的科学家,他的主要工作除了做仿真模型,就是扛着枪和照相机进入丛林猎杀动物和拍摄照片。在爱克雷极具英雄主义色彩的回忆中,残忍血腥的杀戮变成了惊心动魄的科学故事,刻意遴选的照片(理想的照片要求是动物的体型大而标准,雄性最佳)也成了不可怀疑的实在证据,在此基础上的仿真模型本来是科学与艺术的结合,却俨然成为自然的展现。死去的动物经过摄影、剥制和雕塑三种技术的加工呈现给我们科学的"实在"。人们只能通过观看这些叹为观止的仿真模型感叹自然的神秘,想象自然的生趣,但是真正的自然绝不是这沉默不语的模型。真正的自然在爱克雷的枪口下,在土著人的追随中,在挑选动物和照片中,在绘画、雕塑和剥制标本中,在美国的国

---

[1] 西奥多·罗斯福崇尚征服自然,鼓吹男性气质,主张侵略和斗争。就任总统后奉行强硬的外交政策,对外侵略扩张,实行"门罗主义",干预美洲国家事务;将菲律宾化作美国殖民地,干涉中国内政,夺得巴拿马运河的控制权;积极推行"童子军"运动。卸任后曾到非洲和亚马孙河流域探险狩猎,采回大量的动物标本。

[2] Donna Haraway, *Primate Visions: Gender, Race, and Nature in the World of Modern Science*, p. 28.

家政治经济与外交政策中。自然与种族、性别、权力和技术紧紧纠缠在一起,自然在历史中诞生,"自然并不裸露在岩床和热带雨林,而是历史建构的"。将自然完全"去历史化"的自然历史博物馆本身,实质上是一个生产意义的地方。

哈拉维把20世纪初到30年代的美国历史特征总结为"泰迪熊父权制"(Teddy bear patriarchy),[①]这是美国资本主义发生重要转折的时期。此时期的垄断资本家普遍认为社会在性别、种族和阶级等方面呈现"堕落"(decadence)趋势:中产阶级白人妇女接受了更高教育反而降低了她们的生育功能,有色人种的生育率大大高于盎格鲁-撒克逊妇女,阶级斗争此起彼伏。这些现象成为资产阶级男性宣扬"社会堕落"的口实。哈拉维发现,为了压制罢工和妇女运动,解决新移民带来的压力,垄断资本家大力支持科学事业,表现为资助自然历史博物馆的探险和建造,但其实质目的在于借助博物馆的教化作用,宣传科学的普遍真理,掩盖性别、阶级、种族等社会矛盾与问题,制造伪和平,从而重建资本主义合理秩序。

灵长学实验室研究的创始人是罗伯特·耶基斯。耶基斯的研究结合了生物学和社会心理学,因而得到了当时的心理学权威——耶鲁大学校长罗兰德·恩格尔的鼎力帮助。恩格尔利用其强大的学术影响力、显赫的学术地位,以及洛克菲勒基金受托人的特殊身份,竭力

---

① 1902年,在密西西比,西奥多·罗斯福拒绝杀害一头小型黑熊,获得相当的好评。玩具制造商借此推出了与西奥多·罗斯福绰号同名的绒毛玩偶"泰迪熊"(Teddy Roosevelt),从此"泰迪熊"声名大噪。西奥多·罗斯福童年时的绰号是"Teedie"(而非"Teddie"),而他的成年时的绰号是"Teddy"(西奥多·罗斯福并不喜欢"Teddy",他较喜欢"T.R.")。此后在政治卡通中,就常常用"熊"来代指西奥多·罗斯福。

支持耶基斯建立实验室，开展心理学研究。耶基斯的心理学研究取得了杰出成果。他设计了一套精神功能测试方案，被应用于美军新兵征召，并被移民局用于对国外移民的测试。耶基斯坚持精神功能对其他功能的支配，主张人之所以成为精英就是因为有理性控制能力。耶基斯指出雌猕猴对性是"被动接受的"（receptivity），而雄猕猴对性是"主动接受的"（acceptivity）。他还指出，猿类是一夫一妻制的。对此，哈拉维指出，实验室只不过是按照人的异性恋标准将一雌一雄的猿类放在一起观察，一夫一妻的结论缺乏足够的证据。耶基斯还发现，性周期和支配－从属关系影响到猿类进食，雌猿要靠向雄猿进行"性出卖"才能从雄猿那里获得进食的权利，雄猿也借此进一步增强自己的支配地位。耶基斯认为男女两性因荷尔蒙分泌不同而导致"人格"（personality）①不同，而人格的差异必然造成教育、就业等方面的差异。由于结合了生物学和社会心理学，耶基斯称他的科学为精神生物学（psychobiology），②但这种科学具有十足的人类工程学（human engineering）特征。耶基斯研究合作与控制、性与心、非人灵长类和人类在当代社会的发展，自由公司制改革和社会的科学管理，把灵长类实验室作为一个实验工厂，重新设计人的本质，将生物学机制运用于人类操控，认为理性地控制自然才可以管理社会。据此，哈拉维指出，耶基斯人类工程学的根本任务是为理想的社会生产理想的人，为工业资本主义两大命脉——生产与消费设计和维持必需的人。耶基斯利用灵长类研究了人类在科学管理的公司制资本主义中

---

① 耶基斯认为，人格是一种功能整体，是有机体所有心理特性和能力的综合产物。
② 该学科以"人格"为主要研究对象。

第一章 女性主义视角下的生命

的地位以及人类所需要具备的条件,哈拉维将这种研究视为对人类历史的自然化和简单化,因为它有意抹去了工业资本主义中由性别、种族和阶级引起的非理性因素,如不适应和无效。耶基斯综合了生理、生物和社会科学以寻求如何产生和谐的团队工作,即现代社会中的"合作"(cooperation);而哈拉维却发现,这种合作包括了资本主义生产与再生产中复杂的劳动分工和权威,而且这种合作必然以竞争和支配为基础。总的来说,耶基斯以灵长类为模型,为工业资本主义确立了一套性和智力、家庭和劳动以及身和心的标准,将性、心和社会紧密结合在科学实践中。但是到1935年,沃伦·韦佛出任洛克菲勒基金"生命科学部"的负责人。此人抛弃了耶基斯的自然进化论,主张发展建立在生物物理与生物化学基础上的分子生物学,自此,耶基斯繁荣的实验室研究急转直下,实验室的地位也风光不再。

克拉伦斯·雷·卡朋特的研究跨越了二战前后,他的研究工具是生理学、社会人际学和记号语言学。卡朋特将猕猴群中的猴王移开猴群,发现猴群立即变得群龙无首,导致无组织的混乱、斗争频发和生存领地缩小的结果;接着将"二号"和"三号""领袖"移开,发现很快就会有新的猕猴担当猴王的角色。由此,卡朋特得出结论:雄性的支配地位对于一个正常稳定的群体不可缺少。卡朋特得到耶基斯的赏识,在其实验中开展灵长类实验动物学研究。在性生理学中,卡朋特得出诸如支配与从属、主动与被动、刺激与反应等多对对立的结论。他将社会学中的社会人际学[①]和人文科学中的记号语言学引入生

[①] 该学科的主要工具是社会人际学图表,展示社会中的每个个体的地位和个体间的相互联系,将人作为社会持续体中的功能单位。

物学领域，将灵长类社会看作一个通信控制系统。卡朋特继承了在他之前的几位学者所强调的等级支配与合作思想，提出了表现为社会化的综合与表现为通信的协调相结合的"控制"思想。卡朋特把性行为作为理解雄性支配雌性和雄性之间竞争的核心，通过动物之间的配对关系研究社会联系，以异性恋的吸引作为有机社会的核心。1940年，卡朋特由于和同事在科研问题上的分歧，离开哥伦比亚大学行为研究中心，转入宾夕法尼亚州立大学教育与心理学系，从而很快失去了在灵长学领域的影响力，再加上世界大战风雨欲来，灵长学研究陷入了低谷。

二战期间，由于战争需要，通信工程技术应运而生，得到空前的发展。20世纪50年代，斯图亚特·奥特曼（Stuart Altmann）将控制论与通信理论引入进化动物行为科学。总的来说，一战后到二战前这段时间的灵长学充分展现了组织功能主义[①]思想，该思想是这一阶段生命科学领域的代表。哈拉维指出，战争、资本主义经济组织和男性支配的社会生活，使这种生理学功能主义强调动态平衡、支配、等级和劳动分工。特别是战时生物工程学和自动控制装置发展催生了控制论研究，在这种研究中，动物社会被看作"命令－控制－通信系统"。[②] 这种通信成为连接自然与文化、生物与机器的桥梁。

[①] 组织功能主义认为一个平稳发挥功能的社会就像一个健康的有机体，由整合在更大体系中的许多部分构成，而这些体系每一个都有自己特殊的功能和效用，与其他体系一起协同工作。

[②] Donna Haraway, *Primate Visions: Gender, Race, and Nature in the World of Modern Science*, p. 110.

2. 战后去殖民化与多国灵长学

二战后的灵长学和知识技术客体呈现明显的异质性特征,灵长学研究渐渐由实验室转向田野,每个研究的场点充斥着动物与人以及多种战略和历史,如民族传统、灵长类栖居地的去殖民化斗争、不同的解释方法、田野与实验室研究的争执、科学劳动分工的等级以及大学与田野场点之间的关系、灵长学家之间的关系等。同时,广泛的国际参与打破了西方对灵长类建构的垄断。拉美、亚洲和非洲国家纷纷提出竞争性话语,挑战了西方的灵长学霸权。

1974年,威斯曼拍摄的纪录片《灵长类》生动地展示了灵长类科学知识生产系统的运作。影片中展现的建立在性别、阶级和种族基础上的劳动分工给人以最深刻的印象,人、机器和动物间的交流也令人惊讶。战后,包含意识形态的社会科学遭到西方政府的冷落,而民用的"纯科学"得到大力提倡。美国成立国家科学基金会(NSF),专门资助医疗和卫生事业研究。灵长学在经历了战时的停顿之后开始重振,响应掌控大量资金的国家科学基金会的号召,专注于灵长类生物医学研究。哈拉维认为,科学"内史"和"外史"的划分强化了自然与文化的分裂,她将二战后的灵长学按照时间顺序分期,以避免内外之分。50年代到70年代中期,家庭、社会的稳定和进化以及人性本身爱好和平得到公认,"普遍的人"(universal man)成为此时期的主题;1975年之后,特别是社会生物学的流行,社会稳定不再是追求的目标,一切事物都要分析其战略可能性和损益,灵长类和人类一起被理论化为战略家。

60年代初,美苏冷战白热化,美国制定了野心勃勃的"人类太空计划"，并在 1961 年秘密送一位特殊的宇航员——猩猩 HAM 首次实现太空之旅。于是人类、猩猩、太空技术结合出一种边界造物——赛博。科学家教给猩猩 KoKo 手势语，并设计了一个键盘－电脑连接装置，根据 KoKo 所按键盘推断她的语言。这样，KoKo 就成为一个赛博，借助机器与有机体的联结，她交流的内容被转译。猩猩 Sugito 由人类"母亲"加迪卡斯收养，与加迪卡斯培养出同人类一样的母子情感，她也像人一样疼爱小动物，具有母爱特征，而且当她被放回栖居地之后也能够做出谋杀其他猩猩的暴行。正如哈拉维所说，猩猩不是生活在纯洁封闭的伊甸园，而是与人、技术、机器紧密结合在一起。

女性科学家开始参与灵长类研究，她们与灵长类之间有着复杂微妙的情感联系，不再是简单的观察者与被观察者的关系，这种动物与人之间的越界必然会反映到灵长学的内容中。一些女科学家教猩猩学习人类语言和她们学习猩猩语言的行动，表明这些女科学家承认自然与文化不存在实质性的边界。六七十年代，海湾石油公司（Gulf Oil Corporation）赞助的《国家地理》节目深受大众欢迎，该节目使年轻的女灵长学家珍妮·古多尔成为家喻户晓的与自然建立联系的科学家。哈拉维指出，在灵长学知识得到普及和广泛追捧的同时，"历史悄悄隐去"。海湾公司是全球石油产业"七朵金花"之一，在 70 年代的金融危机和政治危机的背景下，该公司丑闻缠身，于是慷慨资助科学节目，将自己装扮成积极的环境主义者。珍妮·古多尔"孤身一人"在贡贝工作了数年，在 1966 年取得博士学位并获得充足资助。之后，大量学生涌入贡贝，逐渐形成一个庞大的科研团队。这些学生组成国际网络，此后无论在理论还是田野研究领域，他们都一致维护这个社会网络，最终每个人都成为行为生态学和社会生物学领域的名家。1972年，古多尔与斯坦福大学医学院的戴维德·汉堡共同开启了贡贝研究中心和斯坦福大学的合作，使研究中心的学术影响力一度达到鼎盛。但受到扎伊尔游击队绑架四名研究中心学生事件的恶劣影响，1975年，贡贝研究中心关闭。古多尔采集数据的最早方法是记录田野日志，然后用打字机抄录，这种研究方法还比较个人化。后来来到贡贝的人由于来源院校和知识背景不同，起初他们的数据采集方法缺乏统一标准，因此，并不具备产生科学知识的基础条件。研究者每个人都有自己的"目标动物"，所保留的数据都是本人的研究课题所需要的。例如，每个观察者都根据自己所见描述捕食作用，因此捕食作用缺乏标准的记录。尽管如此，由于研究人员经常在一起讨论数据、交流方法，而且出于共同发表论文的需要，这个共同体统一的数据收集法逐渐形成。为方便观察，1962—1963年古多尔建立了香蕉喂食站，由专人负责全天观察并将数据记入标准的表单和录入磁带。到1968年，贡贝的研究人员几乎全部集中在这个人工的香蕉喂食站，离开了猩猩们平日的活动区域。在1975年以后，国际学生被迫离开贡贝，坦桑尼亚人接过了采集数据的工作。虽然坦桑尼亚人的语言并没有写入灵长学文献，但是他们的书写、记忆和录音实践不可磨灭地进入这些文献。1975年来到贡贝的芭芭拉·斯缪特（Babara Smuts）及其合作者兰格海姆（Wrangham）开创了灵长类的社会生物学研究。该研究最显著的特征就是抛弃灵长类研究普遍遵循的母婴关系和雄性定义的"共同体"，提出猩猩的社会结构依赖于雌猩猩的觅食策略，雌猩猩是谋求适应最大化的理性动物。他们转向以雌性为中心的确是对男性话语权的挑战，但是社会生物学的"雌性中心说"并未超出西方经济学和自由理论的框架。

二战后，世界笼罩在核扩散和冷战的巨大阴影之下，同时城市化进程加快，去殖民化运动高涨。在这种时代背景下，人的平等与共通成为全球性的共识。50年代初，联合国教科文组织（UNESCO）发起"普遍的人"研究计划，并希望建立反种族主义的生物学和社会科学。联合国在1950年和1951年制定的两份《世界人权宣言》都是"普遍的人"计划的产物。应该说，宣言最根本的意义是在反纳粹主义世界大战结束后总结教训，对种族主义进行声讨和摒弃，维护世界人民的自由平等和民主权利。"普遍的人"最直接的理论基础是美国人类学家舍伍德·沃什伯恩（Sherwood Washburn）的新自然人类学（又称"体质人类学"，Physical Anthropology）中的"男性－狩猎者"（man-the hunter）人类起源模式。沃什伯恩的研究对象是人类行为和生活方式以及人体解剖，他提出从猿到建立人的生活方式要经历两个"适应"（adaptation）：一是上肢解放，直立行走；二是制造和使用工具，例如，人之所以使用武器是为了弥补不具备犬齿的生物缺憾。在"男性－狩猎者"理论中，所有人类共同具备直立行走和使用工具的适应复杂性及文化资源。沃什伯恩名义上是在进行现代进化综合，实际上是将比较功能解剖学和现代进化综合结合在一起，沟通生物学与社会科学。正如哈拉维指出的，"男性－狩猎者"抹平了任何历史差异（包括种族和文化差异），为自由民主的人类家庭奠定了基础；狩猎者好斗/侵略（aggressiveness）的特质成为自由民主的合作机制，人们在此基础上展开经济交换。以男性狩猎为基础的生活方式和经济交往方式造就了"普遍的人"。"男性－狩猎者"突出了人的潜力、可塑性、人类普遍性和共同威胁，这些都成为战后生物学人文主义的主题。沃什伯恩身为美国自然人类学协会秘书长，组织了从 1945 年到 1952 年的自然人类学暑期研讨会，并在长达十五年的时间里一直得到温纳·格林基金的鼎力资助，领导国际合作研究；他凭借师生关系网络在芝加哥大学、加州大学伯克利分校和哈佛大学的人类学领域拥有绝对的学术领导权，当时为数不多的美国人类学博士多数是他的学生。当时的灵长学研究在招生、就业、出版和基金方面呈现高度的体制化特征，直到 1982 年，沃什伯恩的反对者才得以主办灵长类会议。"男性－狩猎者"把物种看作一个整体，反对传统种族研究遵循的类型学（typology），为反对种族主义和霸权主义事业做出了杰出贡献，但是其中暗含的父权制信号渐渐为女性主义者和后殖民主义者意识到，男性的狩猎行为是人类社会起源的基础引起争议。在联合国成立前十年的人权和反种族主义文献中，"男性－狩猎者"是公认的理论权威，而在新的性别和种族差异的话语及政治学中，这条公理岌岌可危，因为在这一理论中人类的普遍性是以父权制为基础，规定了普遍的文化。 到了 70 年代，沃什伯恩的模式遭遇大量与之不同的纲领，社会合作与群体综合的普遍化主题被标志社会生物学的竞争性个人主义、生殖成功和最大化战略的话语取代。同时，关注性别的"妇女－采集者"理论被提出来，直接与"男性－狩猎者"对抗。

　　随着去殖民化运动的高涨，灵长学不再是西方垄断的领域，亚洲、拉丁美洲、非洲的一些国家纷纷开展了具有本土特色的灵长学研究，其中，日本的研究最为引人注目。日本的灵长学总体来讲是一种文化描述。西方把人与自然二分，通过灵长类研究认识自然的本质，日本则不存在观察者与被观察者的分离，通过对猴子的研究认识个人与社会及知者与认知的关系；西方坚持人对动物的天生优越性，而在日本人眼中动物与人自身统一在同一个家庭，自然在日本受到关爱、培育和教化；西方研究者用冷冰冰的客观态度观察动物，日本则把集体研究与个人体验结合起来，重视与动物的感情沟通。日本灵长学是自主的本土研究，但并不是纯洁的和去历史化的。日本盛行的佛教和神道教中关于动物和女性的观念承认人与动物的统一和轮回，所以灵长学能够承认猴子的社会是母系的，雄性总要努力获取重要雌性的认可与接受。印度宗教尊崇猕猴为圣神，猕猴不被看作"自然的"或"野生的"，而是与人几千年来心神相通的，因此，猕猴在印度国内备受关爱。尽管如此，印度在不平等的国际贸易中仍然被迫每年向美国出口大量猕猴。但是当美国军方利用印度猕猴做核爆炸实验被曝光后，印度政府多次禁运猕猴以反对美方的非人道主义行径。而美国也操纵国际卫生大会向印度施加压力，要求印度放开对美猕猴出口。同时，印度国内的土地政策和农业政策，导致猕猴的生存条件恶化，数量减少。无论是国际霸权还是国内政治，猕猴的命运始终与人、与政治息息相关。印度被视作"文明的起源"，正如非洲被视作"人类的起源"，印度和非洲都是西方视域中的"他者"。非洲国家在60年代民族独立之前，自然公园属于宗主国，欧美白人科学家自由进入开展科研活动；而独立之后这些公园顺理成章归属新独立的民族国家，这对灵长类研究产生重要影响。独立后依旧贫弱的国家不得不靠向西方国家开放与灵长类相关的旅游资源获得经济收入，它们在旅游收入剧增的同时却付出了灵长类数量增长缓慢和频被射杀的代价。依然不断的种族与地区冲突也影响到西方人在这些国家的灵长类研究。以马达加斯加共和国为代表的新民族国家从 80 年代才开始重视对本国灵长类的保护，规定凡进入本国的国外研究项目必须符合本国发展需要，必须遵守本国独立的前提，否则不得进入。

（三）历史：重述科学的方式

库恩轰动世界的名著《科学革命的结构》将社会及心理因素引入科学研究，他的观点得到各种各样的解读。其中最激进、最有影响的就是以认识论的相对主义为主要特征的社会建构主义兴起。按照安德鲁·皮克林的观点，社会建构主义总是试图探寻科学知识和科学文本背后隐藏的社会本质，揭示其中起决定作用的人的因素，而将仪器、物质和技术等物（things）的因素弃置一旁。可见，社会建构主义对人的力量有充分的重视，对物的力量则完全否定。其论证的武器——社会因素总是决定性的、静态的、单一的。因为承认科学知识内容由社会因素决定，应该说社会建构主义也突破了"内史"与"外史"的屏障，但其片面强调人的力量与社会因素的做法不能如实而全面地反映科学实践的真实面貌。

哈拉维推倒科学"内史"与"外史"的藩篱，按照时间顺序，秉持客观展示社会与文化语境的原则，对灵长学史做了重新梳理。哈拉维的研究进路表现为在横向层面上运用库恩的"范式"理论，将灵长学不同时期"范式"里包含的所有因素全景式地展现出来。每个时期的殖民主义国家、殖民地及新兴民族国家的盛衰命运、内外政策，世界范围内的军事、政治斗争,垄断资本主义的转型,科学技术的革新,主导的社会理论的更替,所有这些异质的文化要素都渗透进灵长学研究的内容。只不过库恩的"范式"强调的是理论之间的不可通约,而哈拉维则认为,灵长学发展中所有差异的因素、力量和条件都是不可通约的。正是这种不可通约性,造成了灵长学之"自然"的形成与更替。

哈拉维对科学的社会与文化语境的捕捉总是非常敏锐的。她发现,无论是1924年的"非洲唐孩"化石彩色全息图,还是1985年伦敦"早期人类"展上"第一家庭"的模型,或是在纪录片和动画片中接受技术处理的化石"露西",无一不是借助通信传媒技术再现,确切地说是制造出了人类起源的形象。信奉达尔文进化论的古多尔仅凭在香蕉喂食站观察到猩猩争抢人提供的大串香蕉,就判断猩猩中存在进化论的稀缺政治学,承认自然中本来就存在对抗和冲突。沃什伯恩的学生戴维·汉堡研究人的"压力"(stress)的进化起源与冷战、核威慑、人口爆炸、生态危机、性别冲突和种族冲突密不可分,尤其直接受到60年代美国关于环境和越战的学生政治运动的推动。其研究由于迎合了政治运动的"自由"主张,深受欢迎。

哈拉维从卡朋特的生理学和动物学研究中发现了"支配"的政治学,从朱克曼(Zukerman)、劳尔(Rowell)和沃什伯恩的自然人类学中检出了"功能主义"理论,从耶基斯的人类工程学和威尔逊(Wilson)的社会生物学中发掘出资本主义的经济理论。因而,她得出结论:各种知识客体历史地存在,由科学的世俗实践制造,这些实践由战争、资本主义的经济组织和男性主导的社会生活建构。科学史标榜"纯洁"(innocent),恰是坚守自然与文化二元论的窠臼;哈拉维主张"非纯洁"(non-innocent)与"可视化",张扬了逾越自然与文化边界的勇气。

哈拉维认识到自然科学一个重要但往往被忽视的问题就在于对"时间"的态度不正确。她说:"自然人类学的成就表现为对'无时间的'(timeless)人类过去进行科学的和大众化的重构。"[1]哈拉维的叙述坚持"历史"这个核心概念。她说:"我所谓的历史是在科学知识核心地带存在的对抗和多样化的物质符号过程。历史并不是简单地伸入时间的探针,并给出观点。分裂、片段、多样的主体、身份和集体等后现代思想改写了这门学科。所有的单元和行动者都局部地、临时性地凝结,在复杂的物质-符号-社会实践中黏合。在这些对抗和开放多样性的空间中,才有可能完成塑造叙述领域的反身性责任。"[2]哈拉维的"历史"概念无论是与科学史之"史",还是与科学论研究的主力——社会建构论高扬的"社会"都截然不同。首先,"历史"是个物质符号过程,有科学理论、意识形态,也有物质实在;其次,这个过程中的诸要素是异质的、多样的、偶然的,由各种力量和行动构成,并不局限于人类。从这个"历史"概念,可以发现哈拉维与其同时代的科学论研究者相比具有一定的思想超前性。她避开了社会建构论身陷的本质主义、社会实在论和人类力量中心化的泥淖,将偶然性和非

---

[1] Donna Haraway, *Primate Visions: Gender, Race, and Nature in the World of Modern Science*, p. 195.

[2] Donna Haraway, *Primate Visions: Gender, Race, and Nature in the World of Modern Science*, p. 172.

人类力量提到一个突出的位置。哈拉维认为，《国家地理》等灵长类研究的代言人掩盖了解释、创造、历史和复杂性，把灵长类视为自然客体；而从建构主义、交互主义（interactionist）等视角看，灵长类则由纯粹的对象变成实践的积极行动者，与人类及人类文化一起参与建构灵长学知识的活动。

"没有私人友谊、同事关系、出版和会议的人际网络，相关领域的学科发展，西方资本主义历史和政治理论以及特殊种族和阶级中的女性主义，就无法解释聚焦于特殊研究场点的微观灵长学的发展。正是这种解释的网络系统使我主张竞争性的描述领域而不是另一种建构科学的模式。"[1] 这段话道出了哈拉维的真实意图：希望看到与男性描述相竞争的描述领域，而并不希望重新建构科学。应该说，哈拉维并不像一般女性主义者那样义无反顾地投入建构主义的怀抱，她把自己的工作确定为展示科学的实践过程，形成足以对抗传统科学描述的新话语。这里可以看作哈拉维在极力澄清读者可能对她产生的"反科学"的误解，或者试图保持与建构主义的必要张力。

审视哈拉维的"历史"观念，我们可以发现里面充满许多行动的力量（包括人类与非人类）和频繁的越界行为（发生在自然与文化之间）。动物、人、理论、技术、政治、经济、军事发生着错综复杂、千丝万缕的联系，这种联系变动不居，无规律可循。哈拉维的"历史"观念表现出鲜明的科学实践的开放性和科学知识的生成性，这也是她的科学史研究最显著的特征。哈拉维用越界和复杂化取代了实在

---

[1] Donna Haraway, *Primate Visions: Gender, Race, and Nature in the World of Modern Science*, p. 179.

论的"自然中心论"和社会建构论的"人类中心论",她的目标是用更多的力量和更模糊的边界去书写不依赖于自然/文化二元论的科学史。总的来说,哈拉维的"历史"观念具备建构主义的本质特征,但这种建构主义是在知识研究中关于力量和行动的更加复杂的建构主义,是自然与文化的相互建构。

二 重读灵长学史:破译性别与种族的密码

哈拉维从文化批评的角度剖析了电影《金刚》中的科学、性别与种族交织的深层内涵。大猩猩金刚对女主角的爱慕代表着黑人男性对白人女性的爱慕,金刚力大无穷远胜人类,却被人类捕捉,虽然金刚进行了激烈反抗,但最终在与人类尖端战争武器的对抗中被杀死。当然,这里揭示灵长类与性别、种族和科学关系的舞台是好莱坞的商业片,并不是严肃的科学史。但是倘若换个角度,我们也可以认为这恰是灵长学史中的观点渗透到大众文化中的体现。哈拉维只是用这部电影引出"性别"与"种族"这两个关键词,她的分析依然建立在对灵长学史的重读上。

(一)性别:女性主义的视角

自 20 世纪七八十年代以来女性主义研究转战科学领域后,围绕"性别与科学"主题的女性主义研究层出不穷。早期的研究专注于妇女在科学研究和科学教育中的地位问题,这种研究属于科学的体制研究,还是在社会学框架内;后来的研究则呈现"认识论的转向",深入科学的理论假设、客观性标准、科学评价等"硬核"。应该说，女性主义者对科学哲学的挑战是前所未有的，从"发现的与境"和"辩护的与境"中揭露科学中根深蒂固的性别偏见。但是通过梳理这些女性主义认识论研究可以发现，大部分研究都是女性主义对科学哲学的批判性认识，真正依托自然科学史[①]去集中分析"性别与科学"的研究非常少见。这大概也有几方面的原因。一是许多女性主义者缺乏必要的自然科学背景；二是多数女性主义者对自然科学怀有敌视态度；三是或许也是尤其重要的一点，相当一批女性主义者恰恰缺乏真正的历史精神；四是自然科学史的梳理需要极其漫长和浩繁的工作，这较之单纯激进的社会与文化批判要艰难许多。[②]

哈拉维的性别分析既包括了"科学中的妇女问题"，也包括了"妇女中的科学问题"（桑德拉·哈丁语）。"科学中的妇女问题"是性别与科学研究早期的中心问题，即妇女在科学工作和科学教育中由性别偏见导致的被排斥和被边缘化的问题；"妇女中的科学问题"就是前面所讲的女性主义认识论批判。哈拉维同时分析这两方面问题，充分体现了她对传统的科学"外史"与"内史"的打通。

灵长学研究中从来都有妇女的工作和身影，只是当灵长学成为一门自然科学后，妇女的工作和身影都被从中擦去了。跟随哈拉维的笔尖，我们总能发现作为秘书的妇女在专心致志地记录男性科学家的

---

① 这里的科学史不是狭义上的科学"内史"，而是哈拉维意义上的消除内外边界的科学的历史。
② 哈拉维创作《灵长类的视野：现代科学世界中的性别、种族与自然》一书前后历时十年。

话语，作为技术员的妇女在采集样本，作为饲养员的妇女在与动物交流……女性科学家凭借特殊的性征与动物建立起很好的友谊，获得独特的灵长类知识，本应具有决定性的发言权，但是在科考中，照相机和摄像机等表征意义的装置却总是由男性来操作和使用。哈拉维认为，照相机、摄像机这类话语表达的工具恰恰是男性进行文化统治的工具，妇女始终无法掌握这些工具而处于男性的控制之下。《国家地理》等科普节目中的女性科学家不只没有摆脱父权桎梏，还与灵长类一起被做成图片供亿万观众观赏，女性和动物始终都是"被观察者"和科学研究对象，男性是"观察者"和研究者。《国家地理》的灵长类节目虽然以女性为主角，却极力突出她们作为科学家的理性特征，而丝毫不涉及她们的女性特征之作用。事实上，年仅23岁、没有接受过大学教育的珍妮·古多尔女士能被著名古生物学家利基选中观察猿猴，就是因为他认为她"无偏见、有耐心、不会受到雄猿的威胁、对母婴关系敏感"。当然，《国家地理》还是在节目中告诉观众，当初珍妮获得了剑桥大学的博士学位，并且结了婚。博士的头衔保证了珍妮的灵长学知识无可怀疑，而她的摄影师丈夫作为她的搭档更是确保了所拍图片的文化合法性。

灵长学著作一般都认为雄性灵长类居于主动和支配地位，而雌性灵长类被动、受支配。《猩猩政治学》一书指出，雄猩猩像男性一样具有战略推理能力，而雌猩猩就像人类"姐妹"一样不具备此种能力。女性被认为与灵长类之间具有微妙的感情，搭建了男性科学家研究灵长类的桥梁，虽然这在客观上促进了女性参与灵长学研究，但是将女性与动物的交感过分夸大实则是男性贬低女性的表现。哈拉维发现,珍妮·古多尔著名的《在人的阴影下》的致谢体现了父权制的思维。珍妮先后感谢的是"研究之父"路易斯·利基、她的第二任丈夫拉维克、坦桑尼亚"独立之父"尼里里和负责社会网络协调的安斯蒂,最后才是她研究的黑猩猩中与她关系最亲密的两只——"灰胡子戴维"和"弗洛"。可见,在古多尔眼里,人,特别是男性,远远高于动物。古多尔对她负责的贡贝研究中心的学生选题和观察任务进行分配时,基本上是安排女学生观察雌猩猩,男学生观察雄猩猩,而且安排观察雌猩猩的学生只有寥寥数人。① 哈拉维认为,这种在分工上的性别对应是否有科学依据不得而知。女科学家的身份丝毫没有改变古多尔对父权的信仰,尤其是古多尔意气风发地声明:"我们的研究就是为了重新认识什么是人。"这种将灵长类动物客体化、对象化以界定"人"的做法表露了不折不扣的父权野心。此外,贡贝研究人员在观察雄猩猩的结交和往来行为的基础上,用"共同体"(community)一词定义猩猩群体,而雌猩猩的活动也被放在这个共同体中考察。

(二)种族:后殖民主义的视角

在西方文化中,"白色"对应着心灵,而"黑色"则对应着身体,因而白种人才被视为真正的"人",而有色人种则不过是具备人的肉体的动物。白种妇女虽然在社会中被边缘化,但至少可以在男性和动物的沟通上有利用价值,而有色妇女连这种资格也被剥夺,完全被排除在白人文化之外,与动物、性和黑暗联系在一起。有色人种被认为

---

① 事实上,古多尔本人并不确定雌猩猩是不是描述猩猩社会单元的独立变量。

是等同于动物的、与动物同为知识的客体,所以没有研究动物的权利,因为研究动物可以确立"什么是人"。有色人种学生一直很难在欧美国家获得科学学位,虽然战后美国鼓励发展研究生教育,但对科学感兴趣的有色人种学生被刻意引导学习医学,避开生态学、进化论生物学、人类学、灵长学等领域。有色人种被剥夺了对"人"的研究权和发言权。

作为研究对象的灵长类尚且获得了命名,如古多尔的"朋友""灰胡子戴维""波姆"等,它们也"幸运地"得到了被拍照留念的机会,而有色人种却连动物的这些待遇都没有得到,他们完全被遮蔽,完全遁形、失语。他们与白人科学家的关系完全是主人和奴隶的关系。根据灵长类研究记录的文献,有色人种从事的低层次工作有向导、保卫、运送行李、做饭、扛枪和摄像机。当然还有一些相当聪明和有经验的土著人,可是这种土著人的聪明才智和胆识被白人科学家的妻子解释为"仿佛被主人的精神启发和触动"。[①]土著人的自由和受欣赏也是有严格限度的,一旦他们的行为超出限度就会受到严厉的惩罚。如爱克雷忠诚的随从吉孔古,因为开枪射击了企图攻击爱克雷的狮子而被爱克雷投入监狱,原因就是这个忠诚的"下人"在没有得到白人主人的许可下向动物开枪了。爱克雷的另一位随从比尔也是因为对白人主人的命令偶有违抗而遭到爱克雷的惩罚。

有色人种妇女也参与了科学实践,可是她们只能在博物馆和实验室里倒垃圾,喂哺婴儿般的小猩猩,在科学家的营地为探险者和观察

---

① Donna Haraway, *Primate Visions: Gender, Race, and Nature in the World of Modern Science*, p. 52.

者们做饭……即便在白人女性进入灵长学研究之后，有色人种的境况也没有得到根本改变。珍妮·古多尔明明是在一大群本地人的帮助和追随下开展观察研究，但《国家地理》节目从来都是突出强调年轻的珍妮小姐（Miss Jane）"孤身一人"在非洲艰苦地做研究。"孤身一人"即是否认了珍妮以外的本地有色人种"人"的身份。虽然，珍妮反对种族流血冲突，同情去殖民化运动，但是她白人女性的身份同样使她难以摆脱"白人优越"的种族主义情结。她以典型的殖民主义话语描写了她在非洲受到的礼遇："我们上岸……他们用盛大的仪式欢迎我们。"而真实的情况是，贡贝当地人怀疑白人珍妮去那里的动机，所以一开始就安排专人监视她的工作。

战后灵长类研究不同于战前的一大特点，就是人类与灵长类的接触增强，距离拉近，但是灵长类并未被当作主体，而是被当作具有人的形象的客体。哈拉维认为，灵长学实实在在是一种猿类的"东方主义"（orientalism）。"东方主义"的提出者是爱德华·萨义德，他看到西方"根据东方在欧洲西方经验中的位置而处理、协调东方"。[①]带有偏好视角的西方从外部注视东方，讲述东方的故事，故事确立了西方的自我身份和力量。西方借助与东方的差异将西方塑造为优势的第一世界。哈拉维发现灵长类在灵长学家的写作中也处于"他者"的特殊位置。白种西方科学家注视灵长类，讲述关于灵长类的故事。灵长学家们通过对灵长类的描述塑造出"人"的含义，将人置于动物之上。因此，哈拉维认为，灵长学体现了猿类的"东方主义"。东方主义的

---

① 〔美〕爱德华·W. 赛义德：《东方主义》，王宇根译，三联书店，2007，第2页。

基本特征就是"自我"根据与"他者"的差异将"他者"客体化、对象化,从而确定"自我"的优越与力量。东方主义的这种特征恰是哈拉维所批判的二元论的典型。二元论简单说是由一方根据差异对另一方的疏离而形成,一直以来指挥着我们的思想和实践,维持着等级与支配的现状,从根本上造成了人们对自然的客体化、自然化、东方化。哈拉维进一步给出了"猿类东方主义"的确切描述:"西方灵长学从'他者'的原材料中建构'自我',在文化的生产中评价自然,在动物的基础上定义人类,以有色人种的隐晦突出白种人的清晰,由女人的身体对比男性的理性,凭性的资源阐述性别,靠身体激发心灵。"① 灵长学中的"东方主义"强化了人与动物之间、不同性别之间、种族之间、阶级之间对立的合理性,将灵长类、女性、有色人种等客体化、对象化。

"猿类东方主义"揭示了自然科学与殖民主义话语直接相关。最直观地看,研究者——灵长学家是清一色的西方白种人(二战后亚非拉等地才出现本土的灵长学研究),而研究对象——灵长类的栖居地却是第三世界国家。西方研究者要么借助殖民扩张之机直接进入第三世界国家进行田野研究,要么通过强制的不平等贸易从栖居国输出灵长类动物。因此,哈拉维批判"猿类东方主义",实际上体现了她的后殖民主义思想。后殖民主义的实质是反对欧洲中心主义,反对当今西方发达资本主义国家的文化霸权主义,力图恢复民族文化应有的地位,使其享有与西方平等的话语权。哈拉维曾指出,《国家地理》的

---

① Donna Haraway, *Primate Visions: Gender, Race, and Nature in the World of Modern Science*, p. 11.

影片完全排除了西方对第三世界的剥削和第三世界的去殖民化运动。这种意识反映了她对科学深刻的后殖民主义关怀。哈拉维并不是鼓吹用殖民地的本土科学取代西方科学，而是主张第三世界去殖民化的同时必须对自然进行重构，揭露西方关于自然的权威中的种族主义和殖民主义密码。

三　重写灵长学史：一种女性主义的尝试

"社会性别"是女性主义在斗争舞台上为反对性别差异自然化而发展的概念。围绕"社会性别"的女性主义理论和实践寻求解释性别差异的历史系统，并对之加以改变，因为在这个系统中，男人和女人被安置为等级和对立的关系。生理性别/社会性别二元概念之间的复杂分析和政治张力把女性主义性别理论与自然科学（特别是生物学）的建构和重建紧密连接在一起。

（一）女性主义之于灵长学

在《灵长类的视野：现代科学世界中的性别、种族与自然》的最后一部分，哈拉维把灵长学作为一种"女性主义的理论类型"、一种"雌性的政治学"，单从这些表述就可见哈拉维将科学、女性主义与文化批评紧密结合的研究进路。既然有"雌性的政治学"，也必然有"雄性的政治学"，这些政治学与我们通常认为的科学实践似乎距离很远，因此，应该特别加以关注。从一开始，哈拉维就主张，不仅文化及相关范畴是被建构的物质与符号存在物，就连自然及似乎不可动摇

第一章　女性主义视角下的生命

的"固定"实例（包括身体），都被这些"装置（政治学）"书写和描画。由于政治学如影随形地存在，灵长学成为"女人"与"男人"之含义的历史的中心地带。尽管有了这些认识，灵长学如何就是一种女性主义还是令人感到困惑。当然这里必须解释女性主义的特征。哈拉维在讨论"雌性的政治学"与生命科学时指出，"怀疑（suspicion）和嘲讽（irony）对于女性主义描述自然的文本来说是十分基本的"。① 具体的操作表现为：一方面，寻找自然真理和自然史中的谬误；另一方面，发现并抵制有关自然的霸权，包括什么是自然，如何认识和理解她，她的客体之间的关系以及如何看待她与文化之间的关系，尤其是揭露生物学中的雌性被作为自然 - 技术客体时的霸权表现。

　　哈拉维概括了女性主义与灵长学的内在联系。她指出，欧美女性主义与灵长学同时属于西方话语和性别话语，在其话语中，雌性灵长类和妇女都是关键的、自然的、技术的知识客体；重构灵长学的技术是一种严肃的女性主义实践；灵长学启发女性主义关注许多可能的意义；女性主义与灵长学都是事实与虚构的生产者，是讲故事的社会实践；女性主义与灵长学都不是纯洁的、无偏见的，而是交织着权力之网。正如哈拉维所说："女性主义与灵长学交互作用，加上生物学和人类学领域的其他去殖民化努力，产生的新故事排除了以往的'占有'和'支配'的席位，但是很快就充斥着新的权力和欲望。"②

---

① Donna Haraway, *Primate Visions: Gender, Race, and Nature in the World of Modern Science*, p. 279.
② Donna Haraway, *Primate Visions: Gender, Race, and Nature in the World of Modern Science*, p. 288.

（二）女性主义灵长学家的工作

二战后，自60年代起，珍妮·古多尔等个别杰出女性灵长学研究者产生了广泛的学术影响力，进入七八十年代，女性研究者数量急剧增加，灵长学面貌发生了重大变化。哈拉维从两方面分析了这种面貌。

一方面，从体制上看，灵长学研究群体表面上的性别比例变化并未从根本上改变对妇女的排斥。女性灵长学家多数集中在田野研究而很少会进入由男性掌控的实验室；灵长学的书写只是男性科学的实践，灵长学专著的作者长期以来都是男性，女研究者常常借助夫妻档（灵长学领域内部男女研究者结婚的情况很普遍）的便利和丈夫一起出版；大多数女灵长学家是美国人；在女性灵长学家中，黑人女性的比例与白人女性相比也小之又小。

另一方面，女性科学家贡献的研究成果构成对灵长学前所未有的挑战和十分宝贵的启示。被称为"丛林中的妇女"的女性灵长学家对现有的灵长学进行了女性主义的重构。哈拉维着力于考察四位女性灵长学家的工作，她们分别是珍妮·奥特曼（Jeanne Altmann）、琳达·费迪甘（Linda Fedigan）、艾德里安·茨尔曼（Adrienne Zihlman）和沙拉·布莱弗·赫蒂（Sarah Blaffer Hrdy）。这四位科学家在20世纪晚期的灵长学中提供了关于生理性别与社会性别、自然与文化的新的科学书写方式。

奥特曼通过动摇狒狒生活以雄性为中心的叙述突出了雌性，批判了男性科学家标准的取样（sampling）方法；她通过展示女性不是单一的自我，而是身兼几种角色而推崇复杂性；通过科学描述中的日常术语，强调狒狒的力量，坚持狒狒在它们自己的生活中是行动者。奥特曼提出的"双业母职"（dual career mothering）的狒狒形象阐明了她的思想。她把雌灵长类的生活看作一种"变戏法"（juggling），即同时做几件事情。母狒狒不仅要照看幼婴，还要负责护理、觅食、搬运、管理和社交、警惕机遇与风险等。"双业母职"是对雌性只负责照顾幼婴这一认同的问题化和解构。哈拉维指出，在美国，许多妇女有多重任务和身份，黑人妇女更是不得不在养育孩子的同时从事各个阶层的工作以赚钱糊口。女性的母职是"双业"的，她们在拥有共同的身份认同的同时又因各自的多样性而对这种认同产生疑问。这种把母亲看作"变戏法"者的范式在一定程度上动摇了西方文化中关于"自我"的理解。

费迪甘是一位自然人类学家，受到资助研究一种日本短尾猿。她质疑"进化支配模式"的男性假定以及通常关于性别差异的假定，即男性更加重要，是生殖和原始人类生活与文化基础的中心。她关注观察与被观察的关系，拒绝性别差异，批评社会生物学模式的匮乏竞争，研究灵长学知识的主体（人）与客体（动物）之间的关系，认为雌性选择支配性的雄性才是灵长类生殖成功的重要原因，提出了情境化的雌雄两性交往和雌性内部的支配，主张雌性/女性和雄性/男性的进化模式不同。费迪甘尤为难得的就是她真正从生理性别与社会性别的关系角度思考灵长学的问题，因此，她的研究对于女性主义理论意义重大。

茨尔曼是一位人类学家，她的博士学位论文研究的是两足动物，还停留在她的导师沃什伯恩的"男性-狩猎者"的框架内。她的主要贡献是提出"妇女-采集者"（woman-the gatherer）模式，主张在人的进化过程中，妇女的采集活动起到重要作用。这个模式一经提出即受到普遍的误解，被认为是解释人类进化和排除男性的。茨尔曼解释说，她只是要通过给出一个有充足证据的不同故事，来平衡男性的和支配的假说，想"让妇女在自然人类学建构的科学的综合证据中占据一个灵活的节点位置"。[1] 茨尔曼的学说还引起了人们对于她是从事"科学"工作还是"政治"工作的质疑。怀疑者把"妇女-采集者"与"妇女-科学家"联系起来，认为茨尔曼的工作是"妇女的"而不是"科学的"。茨尔曼只在生理性别与社会性别的故事上"稍稍走远了些"，却难以被传统的观念接受，可见，女性主义科学的尝试被简单等同于女性科学，女性科学家的工作步履维艰。

赫蒂采用了社会生物学视角，坚持推动以雌性为中心的灵长类生活叙事。她的工作集中在七八十年代的生育性政治（reproductive politics）。此时的性政治（sexual politics）观点已经认同"妇女不再作为功能而是作为目的而存在"，[2] 围绕堕胎、绝育、生育控制、高技术生育实践等问题的争论开始出现有利于女性的趋势。赫蒂极力主张女性/雌性自身能产生性快乐，并不是适应男性/雄性的副产品。她肯定女性/雌性的个体差异和个体利益，提出了女性/雌性的"投资战略"：在男（雄）女（雌）两性差异中，女性/雌性的性快乐和隐

---

[1] Donna Haraway, *Primate Visions: Gender, Race, and Nature in the World of Modern Science*, p. 332.

[2] Donna Haraway, *Primate Visions: Gender, Race, and Nature in the World of Modern Science*, p. 358.

匿的排卵为她们与其他女性/雌性的竞争增加筹码，把男性/雄性变成一种资源（至少不是敌人），以实现她们的生育目的。足见女性是同男性一样的积极的行动者。

奥特曼的"双业母职"暗含的是白人中产阶级关心的问题；茨尔曼的"女性-采集者"模式仍然是在寻求普遍性，抹杀了具有不同种族、阶级、区域和欲望的妇女的差异；赫蒂的女性多样化也是以种族冲突和阶级冲突的偏见为代价的。总的说来，这些女性的工作显示出很强的相似性。每个人都反思了既有的理论框架，对其形象和概念提出异议并重写。她们通过质疑什么是性，对性别提出怀疑，并试图解构和重构二者的意义。她们拒斥简单的和还原论的解释，赞同更加复杂的解释。面对增长的复杂性，她们不再信任关于性的以男性为中心的叙述，表明权威化的先前模式已经衰亡。随着性差异的破碎，性别概念更加清晰地植根于权力之中。她们坚持描绘她们的灵长类主体为享有积极的历史地位的行动者，而不是被动的客体。虽然四位女性灵长学家并没有为灵长学既存的问题提供新的解决方案，却为性别可能性研究打开了视野，她们的工作对新灵长学家产生了不可忽视的影响。

（三）新科学：历史化的科学

20世纪七八十年代，适逢自治自觉的妇女运动兴起，妇女把自身看作改变世界的异质的"自我"，并解构了被看作支配世界文化的父权"神话"中的妇女。联合国教科文组织在1975—1985年发起的"为妇女的十年"（Decade for Women）活动更是明确了全球和地区的妇女在矛盾、关系和希望等方面明显不同。哈拉维详细介绍了四位女性灵长学家通过认真的专业研究动摇沃什伯恩的"男性－狩猎者"故事。但使女性科学家重构灵长类社会的,不是其他女性主义科学史家认为的那样,是她们的生物性征,哈拉维一贯反对这种"生理决定论",她认为这是"她们在科学、种族和性别的特殊认知和政治结构中所处位置的"历史结果。[①]可见,哈拉维承认女性主义中的权力存在与运作,把女性主义对自然的解释同样视作历史建构的产物。这就展现出哈拉维对以女性主义原则重建价值系统来拯救世界的本质主义的女性主义理论感到不安。

四位女性灵长学家都标榜自己是女性主义者,但哈拉维认为,她们的工作始终在科学的框架下进行,致力于推进"好科学"。也就说,她们还是在追求一种真理、一种科学、一种客观性,她们的工作还只是对"好科学"的改良。在哈拉维看来,女性主义作者重写自然和科学的故事,旨在反对一种真理、一种科学、一种客观性,他们(女性主义者并不全部是女性)并不认为女性主义灵长学更好,而是认为科学必须有差异的知识。也就是说,女性主义不是简单地反对科学,而是要建立"新科学"。对哈拉维而言,这种新科学的典型特征就是充满差异、偶然和异质性的历史性的科学。新科学将纯洁的、去历史化的科学重新置于其赖以产生的性别、种族、战争、资本主义与殖民主义的土壤中,揭示科学的非纯洁性和历史特征。揭露现代科学的自然－技术客体的历史生成过程即是哈拉维重述科学的尝试,这种重述的科学就是历史化的新科学。哈拉维重述灵长

[①] Donna Haraway, *Primate Visions: Gender, Race, and Nature in the World of Modern Science*, p. 303.

学为女性主义做出了一项示范性工作,她希望看到更多关于科学的竞争性的"故事"出现。

哈拉维在灵长学史研究中驾驭着科学论与文化批评的双重工具,把灵长学置于殖民主义、后殖民主义、垄断和跨国资本主义、父权制和女性主义勃兴的情境中。她充分利用各种资源,如商业广告、《国家地理》、海湾石油公司和柯达公司的历史、电影《金刚》、观察到的科学家实践、灵长学领域的重要人物和重要文本等;她访谈了重要的灵长学家,阅读了大量科幻小说,观看了《人猿泰山》电影,参观并分析了动物园和博物馆……应该说,所有这些工作都是以往科学史研究不去涉及的,而这些也恰是为建立新科学而采用的不同的研究方法。当然,其中有些方法即便是同行的科学的社会与文化研究也很少涉足,例如,哈拉维对科幻作品的倚重不能不说是她的创新。科幻故事创造性地描绘了文化发生的变化,想象了人们之间以及人与物之间的关系。哈拉维直言,利用科幻的目的是"从中想象人、动物、技术与土地之间不同的更少敌意的关系,发现围绕自然-文化的新故事和新世界"。①

第二节 免疫系统中的政治学

哈拉维对西方生命科学的文化探讨,最著名的成果除了灵长学

---

① Donna Haraway, *Simians, Cyborgs, and Women:The Reinvention of Nature,* London: Free Association Books and New York: Routledge, 1991, p. 1.

史，还有关于免疫系统的研究，其主要思想体现在《"自我"在免疫系统中的建构：后现代身体的生命政治学》这篇论文中。哈拉维在访谈中指出，该文有两个任务：一是探索免疫系统中的政治隐喻；二是探索什么是"自我"，相应的边界又如何确立。

免疫学中的"自然"（科学对象）并不是科学家们通过实验观察得出的结果，它们很大程度上与免疫学在发展中所处的政治与文化环境有关。在国际政治紧张、社会阶层对立明显的时期，免疫学理论也体现了等级制、权威与对立的政治学；而在国际政治环境宽松的时期，免疫学理论就包含了拒绝线性权威、等级秩序和非渗透性（non-permeable）边界的隐喻。

一 "自我"与"他者"的文化

1946年，著名存在主义者波伏娃出版了女性主义的经典著作《第二性》，开启了对"他者"的阐释。她在书中提出"女人是他者"这一命题，向我们描绘了女性主义视角下的女性"他者"的形象特征：内在性、异化状态、被动性、否定性和消极性……同时说明了女性的历史也是"他者"的历史，在这历史进程中，女人作为一个整体被排斥在文明的门外，成为次要者、"次等族类"。在《第二性》之后，"他者"这个概念成为西方乃至全世界范围内各方所关注的一个强音符。"他者"不只是指女性，还扩展到有色人种、少数民族、东方和殖民地，女性主义运动与后殖民主义运动的高涨都将"他者"作为最重要的分析概念之一。

第一章 女性主义视角下的生命

哈拉维指出:"什么是自我和什么是他者,是一个视角问题或一个目的问题。"[1]她还举例说,从寄生虫的角度看,寄主是其身体的一部分;但从寄主的角度看,寄生虫就是纯粹的入侵者。这个例子更清楚地解释了前面的话。上文分析的"东方主义"将假定低等的东方对象化,确立西方的优越,这就造成了"自我"与"他者"的划分。"自我"与"他者"划分的自然科学基础是18世纪瑞典现代生物分类学家林耐创立的生物分类学,其基于差异的分类标准缔造了物种间的边界,宣布了自然的秩序。在哈拉维看来,分类学给自然强加了从来不曾存在的秩序,其实质不过是为实现理论和等级而进行的简单化和还原的工作。这种工作正是人类科学赖以确立其对自然的权威的重要手段。人类将自身局限在"自我"的圈子,将自然抛在"他者"的角落。这种做法是人类所惯用的,凡是他们认为劣等的东西都被剥夺了"自我"的权利,哪怕是"劣等的"人。分类学的哲学根源是已经受到许多哲学家声讨的二元论。二元论简单说是由一方根据差异对另一方的疏离而形成,这种疏离和对立从根本上造成了"自我"对"他者"的排斥,为等级与支配的社会文化做辩护。

在分析免疫系统之前,哈拉维先从文化的范围分析了"自我"边界的确立。她借用了奥科提维亚·巴特勒(Octavia Butler)的科幻小说《土做的诺亚舟》所描述的故事:从外太空返回的地球宇航员带回了外星球的传染病,这种病遗传到人类后代身上,造成人类不得不把被感染者和被感染者的后代看作不同于人类"自我"的"他者"。但

---

[1] Donna Haraway, *How Like a Leaf: An Interview with Thyrza Nichols Goodeve*, p. 75.

是这些具有四足兽特征的被感染者的后代毕竟是人类的未来，又怎能被作为异类加以排斥呢？所以，这部小说给我们最大的启示就是，在外星球疾病感染地球之际，重构自我与他者的辩证法。哈拉维从这部科幻小说联想到资本主义时代强制而无理的"自我"与"他者"划分。首先，在根据侵略（invasion）判断"自我"与"他者"的一类话语中，侵略活动方向的界定并不清楚，是从太空到地球、从外部到内部，还是相反。而事实是，当殖民者来到殖民地，殖民地人民被殖民者视作入侵者，因为他们是传染病、污染、混乱的载体，他们威胁着殖民者的健康和文明；殖民者在非洲建立自然公园之后，将本地土著居民作为防范偷猎的重点对象，尽管这些地方明明是本地人的家园；里根政府的"星球大战计划"（Star War Program）鼓吹保卫地球、自我，防止敌人入侵，但是通过推行该计划，美国政府的帝国主义侵略本质一览无余。可以看出，在殖民主义话语和帝国主义话语中，"自我"永远是帝国主义国家，"他者"永远是被侵略和征服的殖民地人民。其次，在根据等级判断"自我"与"他者"的一类话语中，"我们"总是天然地指白人和男性，"他们／她们"才对应边缘化的有色人种和女性。

二 "防御"的"自我"

从二战后到80年代中后期，国际政治、军事形势充分体现了"自我"与"他者"对抗的哲学。资本主义与社会主义两大阵营长期保持冷战对峙，美苏两个超级大国互相威胁核毁灭，发达国家争相开展空间冒险、争夺外星球资源，美苏频繁入侵世界小国争夺霸权，美苏军事尖端技术竞赛不断升级。

哈拉维发现,文化中的"自我"与"他者"对抗的政治学在传统免疫学理论中有直接体现。免疫学是研究生物体对抗原物质免疫应答性及其方法的生物-医学科学。免疫应答是机体对抗原刺激的反应,也是对抗原物质进行识别和排除的一种生物学过程。免疫应答是既可防御传染和保护机体,又可造成免疫损害和引起疾病的一个生物学过程。也就是说,免疫是生物体对一切非己分子进行识别与排除的过程,是维持机体相对稳定的一种生理反应,是机体自我识别的一种普遍生物学现象。免疫功能根据免疫识别发挥作用,这种功能大致包括:对外源性异物(主要是传染性因子)的免疫防御;去除衰退或损伤细胞的免疫,以保持自身稳定;消除突变细胞的免疫监视。

现代免疫学告诉我们,作为"自我"的机体排斥作为"他者"的抗原物质,完全是出于维护机体健康的"目的"。类似的,文化中的"自我"对"他者"的排斥也是出于"防御"的目的。在"自我"看来,属于"他者"的东西是可怕的、肮脏的、具有破坏力的。例如,男性的"自我"曾把自然比喻为狂暴的"女巫",极力攫取自然资源,试图征服自然;白人曾把有色人种看作附属于自己的不听话的奴隶,制定政策与法规对其加以约管;西方曾把东方鄙夷作落后的文明,拒绝承认东方文明的优秀成果;人类把动物当作被观察的客体,从来都无视它们作为行动者的主动性。作为"自我"的男性、白人、西方和人类通过将女性、有色人种、东方和动物"他者化"、对象化,保护了自身的利益和优越性。但是哈拉维指出:"防御与入侵的语义学是个复杂的问题。……完全得到防御的胜利的'自我'是一种可怕的幻觉。……无论在民族话语还是在我们内在身体的抽象空间中,这种'自我'都是一种可怕的幻觉。"[1] 除了当时整体的国际环境,哈拉维此番话特别针对的应该是她经常提及的"星球大战计划"。该计划的正式名称是"反弹道导弹防御系统的战略防御计划",在20世纪80年代初由里根政府提出。该计划的主要目的在于利用美国的高技术优势,建立空间武器系统,提供应对战略核武器攻击的空间防御手段,以消除苏联日益增长的核威胁,维持美国的核优势。"星球大战计划"将美国作为需要保护的"自我",将苏联作为需要防御的"他者",加剧了国际紧张气氛。这种剑拔弩张的强力对抗严重威胁世界和平与安全,根本不能达到"保护美国"的狭隘企图。"完全得到防御的胜利的'自我'是一种可怕的幻觉",这是对"星球大战计划"的一个绝好讽刺。而事实也证明,由于系统计划的费用昂贵和技术难度大,许多计划中的项目最终无限期延长甚至终止,加上后来苏联解体,美国在花费了近千亿美元后,于90年代宣布中止该计划。

"自我"与"他者"对抗的免疫学理论反映了此时的科学还停留在等级秩序、线性权威和非渗透性边界的阶段,此时的社会文化依然被顽固的二元论主导。

三 差异互动的"非自我"

20世纪60年代兴起、七八十年代达到鼎盛的欧美社会运动横扫

---

[1] Donna Haraway, *Simians, Cyborgs, and Women: The Reinvention of Nature*, p. 225.

第一章　女性主义视角下的生命

西方社会，尤其是女性主义运动、反种族主义运动、美国的反战运动的兴起与壮大使整个西方文化经历了前所未有的变革。性别、人、自然、科学等单义的范畴遭到强烈的颠覆和批判，社会文化呼吁多性别、多种族、多物种和多民族科学这些旧有文化所不承认和容许的反二元论文化要素，西方文化独领风骚的世界呈现多元化发展态势。同时，在学术领域，后现代主义思潮兴起，反对逻各斯中心主义、本质主义和基础主义，否认整体性和同一性，消解主体性，寻找差异和不确定性。政治和思想领域的二元论岌岌可危，这种趋势必然在生物学中有所体现。

通过考察 80 年代出现的新免疫系统理论，哈拉维认为，"后现代身体的生命政治学"（Biopolitics of Postmodern Bodies）不再是有机体简单的自我识别和排除异己。这种"身体生命政治学"隐喻，体现在诺贝尔奖获得者尼尔斯·杰雷（Neils Jerne）的"网络理论"中。该免疫网络学说是杰雷根据现代免疫学对抗体分子独特型的认识而提出的，其认为在抗原刺激发生前，机体处于一种相对的免疫稳定状态，当抗原进入机体后，打破了这种平衡，导致了特异抗体分子的产生，当达到一定量时，将引起抗 Ig 分子独特型的免疫应答，即抗独特型抗体的产生。因此抗体分子在识别抗原的同时，也能被其抗独特型抗体分子识别，这一点无论对血流中的抗体分子还是存在于淋巴细胞表面作为抗原受体的 Ig 分子都是一样的。在同一动物体内一组抗体分子上独特型决定簇可被另一组抗独特型抗体分子识别，而一组淋巴细胞表面抗原受体分子亦可被另一组淋巴细胞表面抗独特型抗体分子识别，这样在体内就形成了淋巴细胞与抗体分子所组成的网络结构。"网络理论"认为，这种抗独特型抗体的产生在免疫应答调节中起着重要作用。总之，"网络理论"的创新之处，就是提出抗体分子不仅作为抗原的抗体，而且成为一些抗体的抗原。

"网络理论"下的有机体呈现"自我调节"（self-regulation）的特征，这个特征对传统免疫学中的"入侵—防御"关系和"自我—非我"对抗原则进行了重构。重构后的免疫系统知识凸显了复杂性，相关的细胞类型相比旧免疫学知识中的细胞类型大大增加，而且这些类型之间如何对抗、操作和平衡难以捉摸。传统免疫学中清晰的目的和秩序不复存在，免疫学成为"一首多个中心和外缘混合的后现代的混成曲"。[1] 具有免疫系统的有机体不是理性和有目的地保卫自己、反对外部入侵，而是按照系统自己的方式，遵循系统的复杂逻辑。免疫系统中很多类型的细胞成为"多样性的生产者"，而不再是"被决定的结构"，其功能建立在相互依赖的多形态逻辑上。细胞之间不停地"通信"，由于免疫系统的决策程序或资源投资战略并不遵从"主控制"（master control）原则，所以细胞的"通信"形成一个巨大的生化复杂性的动态系统。线性秩序被"身体网络惊人的复杂性和特殊性取代……"[2] 哈拉维指出，我们最好把免疫系统看作生化制剂、细胞、器官和有机体的内外世界的复杂结合，这些东西形成多形态的生态系统。技术（肢体修补术、医药和器械）与文化（压力、学习和社会因素）结构对这些生态系统而言都十分重要。细胞、器官和有机体的情境形成一个"联合文本"（co-text），共同决定这个生态系统的行为。

---

[1] Donna Haraway, *Simians, Cyborgs, and Women: The Reinvention of Nature*, p. 207.
[2] Donna Haraway, *Simians, Cyborgs, and Women: The Reinvention of Nature*, p. 218.

简而言之,"免疫系统话语启示我们在充满'差异'和'非自我'的世界中行动的可能性"。①

传统医学教科书认为,免疫系统为身体建立了保护层,这个隐喻产生了自我/他者、主体/客体以及本土/外来的二元论。而"网络理论"这个激进的关系理论基于这样一个假定:免疫系统的每个成员都能跟其他每个成员交互作用,它们在网络中呈现流动、分散和动态的特征。"网络理论"的新隐喻具有渗透性、差异性和多样性。在"网络"中,和谐是随机的,秩序是被约束的偶然。哈拉维指出,新免疫学理论包含了系统成员共享的特殊性、"自我"与"他者"的交互作用、情境的可能性、身份(identity)和个体化的不可能性、局部的混杂和风险。哈拉维认为,这种免疫学话语描绘了多样性的后现代"自我",这种"自我"必须被带入有关健康、疾病、个体性、人性与死亡的西方和多元文化话语中。在哈拉维看来,"网络理论"放弃了"对抗的策略",选择了"替代的和解放的进路",强调身份脆弱而随机,差异普遍存在,对立并不必然。

四 白璧微瑕——对重构的评价

哈拉维摒弃传统免疫学的"对抗论",青睐杰雷的"网络理论",其实是在努力摆脱一种秩序、一种合理性、一种真理的本质主义,接受差异、多样性和多种身份。但是,哈拉维描述免疫系统依托的单位

---

① Donna Haraway, *Simians, Cyborgs, and Women: The Reinvention of Nature*, p. 214.

是细胞和基因而不是个体,她认为有机体由细胞构成,细胞有自己的目标,有机体或个体没有本体论上的优先。但是,为了对有机体去自然化,哈拉维接受了有机体随着基因的改变而改变的社会生物学观点。然而,把有机体或个体看作基因寻求增加自身数目的结果,这种理论本身就因突出动物世界追求"利润最大化"策略而备受指责。事实上,哈拉维接受的假定就是道金斯(Dawkins)的"基因中心论"[1]生物学和他的"自私的基因"[2]隐喻。

哈拉维思考免疫系统的初衷是批判达尔文主义宣扬的稀缺性竞争[3]导致的"身体生命政治学"中对抗和排外的二元论,但由于发展为强调细胞和基因的竞争性生存,反倒又落入新达尔文主义[4](neo-Darwinism)和自然选择。这样,一方面否定达尔文的稀缺性理论和冲突理论,另一方面赞同普遍的多样性和差异,二者似乎有些矛盾。哈拉维试图通过基因中心主义克服现代主义,但是基因中心主义本身就扎根在她所批判的现代主义中。

无论如何,哈拉维通过免疫系统中成员的身份转换对二元论和本质主义进行了有力抨击,证明了差异和多样性的合理性。"网络理

---

[1] 道金斯的"基因中心论"认为,大千世界真正的统治者是构成我们身体的基因,生命的个体反而成了基因主宰的生存机器。基因为达到生存的目的,会不择手段。所有在生物个体角度看来明显是利他行为的例子,均是基因自私的结果。
[2] 道金斯是全世界最具争议的进化生物学家。他1976年出版《自私的基因》一书,认为自然选择仅通过基因而非通过物种或个体发挥它的造物之力量,人类不过是"基因的生存机器"。
[3] "稀缺性竞争"指生物为争夺稀缺资源而展开斗争,优胜劣汰,适者生存。
[4] "新达尔文主义"指19世纪末叶以来出现的把达尔文的自然选择学说与遗传学相结合的生物进化理论。

论"将免疫系统重新概念化为自我解释的复杂系统和交互作用的生态系统，身份在其中随之进化和复杂化。免疫系统为我们揭示了去中心化和情境变化性，哈拉维借此认同了"作为差异的自我"、"作为差异的社会秩序"和"作为差异的科学"。尽管哈拉维在用关联主义（connectionist）的差异的解放逻辑反对达尔文主义的线性逻辑时落入了新达尔文主义，但是毕竟她反本质主义、反身份，承认差异间关联、共存和互动，这些都是后现代"身体生命政治学"中蕴含的积极的文化深意。

"免疫系统是描述晚期资本主义物质与符号'差异'系统的杰出典范。"[①] 即便哈拉维不小心滑入了她所批判的达尔文主义，但由于对差异和关系的突出强调，她依然启发我们一种深刻的政治学。这种政治学的特征就是不主张异质因素之间的竞争、斗争和敌对状态，而是想象它们之间可能的联系。

第三节 重构自然

70年代后期，美国学术女性主义中"生理决定论"兴起。该思想将文化、历史和政治中的问题归因为生物学和进化论，认为女性由于特殊的生理特点（如生育能力）而具有特殊的认识论优势和特殊的社会位置。这种论调反映了一种激进的反父权制意图，但由于其没有脱

---

① Donna Haraway, *Simians, Cyborgs, and Women: the Reinvention of Nature*, p. 205.

离父权制的自然决定论的认识模式,反而遭到来自女性主义内部的批评。反对者认为,恰恰相反,生物学与进化论的描述受到政治与经济等文化要素的影响。自然科学文本并不对应自然世界,自然的概念和特殊范例都由人、文化、符号、描述以及人类意图塑造。自然科学中的形象和相关理解总是与它们出现的历史时代密切相关。

究竟是自然决定文化,还是文化决定自然呢?哈拉维在这个问题上表现出较之一般女性主义者难得的冷静。哈拉维既不追求关于纯洁自然的科学知识,也不在科学中寻找特殊的利益和价值,而是去质问自然是什么,造成这种自然概念的历史情境是什么。她认为:"女性主义者重新评价科学就是为了发现和定义对我们而言自然的含义。"[1]

一 自然:历史生成的科学对象[2]

在认识哈拉维关于自然的观点之前,我们有必要了解科学论对自然的相关研究,以帮助理解。对科学研究而言,我们所谓的"自然"究竟是什么?有些科学论者认为,科学研究所谓的"自然"实际上是"科学对象",这种科学对象绝不是沉默的真理,而是历史中的事实。洛林·道斯顿(Lorraine Daston)主编了《科学对象的传记》一书,该书阐述了科学对象(scientific objects)的历史性。科学对象指的是科学研究的对象,它不是事先就存在于自然之中,而是在实践中由各式各样的异质性要素共同作用(冲撞/内爆)而成的,一旦形成之后

---

[1] Donna Haraway, *Simians, Cyborgs, and Women: The Reinvention of Nature*, p. 23.
[2] 本部分参考了蔡仲教授未公开发表的相关研究,特此感谢。

就被冠以"自然"之名。

根据《牛津高阶英汉双解词典》(第四版),"对象"指"我们的行为、思想与感情所及的人或物"。"对象"是既存的、已有的,人们可以直接意识到、感触到;它们具有表面上鲜明的自明性,被人们直接经验。类似的,在实在论图景中,"科学对象"是一种"发现",一种等待着科学家去开发的、未知的、预先就存在的领域。科学对象的本质就像日常对象一样,事先就存在于那里,只不过等待着科学家去探索,而且必须付出漫长的时间和巨大的努力,并辅之以有效的工具。所以,人们只能谈论科学发现的历史,而不能谈论一种真正的科学对象的历史。与实在论相反,建构主义主张科学对象是被"发明"的,是在历史与社会语境中塑造出来的。这些语境可能是知识的或制度的,文化的与哲学的,具有异质性与多元性,并且紧紧依托时间与空间。

道斯顿指出,科学对象不能简单地用"发现"或"发明"、"存在"或"不存在"描述,科学对象既是真实的也是历史的。西奥多·波特(Theodore Porter)研究发现,高血压成为科学对象并不是我们想当然的医学发展的产物,其直接发现者竟然是保险业。保险公司与受保人之间存在利益的激烈竞争,公司管理人员与职员之间也存在利益的激烈竞争,这些利益冲突产生的不信任导致保险公司推行健康的量化与仪器的测量。于是,保险公司比临床医生提前 20 年发现了高血压的危险。波特指出,测量血压进入医学并不是一种无偏见的医学研究的结果,或医学对个别病人关心的结果,事实上,它是人寿保险公司追求一种更好的、更客观的判断死亡率方法的努力成果。波特认为，这个过程是一种明确的历史。

我们姑且不论科学对象究竟是不是一种发明，但它们的确在深度介入文化意义、物质实践与理论推导的网络的过程中变得越来越真实。科学对象越来越广泛地联系着其他现象，同时产生出层次更复杂的隐藏结构。新科学对象使科学得以发展，反过来，该科学对象在发展的科学中得到了进一步发展。但科学对象这种本体论上相当丰富的东西是不稳定的，它们一方面在政治、经济、军事、部门利益、技术等异质因素的交互作用下在某一历史时期生成，另一方面可能在这些异质性要素的重新洗牌过程中消失，不再是科学对象。科学对象时常会从实在的领域中整体上消失。例如，伯什沃德（Buchwald）研究发现，以太从19世纪末的物理学中消失，是因为它与当时新兴的原子及元素的化学周期性研究没有什么关系，所以以太被对微观世界的研究取代。

二 对自然的女性主义追问

哈拉维通过对科学史的考察，也发现科学对象的历史生成性，她的表述是"自然的被建构性"。哈拉维通过对灵长学史的研究发现，自然并不是一种有待于人类去观察的静态对象，而是各种异质性要素包括纯自然、性别、种族、阶级、殖民主义等建构出来的东西，而且她更强调意识形态参与的建构。纯粹意义上的自然与文化共同建构出这种"自然"，在这一过程中，纯粹的自然与文化也相互建构。

（一）谁规定了自然

哈拉维从女性主义的视角出发，从灵长学和免疫学理论中发现了"自然"的变化——形成与消失。于是她开始思考"是什么/谁规定了自然的含义""自然究竟是何种样子""我们还可以怎样认识自然"。

就灵长学而言，二战前是帝国主义国家扩张竞争的时期，也是男性英雄主义张扬的时期，耶基斯提出了雄猿对雌猿的支配与优势，卡朋特在灵长类的性生理学中得出诸如支配与从属、主动与被动、刺激与反应等多对对立的结论。二战期间的战争需要使通信工程技术应运而生并得到空前强化，战后的50年代，奥特曼将控制论与通信理论引入进化动物行为科学。50年代到70年代中期，家庭、社会的稳定和进化以及人性本身爱好和平得到公认，"普遍的人"（universal man）成为此时期灵长学的主题。1975年以后，特别是社会生物学流行，社会稳定不再是追求的目标，一切事物都要分析其战略可能性和损益，于是灵长类又被理论化为战略家。传统的免疫学受到了冷战思维的影响，因此，其"防御"理论体现了一种"自我"与"他者"对抗的政治学。而新免疫学理论产生在冷战结束、世界呈现多极化的国际背景下，强调免疫系统成员之间的交互作用、动态关系，作用的情境性与局部的混杂性。

哈拉维在女性主义视野下观察生命与生命科学，她发现，被人们顶礼膜拜的自然实际上是渗透着人类中心主义、性别中心主义和种族中心主义的复杂故事。她认识到对自然的定义深深地渗透着意识形态色彩，谁在自然内部、谁在自然外部都是按照白人男性的要求规定的。白人男性规定了灵长类作为动物,而将人置于动物之外;规定了雄性与雌性的统治、支配、等级、核心家庭以及异性恋在灵长类中的事实性;规定了冲突、竞争、战争在灵长类社会中的普遍性。这一系列的规定实际上是在为性别歧视、种族压迫与人类中心辩护。但是所有这些规定由于女性科学家的参与,受到了不同程度的挑战,所以灵长学的研究对象发生了许多变化。

(二)自然原来是同谋

在哈拉维这里,自然不再是预先存在、等待人们去发现的科学对象,而是在动态的历史过程中,由各种物质-符号因素共同作用,在某个历史时刻产生的。自然在父权制文化中生成,这是哈拉维对自然的基本看法。那么,父权制文化中的自然起到了什么效果呢?

哈拉维虽然主张自然的建构性,但否认把自然看作文化面前安静的哑巴,主张把自然从文化决定论的掌控中解脱出来。她在代表作《猿类、赛博与妇女:重构自然》中表明:"这本书是关于创造和重构自然的,是我们这个时代地球行星上的居民希望、压迫和竞争的中心区域。"[①]哈拉维强调,重构自然不同于文化评价自然,因为后者把自然还原为文化限定的资源。

哈拉维指出,被规定的自然同样具有对人类文化的反向建构力,因为它担保了许多文化形式具有"自然"意义或成为"自然的"实践。例如,科学家书写的生物学文本承认"男性支配"作为共同体概

[①] Donna Haraway, *Simians, Cyborgs, and Women: The Reinvention of Nature*, p. 1.

念的基础,肯定男性天性引起的侵略行为和女性天性造成的性被动,认同异性恋与父权制家庭结构以及指明了人类的合作形式。正是由于自然对于巩固父权制文化霸权起到这种有力支撑,所以作为金科玉律的自然在人类社会中越来越神圣不可侵犯。

自然的被建构与反向建构表明了它是人为创造的也是为人创造的。历史上被定义的自然只是某些人(白人男性)的自然,是维护了这些人又牺牲了其他人(女性、有色人种)的自然。基于这种认识,哈拉维开始为新世界秩序想象一种新的自然。新自然要求人们彻底放弃将自然客体化/对象化的错误做法。就像萨义德说的,停止东方化,即不要为他者描绘一张脸,然后再假装我们描绘的这张脸就是他者的脸。类似的,哈拉维坚持我们要停止自然化,停止对科学建构条件的规范化(normalization)。她指出,有很多方式和地点可以生产自然,有很多人对自然的经验、对自然的使用以及关于自然的观念一直没有得到凸显。因此,女性主义完全拥有对自然进行重构的合法权利和能力。

三 重构自然的努力

(一)"讲故事"的实践

自然的历史生成性决定了我们对自然的表征是错误的,因为表征是静态的,而科学对象的是动态的。哈拉维说我们只能"表达"(articulate)自然。由于自然中深深渗透着白人父权制意识,纠缠着复杂的物质-符号因素,哈拉维提出,女性主义的任务就是暴露这种意识形态，并把其间的物质-符号因素揭露出来。这个揭露的工作就是对自然的重构。

但是，我们面临的首要问题就是：自然能否被重构。我们习惯于把自然当作"上帝的造物"，神圣而实在；把关于自然的科学表述视作颠扑不破的真理，放之四海而皆准。如果我们一定要重构自然，必然会被指责为"虚构"，而与事实相对。那么，"虚构"是否就不具备合理性呢？倘若它具备合理性，对自然的重构就具备合法性。

对自然/实在的表征就是我们信赖的"事实"或科学理论。哈拉维说，我们不能把表征与实在相比，只能与其他表征相比，也就是说，事实和科学理论与自然根本不能对应。哈拉维非但否定了事实与自然的对应，而且更加明确地指出，事实（fact）与虚构（fiction）本无二致。哈拉维认为，科学与大众文化都是事实与虚构的混合，传统的观点却把事实与虚构截然对立起来，因此，哈拉维从词源学上对二者进行了分析。事实是人类活动、施行、行为以及人类技艺，所以，事实的核心是人类行为。虚构指手工制作、塑形、发明以及作假，因此也是人类行为。虚构总是被当作对世界和经验的偏离，对事实的背离，甚至是对更好世界的幻想，然而词源学的意义给我们的认识以纠正："虚构暗含着挥之不去的真（自然）与伪（人工）的辩证法。"[①]事实与虚构都是关于人类行为的，而关于科学的描述也是关于人类行为的，因此科学也就是关于事实与虚构的了。事实植根于基于经验的认识论，因此它与虚构并不矛盾，只是与偏见和意见不相容。事实是已

---

① Donna Haraway, *Primate Visions: Gender, Race, and Nature in the World of Modern Science*, p. 4.

第一章 女性主义视角下的生命

经被做的，不可变，只能用于做记录；而虚构是主动的、发明性的，面向可能性开放。例如，在前科学时代，对灵长类的了解只能从猎人、旅行家和土著居民那里获得，这些了解跟神话并没有什么两样。到了科学的迷雾被拨开的时代，以往的描述和解释的方式被定量的试验和试错的假设代替，从而发展为一种对灵长类科学的综合性重构。哈拉维告诉我们，生物为科学家而表演，科学家把这种表演转换成由严格经验证实的真理（事实），那么这种真理（事实）就结合了生物和科学家的双重行为与技艺。科学家和生物都是生物学讲故事实践的行动者。因此，科学实践说到底就是一种"讲故事"（story-telling）的实践。

哈拉维论证了科学中存在虚构，因此，对自然的重构也允许虚构的存在。虚构赋予了哈拉维重构自然的充分空间和自由度，也保证了重构的开放性。但是，虚构并不是天马行空地联想与猜测，而是顺着自然生成的历史路径重新旅行。"讲故事"就是将自然生成过程中的所有相关参与力量、所有异质性要素原原本本地展现出来。哈拉维之所以将这种重构称为"讲故事"，大概也是为了表达重构中蕴含的特殊性、复杂性与多样性。

哈拉维提出的通过"讲故事"重构自然，进而重构科学的方案，被评价为"叙述理论"（narrative theory）或"叙述政治学"（narrative politics）。这种"叙述理论"由于接纳了虚构的合法性，必然在很大程度上受到叙述者（重构者）的社会历史处境和条件的影响，叙述者所处时代的政治环境、文化风向，以及他/她本人的身份、立场和地位都会渗透到他/她所述的重构性话语中。"叙述理论"放弃了对自然的对象化和客体化处理（以科学实在论为代表），放弃了对自然建构规范化的主张（以社会建构论为代表），完全依托叙述者独特的经验和观念，于是，我们可以得到关于自然以及关于科学的多元主张，这对一种科学、一种真理的传统观点构成强有力的挑战。

（二）引入"非人类"

自然不是既定物，而是历史生成的科学对象。这种观点批判了将自然静止化、固定化的认识，但对自然加以重构时很容易走向另一个极端——完全用人类力量解释自然的产生，将人类视作建构自然的唯一力量。哈拉维反对包括社会建构在内的后现代主义的人类力量中心说，她表示，"后现代主义认为世界是去自然化的，按照形象与拷贝再生产，我的看法跟他们完全不同"。[1]

哈拉维的解决方案就是引入"非人类"（non-human）。她指出，自然是被制造的，但不是完全由人类制造，而是由人类与非人类共同建构的。非人类包括了有机体、人工物、仪器、技术等许多因素，它们都和人类一样具有力量，参与对自然的建构。哈拉维说，人们不是构成科学话语的唯一行动者，"科学家与有机体都是讲故事实践的行动者"。[2] 例如，灵长类虽然被科学家观察，但不是任由科学家摆布，它们的生长、活动和行为都在科学实践中发挥作用，与科学家共同参与科学实践。对灵长类的研究需要借助大量仪器和设备，缺少了它

---

[1] Donna Haraway, *The Haraway Reader*, New York: Routledge, 2004, p. 65.
[2] Donna Haraway, *Primate Visions: Gender, Race, and Nature in the World of Modern Science*, p. 4.

们，科学实践也难以获得结果。引入"非人类"之后，哈拉维谈论的行动者就变成人与非人构成的"共同行动者"（co-actor）。共同行动者由于相互间的异质性而构成一个物质与符号交会的松散过程，这个松散的过程是一种实在的建构，是实在论的生动体现。

哈拉维着力引入"非人类"概念，除了解释自然的建构，另一个目的在于分析人的本质。她认为，人并不是哲学传统告诉我们的自由自治的存在，人只有进入与物、自然和其他的关系时才成为人，才是人。就像拉图尔的形象比喻所说，比荒岛上的罗宾逊·克鲁索还要孤单的人根本就不是人。人与非人在交互作用时凸显，世界在关系相遇时凸显，没有先于关系、先于相遇的东西存在。哈拉维说，只要人们仍然坚持人类中心主义，把人作为唯一具有力量的中心，被称作"科学"的政治实践就不可能变好。

综上所述，按照哈拉维的观点，"自然"不再是铁板一块，等我们去发现的呆滞的实在，而是一个与历史时代的文化密切相关的理论和实践体系。对自然的建构基于文化要素的混合交织，对自然的重构也仍是一项由科学、技术、政治学和自由市场资本主义结合而成的事业。而且重构自然不是哪个群体、哪些人的特权，只要学会阅读权力之网并在权力之间建立联系，就有资格表述自然。

小　结

灵长学史表明，人类与动物、心灵与身体、有机体与机器、动物与技术的越界随处可见，自然与文化的界限已经模糊不清，但自然/文化的二元论依然被坚持着服务于西方父权制的统治逻辑。西方传统的以二元论和自然/文化对立为中轴的叙述模式禁止承载历史的描述，压抑了各物质－符号差异之间的接触，始终掩盖着科学知识和自然的真相。

哈拉维对以灵长学和免疫学为代表的西方生命科学中的"自然"进行了细致入微的考察，向我们揭示出生命科学中深深嵌入的性别、种族和阶级烙印，暴露出西方政治、经济、军事在生命科学中比比皆是的痕迹。我们很容易从中认识到，知识客体历史地存在于由战争、资本主义经济组织和男性支配的社会生活的科学实践中。自然在资本主义和父权制中被理论化，被建构为生命科学的对象。

单纯地、静态地批判自然科学中的父权制意识形态，寻找性别偏见的本质，这种女性主义充其量体现的是一种解构的意义；而哈拉维在对自然科学进行历史性重述的过程中批判了其展现出的白人父权制意识，并呼吁女性主义者对自然进行重构。这种重述与重构描绘出异质性力量的纠缠作用，将科学开放为一个竞争性的话语场，因此，哈拉维与其他女性主义者相比具有更强的建构思想。

第二章
赛博理论与女性主义

通过对西方自然科学的历史性重述,自然/文化二分的根基已经彻底动摇。与此同时,自然与文化的边界地带也存在大量无法用"文化"和"自然"简单界定的物质-符号存在物[①],这些存在物恰是证明自然/文化二元论终结的最好证据。哈拉维敏锐地抓住这些边界产物,在西方二元论的框架外,大胆采用本体论层面的隐喻——赛博,对自然/文化二分法展开批判。这项工作最显著的优势是,想象了在一个二元论势力范围以外的、二元论鞭长莫及的隐喻。这相较于其他一些批判二元论却难逃二元论的女性主义者来说是一种更高明的策略。

"赛博"表明,自然/文化二元论中的一方不能被用来创造另一方,从而把我们从自然的文化权威中解放出来。赛博解释了科学与技术对我们的概念、主体性与生活的影响。赛博既是一种活生生的形象又是一种隐喻,应被看作解释我们的时代、技术与我们自身的象征。

---

① "存在物"(entity)是怀特海在《过程与实在》中提出的概念。这是一个比较模糊的概念,"存在物"现实的存在需要其他万物或存在物,需要全宇宙的存在物。这个概念是用来反对笛卡尔所推崇无须他物、只需自身而存在的"实体"(substance)概念的。

第一节　技术、文化、政治与军事的产儿：赛博

由于哈拉维的工作，"赛博"获得了世界性的声誉，赛博的哲学意义在西方文化中引起巨大反响。然而，哈拉维提出赛博思想并不是纯粹反思的结果，而是有着广泛而深刻的历史情境。作为一种隐喻和实在的"赛博"，其诞生也是各种异质性要素内爆的结果。

一　人、技术与社会之关系探讨

20世纪中后期，生物、信息、空间、材料等技术的突飞猛进为人类迎来新技术革命的曙光，信息技术和生物技术尤其对人类产生了无法估量的深刻影响。信息技术渗透到社会的各个层面，把整个世界变成"地球村"，人们的生存模式和生活方式焕然一新。但同时技术异化的程度也在不断加强。从自然层面看，技术的异化导致环境污染、能源危机、人口膨胀、城市化、核恐怖等方面的弊端和危险；从人本层面看，技术异化表现为技术社会中个人越来越不自由，技术理性的张扬使个体人格分裂、本能压抑、心灵空虚、生活无意义、失去目标，等等。技术异化趋势的加强使人们被迫开始思考技术的本质及技术与人的关系，由此形成的"技术决定论"与"技术社会建构论"的争吵一直没有尘埃落定。

也正是在这种没有止境的争论和反复思考中，技术与人、与社

会的关系前所未有地拉近了。同时，生物技术日新月异，尤其是基因工程的开展，使人们渐渐发现原来稳定的范畴都悄悄隐去了，人与动物、人与植物以及植物与动物的界限已经不复存在。或许，这种前所未有的技术变革预示着更加深刻的认识变革。

技术与社会之间究竟有着怎样的关系？是技术统治社会，还是社会诸要素影响、控制技术的发展？《自然辩证法百科全书》(1995)中给出了"技术决定论"(Technological Determinism)的定义：通常是指强调技术的自主性和独立性，认为技术能直接主宰社会命运的一种思想。技术决定论把技术看成人类无法控制的力量。显然，技术决定论者强调了技术对人类社会政治、经济、文化的全方位影响，却走了极端，完全忽略了技术这个社会子系统必然受到其他系统的相关、互动性作用。人类对自然的征服与胜利的确证明了技术的强大与可畏，但是当人类贪婪的索取遭到自然的惩罚时，崇拜技术的局限性就不可避免了。技术决定论的支持者在面对技术统治社会所带来的后果时表现出积极和消极两种不同理解，即乐观主义和悲观主义两种态度。法兰克福学派、存在主义者以及雅克·埃吕尔(Jacques Ellul)和刘易斯·芒福德(Lewis Mumford)等哲学家或技术哲学家们以忧郁、犀利的文字表达了悲观主义者对技术治国的彷徨、无奈、失助的心理体验。他们看到了技术和人性之间的尖锐对立，却由于无视人的主观能动性而无一例外地得出了一个充满悲剧色彩的结论，即技术的发展是一条走向死亡的不归之路。海德格尔提出，技术的本质是一个"座架"(gestell)。它托起人类，使其主宰、俯视万物，却导致人类自身"根基持存性"的丧失，从而使人的主体性被剥夺，成为技术的奴隶，开始了苦难的历程。技术的统治性是一个人类无法逃离的厄运。这种宿命的观点使海德格尔认为人实无必要去关注技术的现实进展,只有回复到诗、艺术、宗教中去才能洗礼灵魂,摆脱技术负面影响带给人类自身的罪责和内疚。这种"无为"的呼吁对技术已经或即将造成的危害实则不能带来任何帮助。法国技术哲学家埃吕尔指出,近代以来自然科学迅猛发展的结果便是"技术治国"。"技术的内在逻辑必然使人失去确立高于技术系统的目标的自主权。科学技术的命令代替政治行动,这样一来,国家就同技术结合起来,形成了'技术国家'。"[①] 马尔库塞在《单向度的人》中尖锐地批评了技术异化造成了一个技术全面支配的社会,而多样性的丧失使社会人成了一个单面的个体。但在技术乐观主义者看来,技术构造的世界是一个无限美好的盛世,人类在其中自由地进取。丹尼尔·贝尔在《后工业社会的来临》一书中指出,在后工业社会中,知识、技术成为社会的轴心,科学技术对社会物质财富增长起决定性作用,科学家与工程师作为新的阶级力量造成"技术治国"。《第三次浪潮》的作者托夫勒则对技术的未来发展充满信心和激情。

自库恩发表《科学革命的结构》后,一些学者就开始从社会学的视角研究技术,尤其是科学知识社会学(SSK)兴起,其"强纲领"给予技术的社会研究宝贵的理论支持。技术哲学家比克·休斯(T. Hughes)和平齐(Trevor Pinch)于1987年编写出版了《技术系统的社会建构》,从而拉开了技术的社会建构论研究的序幕。技术的

[①] 〔德〕F. 拉普:《技术哲学导论》,刘武等译,辽宁科学技术出版社,1986,第12页。

社会建构论主张，技术的发展并不是由技术自身的内在逻辑性、规律性所决定，因此，它不是一个固定的、单向的过程，而是一个充满偶然，并包含诸多异质因素的过程。任何技术都负载一定的社会政治价值和伦理价值，技术的特质及其影响并不是由技术本身的客观性决定的，而是取决于许多相关社会群体的解释框架。但究竟哪种解释被采纳，则取决于技术开发的主体所处的社会政治、经济、文化制度的选择机制。技术必然在一个社会过程中生成，并被打上社会过程的深刻烙印。

非但技术与社会的关系尚未盖棺定论，关于技术与人自身的恰当关系也还没有明确统一的观点。把技术的本质认作一种工具、机器、设备的主张根本无视人与技术的关系；把技术的本质认作知识、经验和技能或人类动态活动过程的观点则意识到人对技术的意义。海德格尔从人与自然的关系认识技术的本质，中国学者殷正坤则把技术的本质看作人的本质的体现。按照林德宏教授的观点，在古代手工技能阶段，手工工具的运作依赖和取决于人的双手，手工技能因人而异，具有相当的个性和内在性，因此，人与技术融为一体；在近代机器技术阶段，自动化的机器和标准化的技术将机器和人分开，使人失去技术和个性，成为技术的附属物；在以智能技术为主导的高技术阶段，由于智能技术存在于人体之内，人与技术再次走向结合。[①] 暂且不论高下，从这些观点的演变至少可以看出技术与人的关系越来越紧密。

技术与社会的关系及技术与人的关系得到了人们相当的重视并产

---

① 林德宏：《人与技术关系的演变》，《科学技术与辩证法》2003 年第 12 期。

生了相关理论成果,但是更为复杂的技术、社会与人三者之间的关系研究并不多见。哈拉维明确将20世纪80年代认同为"后工业社会",并指出,在这个社会中技术的特征、人的处境和社会的状况都发生了重大变化。她认为,科学技术的新变化直接引起人的转变和社会的转折,人类特别是女性必须在新科学技术下采取与以往不同的认识方式和斗争方式。

二 赛博科幻文化

20世纪60年代,在核聚变、宇宙航行、电子计算机和彩色电视机等技术的影响下,科幻小说再次兴起。科幻小说由开创之初表达人们对科学技术的人文关怀渐渐成为一种本体论倾向的文学,关注的问题是世界是什么,世界图景和构成,不同的世界如何不同,当我们从一个世界到另一个世界时发生了什么。已经有上百年历史的科幻小说更加注重科学技术对人的潜在影响,塑造出各种机器人、超人和变形人的形象。艾萨克·阿西莫夫(Isaac Asimov)著名的机器人科幻系列《我,机器人》、《钢窟》及《裸日》等将其推至世界级顶尖科幻作家地位。他甚至利用自己提出的"机器人三定律",[1]为机器人建立了一套行为规范和道德准则。阿瑟·克拉克(Arthur Clarke)的《城市与星空》则描绘了把大脑变成计算机,创造情感与记忆的可操

---

[1] "机器人三定律"为:第一,机器人不得伤害人类,或看到人类受到伤害而袖手旁观;第二,在不违反第一定律的前提下,机器人必须绝对服从人类给予的任何命令;第三,在不违反第一定律和第二定律的前提下,机器人必须尽力保护自己。

作性。

"星际旅行"（Star Trek）是科幻娱乐界历史上最受欢迎的名字之一，也是电视史上最受欢迎的电视系列剧之一。该系列围绕吉恩·罗登贝瑞（Gene Roddenberry）于60年代初期到中期所创造的一个虚构宇宙，创作了六代科幻电视系列剧（共726集）、十部电影、上百部小说、电视游戏以及其他虚构作品。博格人（Borg）是《星际旅行》虚构宇宙中的一个种族。博格个体的身体上装配有大量人造器官和机械，大脑为人造的处理器。博格个体通过某种复杂的子空间通信网络相互连接，形成博格集合体。在博格集合体中，博格个体没有自我意识，但在战略上显示出高度的智慧与适应能力。1974年，贝利发表《机器人的灵魂》；1976年阿西莫夫发表《两百岁的人》；马汀·凯丁1972年出版的《赛博》（Cyborg）被改编成电视系列剧《无敌金刚》；1982年，电影《刀片信使》上映。在影视剧中还有许多赛博的形象，如机器战警、生化鼠、蒙面超人、赛博009、卡辛和终结者等。

从科幻小说内容来看，其逐渐从以现有科学理论为依据对未来科学技术的憧憬和预见，发展为以未来科学技术为基础反观当代的社会。有关赛博的科幻作品在世界科幻领域影响深远，赛博的形象众所周知。这些都为哈拉维提出"赛博理论"提供了丰富的文化养分。

三 赛博的诞生

控制论是自动控制、电子技术、无线电通信、生物学、数理逻辑、统计力学等学科和技术相互渗透形成的一门综合性学科。[①] 20 世纪 50 年代，控制论的创始人维纳就有机体与机器之间通过电子信号的转换而交流的过程进行了研究，发表了《机器能思维吗？》这篇关于机器思维问题的经典论文，从而开启了人与机器研究的新时代。此后，控制技术在机器人、各种用途的控制器、电子计算机等领域大显身手，工程控制论和生命控制论相继建立。Cyborg 一词由 Cybernetic Organism（受控有机体）合成，由曼弗雷德·克林斯（Manfred Clynes）和内森·S. 克莱因（Nathan S. Kline）1960 年在一份就他们所设计的"自我调节的人机系统"所做的报告中首次提出。他们用 Cyborg 来称呼他们想象中的一种人类，这些人类经过强化后能够在地球以外的环境中生存。之所以会提出这种概念，是由于他们觉得当人类开始进入航天的新领域时，某种人类与机械之间的亲密关系将成为必要。克林斯与克莱因希望通过技术手段对空间旅行人员的身体性能进行增强，运用药物和外科手术的方法使人类在外层严酷的环境条件下生存，经过这种改造的人就是 Cyborg。遵循此词创初之意，Cyborg 后来被定义为"一个人的身体性能经由机械拓展成为超越人体的限制的新身体"。

然而，世界上第一个活体赛博是一只实验室小白鼠。科学家向小白鼠的皮肤里注入一个泵，接着持续向里面注射化学药剂以控制其最基本的生理数据。泵和有机体之间通过一个反馈控制交流电路作用在一起，从而产生了世界上的新本体——赛博。随着技术的进

[①] 李思孟、宋子良主编《科学技术史》，华中理工大学出版社，2000，第 337 页。

步，人类成为赛博的例子屡见不鲜。最常见的莫过于安装了假牙、义肢、心脏起搏器等普通的补缀器材的人体，还有旨在修补人类不足的人工器官移植体。而且现在赛博已经发展到克林斯和克莱因所预见的层次：增强人类的各项功能，超越人体的限制。例如美国MicroVision 公司已发明视网膜扫描显示仪，这种装置能把计算机影像和数据扫描到使用者的视网膜上，产生分辨率高的大型虚拟影像。计算机科技的发明运用则突破了以人为载体的赛博生物体。动物的耳朵上可以安装电子识别标签，用于监控它们的进食习惯和繁殖等。汽车的前挡风玻璃上也装上了这种装置，司机可以用它在收费站进行"无接触式付费"。甚至有敢于吃螃蟹者在自己的体内植入微型芯片。总之，赛博理念已经被运用于医疗、军事及民用事业中，再辅之以其他网络工具或配件，正在给我们带来不同的生活。

四 女性主义理论和运动的困境

20 世纪 60 年代，新左翼中的妇女将女性主义"第一波"关于"妇女权利"的讨论扩展到内涵更为丰富的"妇女解放"的讨论，这种更加激进的认识引起男性同盟者的害怕和抵制。他们争辩说，基本的压迫模式是阶级压迫和种族压迫，性别问题是次要的。激进女性主义者舒拉米斯·费尔斯通（Shulamith Firestone）对此做出回应。她采用男女生理性别差异解释性别歧视，并由此宣称两性冲突是社会冲突的基本形式，是其他一切冲突形式之本源。费尔斯通将性别差异归因于生物学差异，用生理决定论反对男权统治。尽管她在论战中获得优势，但从后现代主义的视角看她的策略存在问题，因为本质主义和单一因果论的生物学解释使我们无法理解不同文化下的性别歧视的多样性。

70年代，米歇尔·罗萨尔多（Michelle Rosaldo）等人则提出，妇女与"家庭领域"联系在一起，妇女的角色被认为是家庭的，主要任务就是照顾子女和其他家庭成员；男性与"公共领域"联系在一起，其角色被认为是家庭之外的，有时间也有能力参与家庭外建构政治的活动。简单而言，这种观点将家庭和公共领域的分离作为社会性别不平等的原因。而且该理论将这种本属于特定的历史时期因果关系推而广之到所有的社会中去。但这种解释只是以男女活动的差异取代生理上的差异，仍然是本质主义和单一因果论的。

这些早期的女性主义理论陷入本质主义困境的原因之一，就在于假定一个过于宏大的整体性的理论概念。而且这个理论试图寻找一个能跨文化的解释性别歧视并阐明一切社会生活现象的关键因素。因此，这些女性主义者建立理论的活动实质就是建立"元叙事"的活动。

70年代后期起，生理决定论和家庭/公共分割体理论在女性主义者中逐渐降温，而且很多人放弃了单一的因果论，但是仍有一些女性主义者不放弃一个"准元叙事"的概念，如南希·乔多罗（Nancy Chodorow）对"养育"的分析，凯瑟琳·麦金农（Catherine Mackinnon）对"性欲"的研究。她们都宣称存在一种不同社会中人类实践的基本类型，而实际上，这些实践类型是否具有跨文化内容和跨文化的解释力，尚需考证。

80年代之后，女性主义者终于逐渐放弃寻找性别歧视的宏大原因，转向更有针对性、更具体的探索。出现转向有两个原因：一方面，女性主义学术研究越来越具有合法性，尤其是"美国妇女研究"的制度化使女性主义研究群体急剧扩大。由于研究者关注点不同，叙述分工更加细致。女性主义者的研究呈现多视角化和多元化，而不再追求一个统一的宏大理论。另一方面，女性主义政治实践内部产生了反对"元叙事"的呼声。贫苦的工人阶级妇女、有色人种妇女和同性恋妇女抨击女性主义理论的"准元叙事"只代表了居于主导地位的白人中产阶级异性恋妇女的经验和立场。贝尔·胡克斯（Bell Hooks）等女性主义作家就揭露了许多经典的女性主义文本其实暗指白种盎格鲁妇女。可以看出，由于无视妇女之间的差异和妇女遭受性别歧视的形式差异，"准元叙事"已经阻碍了"姐妹情谊"的发展和妇女运动的团结。因此，女性主义者对那些关注历史和文化特性、关注差异的理论越来越感兴趣。

总的来说，80年代的女性主义学术研究表现出一种相互冲突的趋势。一方面，随着学术研究变得更加局部和专题，人们对宏大社会理论失去兴趣；另一方面，本质主义的残余仍在继续使用"性别同一性"。这种张力表现为：一方面追捧法国的精神分析的后现代女性主义，谴责本质主义；另一方面却执行本质主义。一言以蔽之，女性主义对于多样性只是在政治上接受，但在理论上没有给予足够的关注。哈拉维就是对残留的本质主义展开了批判，以使女性主义变成理论和实践一致的反本质的女性主义。

五 《赛博宣言》

80年代早期,里根政府推行"战略防御进攻计划",因为该计划的理念是以太空为基础进行防御以保护美国免受核弹打击,又被称为"星球大战计划"。该计划的真实目的是与苏联进行核对抗,争夺世界霸权。计划一出台就遭到了许多人的猛烈攻击,有些人认为它只是一种科学幻想,有些人反对美国政府制造国际紧张气氛的挑衅举动,而一些女性主义者从中发现了父权制普遍化的文化霸权,因此,不遗余力地加以反对。与此同时,女性主义中有许多人也开始反思自身的普遍化错误,即忽视了妇女在文化、种族、民族、阶级等方面的差异,这种反思正好是批判自由女性主义和激进女性主义的普遍主义霸权的良好契机。再加上学术女性主义还长期忽视国家的内外政策与全球资本主义运作的联系,对科学与政治的关系没有清醒的认识,所以,哈拉维在80年代及时发出了批判整体论、本质主义,提倡差异和多元性,重建女性主义政治的呼声,其表现为《赛博宣言》的发表。

1983年,哈拉维曾向一个学术会议提交了两篇论文:《新机器、新身体、新共同体:赛博女性主义者的政治困境》和《一位学者与一位女性主义者:技术的问题》。次年,她在一份德国杂志上发表了一篇实为《赛博宣言》雏形的论文,只是该文的侧重点在基因工程。1985年著名的《社会主义评论》(*Socialist Review*)的编辑向包括哈拉维在内的一些有影响的有社会主义倾向的学者发出邀请,请他们评论里根政府"星球大战计划"下社会主义女性主义的现状。哈拉维提交的论文题为《赛博宣言:20世纪80年代的科学、技术与社会主义女性主义》(A Manifesto for Cyborgs: Science, Technology and Socialist Feminism in the 1980s)。哈拉维这样解释她为《社会主义评论》的供稿:"社会主义女性主义已经不再是美国活跃的社会运动,确切地说,它就从来没有活跃过,但是它的主张依然引人注目。……《社会主义评论》给我们写信说:'你们都是社会主义女性主义者,可是里根的时代开始了,你们怎能无所作为呢?'于是《赛博宣言》就作为梦想与太空的乐章诞生了。"[1]哈拉维说,这篇宣言的目的是"思考如何批评,记住战争及其产儿,赞美逃离无情的本源"。[2]宣言被修改后收入其代表作《猿类、赛博与妇女:重构自然》(1991)中,并对标题做了轻微但重要的修改,新题目为《赛博宣言:20世纪晚期的科学、技术与社会主义女性主义》(A Cyborg Manifesto: Science, Technology and Socialist Feminism in the Late Twentieth Century)。佐伊·所弗里斯(Zoe Sofoulis)把《赛博宣言》的影响比作学术思想中的一场"地震",称之为"赛博地震"(cyberquake)。《赛博宣言》不停地再版,被不计其数的人引用,哈拉维迅速成为一颗璀璨的学术界新星。关于这篇宣言还有一个巧合与传奇的事实:它是哈拉维利用计算机写作的第一篇文章。所弗里斯说,《赛博宣言》走红有许多原因,其中一个

---

[1] A. Possible Gordon, "Worlds: An Interview with Donna Haraway," in M. Ryan and A. Gordon, eds., *Body Politics: Disease, Desire and the Family,* Boulder CO: Westview, 1994, p. 243.

[2] Donna Haraway, *The Haraway Reader*, New York: Routledge, 2004, p. 3.

十分重要的原因就是，在《赛博宣言》出版的当时，许多人文学者正开始使用计算机开展工作，开始自己作为赛博的体验。

第二节　赛博本体与女性主义身份政治

正如前文所述，哈拉维的"赛博"有着特殊的文化、技术、政治与军事背景，即特殊的历史情境。赛博既有计算机、芯片、航天飞机等物质基础，适逢国际政治形势变幻，又借助了科幻文学广受欢迎的时机，在科学、技术、政治、伦理、经济错综交杂的技科学中生成。哈拉维坚持说："赛博孕育在特殊的军事史，特殊的精神、通信理论，特殊的行为研究和药理研究，以及特殊的信息和信息加工过程中。"[1]这样一种历史偶然性与物质真实性结合的产儿，必然带来本体论上的革新。

赛博模糊了所有范畴乃至对立的两极界限，被视为突破界限的杂合体，这也正是其哲学意义所在。赛博既是技术实在又是一种后现代指涉，用来指称人与动物、人与机器及物质与精神等界限崩解后的一个新的主体位置，即凭借赛博的概念，超越目前各种身份认同（性别、种族、性倾向、阶级等）彼此矛盾冲突的困境，建构一个多重、差异、多元的主体概念。赛博的政治学意义是对其哲学意义的具体应用。

---

[1] Donna Haraway, *How Like a Leaf: An Interview with Thyrza Nichols Goodeve*, p. 128.

一 虚构与实在的造物：赛博本体论

哈拉维在《赛博宣言》中给出了赛博的本体论定义："赛博是一种受控有机体，一种机器和有机体的杂合体，一种社会实在的造物和一种虚构的造物。"[①] 从这个简短的定义中可以概括出赛博基本的特征：第一，机器/技术和有机体的结合，表明人工与生命的混合；第二，同时是社会实在的造物和虚构的造物，表明自然与文化之间无间隙。

（一）模糊的边界

哈拉维认为赛博的形象打破了三种主要边界。一是人与动物之间的边界。生物学和进化论研究发现人与动物的界限原本就十分含混。"过去二百年的生物学和进化理论同时生产的现代有机体作为知识的客体，把人与动物之间的边界还原为渗透着意识形态斗争或生命科学与社会科学之间的职业分歧的无力标记。"[②] 现代科学催生人体移植动物器官，如为婴儿移植狒狒心脏的成功案例。社会生物学通过观察动物而解释人类行为。动物权利保护者从来没有把动物仅仅看作动物，而是看作与人一样具有感情和意识。基因技术下小白鼠体内被植入人体致癌基因，为攻克乳腺癌服务。哈拉维说，人与动物的界限被打

[①] Donna Haraway, *Simians, Cyborgs, and Women: The Reinvention of Nature*, p. 149.
[②] Donna Haraway, *Simians, Cyborgs, and Women:The Reinvention of Nature*, p. 152.

破，标志着独特性的最后桥头堡受到了污染，即人类作为人与动物起码的界限不存在了。

二是有机体与机器的边界。我们的家用机器更加逼真，呈现出人性，原本受人控制的机器可以像我们一样思考甚至为我们思考。出于医学目的，人们正在与机器拼合，心脏起搏器、假肢、人造关节轻而易举植入人体，助听器在商店随意就能买到，人体内可以植入装有病例信息的芯片。哈拉维从人与机器的融合趋势中嗅到了西方文化理念里风雨欲来的气息。"20世纪晚期的机器使自然与人工、心与身以及自我发展与外部设计之间的边界越来越模糊。我们的机器令人不安地栩栩如生，而我们自己却令人恐慌地了无生气。"[1] 这个边界的消失带来的最大后果就是"自然"的确定性遭到根本性的、致命性的损害，我们原来对于"自然"的合法化解释也岌岌可危。

三是物理与非物理的边界。今天的机器再也不是过去的巨大磨轮和金属磨石，而是隐藏在漂亮壳子下面携带着无数信息的微小芯片。微电子装置无处不在，却看不见摸不着，机器微型化的趋势越来越明显。哈拉维欣喜地指出："我们最好的机器由阳光制造，它们轻便、干净，只是信号、电磁波和一段光谱。它们是出类拔萃的、可移动、可手提的东西，是底特律和新加坡巨大的人类劳动成果。"[2] 热力学理论和量子理论中物质就是能量，物质与非物质远比我们想象得距离更近。这个边界的打破直接将规范化的"自然"概念驱逐出我们的认识。

---

[1] 〔英〕乔治·迈尔逊：《哈拉维与基因改良食品》，第9页。
[2] Donna Haraway, *Simians, Cyborgs, and Women: The Reinvention of Nature*, p. 153.

（二）断裂的身份

哈拉维围绕赛博的典型——基因改良生物（genetically modified creature）进行了重点分析，使这三种边界的消融更加直观化。美国孟山都公司（Monsanto）1994 年上市的基因改良番茄①具有很强的防腐保鲜的优点，这种保鲜番茄的发明振奋了整个西方世界。番茄保鲜是因为移植了深海鲽鱼的基因而实现的，跨生物界的移植让人赞叹不已。动物与植物、鱼和水果的范畴都不是固定不变的了，保鲜番茄的纯粹性受到拷问。还有拥有天蚕蛾基因的土豆、拥有萤火虫基因的烟草，等等。哈拉维指出，这些不可思议的基因改良生物给我们最大的启示就是：原有的划分标准都无效了，不同的世界之间是联系的，存在多种可能性的。致癌鼠是人类在实验室小鼠体内植入人类致癌基因而得到的新生命，但它同时也作为很多物存在：一是治疗乳腺癌的动物模型系统；二是作为活体动物，适合绿色社会运动展开跨国话语的讨论；三是处于跨国资本交换中的普通商品；四是一种待售的科学仪器。致癌鼠是基因技术产品，是动物和人的基因结合形成的赛博，质疑了个体性种类和身份。围绕致癌鼠的专利权，研究方哈佛大学与出资方杜邦公司展开了激烈争夺，使政府不得不介入其间，争议最后以哈佛大学获得致癌鼠专利权、杜邦公司获得致癌鼠经营权告终。小小的致癌鼠将美国政府、知名大学和大财团紧紧地捆在一起，成为政府、工业与大学的"共生体"（symbiont）。

---

① Flavr Savr 牌番茄，世界上第一种商业化转基因作物。

赛博的形象已经大大超出有机体与机器混合的层面,而是扩展到社会中所有自然与文化要素的交织与渗透。社会是一个赛博,社会中的许多新生物是赛博,社会中的人也成为赛博。人的分类最基本的依据就是性别,或男性,或女性。然而,哈拉维指出,新科学技术的社会关系产生了"副业经济"(homework economy,理查德·戈登语),许多以前依靠男性的工作因为电子技术程度的提高改由女性来完成。例如,马来西亚和吉隆坡的电子产业雇用了大批第三世界妇女。男性面临更多的失业风险而变得比女性脆弱,男性呈现出女性化的特征。女性承担着家庭和工作的双重压力,她们损失了家庭(男性)工资,自己的工作性质也变成了资本密集型的办公室工作。整个社会呈现一种女性化的趋势,以往划分的男人/女人、白人妇女/有色妇女都失去了意义,"女人"和"男人"的概念也没有了依据,所有的人,甚至包括"女性男人"(femalemen)都进入赛博这个概念,无法区分了。福利性国家崩溃,结构性失业日益突出,男女开始在社会中竞争相似的职位,白人和有色人种也常常成为同事,所以跨越性别与种族争取生活的支撑成为必要。不同的性别、不同的种族面临共同的压力和选择,或者说,他们在新科学技术条件下被迫集中在一起。差异的性别、阶级、种族司空见惯,人们多元地共处,争取生存,社会呈现明确的赛博化倾向。

(三)自然与文化的混合本体

赛博对我们最直接的启示就是:以一种挑战自然概念之文化权威的新方式理解自然,把我们从自然的传统概念中解放出来。自然的传统概念是西方父权制文化权威规定的，我们据此判断什么是动物，什么是人，什么是植物，什么是男人，什么是女人，什么是高尚的种族。这种对自然的规定建立在排斥"差异"（difference）的基础上。按照索绪尔的结构语言学，"差异"指意义通过隐含的或明确的对比而产生。对于某事物的正面定义是建立在对那些作为其对立面的事物的否定或压制的基础之上的。因此，任何一个统一体的概念事实上都包含了被压制或被否定的事物，它就是在与另一个术语的明确对立中建立起来的。德里达则指出，差异就是缺乏同一性或相似性，在二元对立体中，首要的或主导的概念项通过对它的对立体的限制或压制来获得它的特权。一切真相大白！传统的自然概念是西方父权制赖以确定其支配地位的工具。当动物、女人、有色人种被禁锢在分类学划分的边界一侧时，人、男人和白人正在边界的另一侧趾高气扬。传统自然概念的问题就在于它具有压迫性和规范性。赛博承认差异的普遍存在，但认为差异的异质性要素之间没有界限。哈拉维描述了赛博穿越的三种边界，这使得关于人和自然的边界都不再具有说服力。赛博提供了对于我们生活中的科学与技术的理解，对学术界和大众文化而言都是一种新的隐喻。哈拉维认为，人们早就厌倦了西方文化与社会中根深蒂固的二元对立，期望赛博所表现的复杂性和多样性。赛博更新了人们对有序宇宙的理解，这个宇宙正是由西方划分的自然与文化的东西构成。于是赛博最核心的哲学意义凸显出来：批判自然与文化的二元论。

在赛博无处不在的技科学时代，被发明的获得专利的有机体，栖息在自然与文化并存的区域。这就使得把自然定义为文化、人类活动与技术干预的对立面不再可能。政治力量、经济集团、道德群体、技术精英、实验材料，甚至宗教信仰都参与到科学实践的过程中。一只被作为医学研究牺牲品的小白鼠会招致成千上万的动物保护主义者愤怒的示威游行，会推动已经垄断全美尼龙和化学材料生产的杜邦公司不惜一切代价地展开争夺战，会使一向清高自傲的世界名校哈佛大学追名逐利，会引来对为满足人类一己私欲而残害生命之行径的道德谴责。哈拉维指出："物质、社会与符号的技术促成人类与非人类行动者的结盟，这个巨大的联盟建构着被称作'自然'和'技术'的东西。"[①]她认为，各物质－符号因素的综合作用彻底推翻了横亘在自然与文化之间的隔墙，并且这种作用是交互式的，连续的。我们发现，技科学呈现的这种自然与文化交融的图景，在赛博空间（cyberspace）中有完全一致的表现。大卫·贝尔（David Bell）在《赛博文化导论》（*An Introduction to Cybercultures*）中认为，赛博空间的意义具有物质的、象征的和经验的维度。首先，赛博空间具有一定的物质性，它的产生必须有一定的硬件及软件，即电脑、网络、程序等，正是这些必要条件使新型的信息与通信模式如电子邮件、网页、聊天室、博客、多用户网络游戏等成为可能。其次，赛博空间由计算机网络中的图像、声音、文字、符码等构成，它充斥着带有文化内涵的意象和观点，因而具有一定的象征性。也就是说，赛博空间实际上是一种文化产品，现实生活中的种族、阶级、性别等各个轴线都可以在赛博空间中得到象征性表达。

对于技科学中的物质与符号或自然与文化，哈拉维没有明晰的

---

① Donna Haraway, *Modest_Witness@Second_Millennium. FemaleMan©_Meets_Oncomouse™. Feminism and Technoscience*, p. 210.

支持或反对哪一方的立场，因为，她意识到我们本身就包括在这些力量、仪器与故事中，我们一直在参与自然与文化的交通（traffic）。她发现物质与符号并不敌对，而是相互碰撞进入对方，创造历史转换。机器和身体不会因为与意识形态和政治经济政策相遇就丧失其强烈的物质性，意识形态与政治经济政策也从来不会放弃对机器和身体的干预。科幻电影、赛博朋克等大众文化，以及以科学技术为基础的产业如生物技术和医学，就体现了这种思想。

二 主体性革命

赛博最重要的本体论意义就在于，紧随后结构主义掀起一场新的主体性革命。批判主体性是后现代主义的一项重要工作，一些后现代思想家用不同的方案去践行。但是这项任务十分艰巨，原因在于主体性的影响根深蒂固。

笛卡尔以来的启蒙哲学推崇一个抽象的主体，即"我""自我"。这个"我"的全部特征就是"思"。"思"即"理性之思"。自笛卡尔把"主体"或"自我"规定成一切意义和价值的源泉与基础，自然界和其他人的性质、语言及行动的意义都随"自我"的含义而界定。认知主体成了哲学的出发点，个人成了合理性的承担者。于是，人的主体性在20世纪以前的西方哲学中不断发展壮大并发挥到极致，整个现代化的推进过程成为人的主体性不断涌动和扩张的过程，这种主体性的极度扩张，膨胀了人的中心与主宰意识，使人类在对世界的征服中显示出"英雄本色"。

（一）摇摇欲坠的主体

然而，生态环境危机、能源危机、价值信仰危机，以及效率与公平失衡、政治腐化动荡、人文价值失落、人的"异化"加深等一系列问题日益凸显，给人类带来了巨大的痛苦和困惑，把人类自身置于一种生存困境之中。人们不得不对现代化进程及其思想观念的支撑物——主体性意识进行某些批判性反思。最早的觉醒者是尼采，他将身体提高到显著地位，以对抗笛卡尔提出的心灵和抽象主体。弗洛伊德将完整统一的"自我"一分为三——"本我""自我""超我"。"弗洛伊德试图表明，我们有意识的精神生活只是我们整体精神生活的一小部分，并且我们的有意识部分是被无意识部分严格地决定的。有意识的部分，就像浮出海面的冰山，而无意识部分，就像冰山的大部分，是在水下隐而不见的。"[1] 在这里，笛卡尔式的具有清晰判断力的能动心灵遭到了弗洛伊德的嘲笑。福柯论证了作为主体的人消亡的必然性。他宣称，人"会像大海边沙滩上的一张脸，被轻轻抹掉"。[2] 人不过是近期的、近时的发明物，是人类文化模式之间的变异性产物，"人"的产生是有条件的，随着这些条件的改变，人必将走向死亡。德勒兹与瓜塔里（Felix Guattari）合著了《反俄狄浦斯》一书。在该书中，他提出了"欲望机器"（desiring-machines）和"精神分裂者"（the schizophrenic）两个后现代主体概念。德勒兹从唯物主义的维度

---

[1] 张伟琛:《对主体及主体哲学的批判》,《河南师范大学学报》2007 年第 3 期。
[2] 〔法〕米歇尔·福柯:《词与物——人文科学考古学》,莫伟民译,上海三联书店,2001,第 506 页。

看待欲望,即把"欲望机器"看作属于基础范畴的一种生产性、创造性力量。"作为一种自由的生理能量,欲望就像一架不停运转着、不断保持着与外界的连接、永远生产着关系和现实的机械;欲望机器并不意味着欲望对象的缺失,而是欲望与欲望对象一同出现,这就解构了主观与客观、现象与本质、有机与机械、基础与上层建筑等传统二元对立。"[1]"精神分裂主体"是一个"摆脱了它的社会关联、它的受规戒的、符号化的以及主体化的状态,从而成为与社会不关联的、解离开的、解辖域化(deterritorialization)了的躯体,因此它能够以新的方式进行重构"。[2] 在德勒兹那里,"精神分裂主体"是无定向而能量巨大的欲望之流的化身,是资本主义的"真正的颠覆力量"。德里达提醒我们,要抛弃基础、真理、客观性、系统性等现代概念以及关于心灵具有某种固有的普遍结构的论断,因为意识、认同、意义都是历史地形成的,随着历史阶段的变化而变化,我们要抵制那种为了看透现象而寻求某种终极原因的冲动。

(二)赛博:主体的拆分与重组

"主体性"是后现代文化的一个极其核心的概念,尤其从福柯到德里达的后结构主义者不遗余力地对主体性展开批判。哈拉维关于主体性的思考建立在对这些哲学家思想的借鉴之上,却并不完全赞同。

---

[1] 程党根:《异域中的异样主体之维——德勒兹视域中的后现代主体模式》,《南京社会科学》2003 年第 6 期。
[2] 程党根:《异域中的异样主体之维——德勒兹视域中的后现代主体模式》,《南京社会科学》2003 年第 6 期。

她同样看重"身体"的生产性意义,淡化"心灵"的理性意义,但是她反对后结构主义者提出的"主体之死"口号,认为主体不是确定的、预设的,而是在关系中生成的。哈拉维不同于这些后结构主义者的另一点是,她对主体性的分析植根于后现代的政治史中。

关于赛博本体,哈拉维提出了两个问题:一是为什么赛博可以描述我们的现状?二是赛博对于我们抵抗现状有什么帮助?

在解释第一个问题时,哈拉维指出,我们人类的定义所依赖的自然与人和机器与人的界限都被打破了。科学一直在努力寻找人类行为中的某些特征,如语言、使用工具和行为模式,将人与其他有机体区分开来,但都没有成功。于是,人类渐渐地不再在这个问题上耗费精力。我们假想自治力和创造力是人和机器的差异所在,但现在看来也是不成立的。

哈拉维从中得出的结论是:我们目前的文化不是本质的、同一的文化,而是交叠(overlaps)和交界(interfaces)的文化,是信息流和系统管理的文化。她写道:"西方自我的'完整性'和'真实性'被决策程序和专家系统取代……没有什么物体、空间和身体本身是神圣的;如果具备合适的标准与合适的编码,任何组分都可以与其他组分交界,都可以被同种语言建构为一种处理信号。"[1]身体本身成为机器,基因成为携带信息的编码。赛博的形象没有神秘的、不可触及的和高尚纯洁的本质,而是具有多种可能的联络。

作为回应,也许有人会说,哈拉维的赛博理论挤压了人类的生存

---

[1] Donna Haraway, *Simians, Cyborgs, and Women: The Reinvention of Nature*, p. 163.

空间，代表着治国技术专家和权威决策者的意志，无视我们个体的意愿和欲望。这些人希望在自我和稳定身份的基础上创造一种人性的模式。但哈拉维指出，人类的本质主义模式不仅脱离了当下的现实，而且与西方根据自己的需求和优势描述世界的行径一致。"人不是动物、野蛮人或妇女，人是被称作历史的宇宙的作者。"[1] 这句话揭示了西方理论的最高原则，在自由主义资本主义、白人至上殖民主义中均有体现。西方人为世界制定了人类交互作用的终极模式，其中包含了真理和自然的定义、人的定义、善的定义及其终极。

关于第二个问题，即赛博的政治价值所在，哈拉维根据切拉·桑多瓦尔（Chela Sandoval）的工作提出了一种赛博模式的政治主体性，这种主体性的答案就在"有色妇女"中。有色妇女被双重边缘化：一方面被主流的白人女性主义者忽视，另一方面被男性种族政治学忽视。哈拉维指出，"有色妇女"这个短语指的是处于支配地位的白人/男性身份系统之外的人。有色妇女不是一种身份，而是"差异的海洋"，遭到所有固定身份的政治学的遗弃。有色妇女创造了"对立意识"（oppositional consciousness），这种意识不是彰显本质和真理，而是创造了一些新的联合和网络。赛博始终在创造新的网络和系统，他/她"坚决忠于偏好、反讽、亲密和反常"。[2] 正是这些新颖的宝贵的联系，有可能给赛博带来意想不到的变化。

哈拉维反对以福柯为代表的后现代思想家宣布"主体之死"，她认为主体是存在的，但只在关系中存在，不能预先存在。持类似观

---

[1] Donna Haraway, *Simians, Cyborgs, and Women: The Reinvention of Nature*, p. 156.
[2] Donna Haraway, *Simians, Cyborgs, and Women: The Reinvention of Nature*, p. 151.

点的还有布鲁诺·拉图尔。拉图尔的"广义对称性"原则将人类行动者和非人类的物的行动者完全等同，他们／它们通过"转译"生成"网络"。网络中的各种行动者和力量进行谈判与磋商，达成的结果就是我们的科学认识。哈拉维自言受到拉图尔的"行动者网络理论"（Actor-Network-Theory）影响，承认所有的物都是行动者，会讲语言的行动者只是一部分。但她注意到这种思想跟我们把力量、行动和主体性都与语言相关联的传统习惯矛盾，所以必须寻找一些隐喻，允许我们想象一种没有主动与被动、主体与客体之分的知识情境。赛博理论认为，自然与人之间的关系是社会关系，自然不是他／她／它们或你们，自然与我们都包含在科学-虚构的运动中。因此，赛博理论显然是符合主客不分这个条件的。但是在赛博的处理上，哈拉维保留了浓重的想象色彩，因为她认为，必须保持必要的虚构的张力，才不致滑入万物有灵论和泛神论。

拉图尔彻底地摒弃了"主体"与"客体"的概念，而哈拉维则不同，她强调主体在伦理和政治解释性方面的重要性。哈拉维主张主体的突现和瞬生，并非既存，在这个意义上的确是将主体去中心化了。但是她在伦理和政治责任意义上则突出强调主体，把对主体的思考置于历史与时间之中。致癌鼠是世界上第一种专利动物，也是技术与身体结合的杰作，为了在实验室与市场之间谋取利益，穿行于专利办公室至实验台的空间。哈拉维指出，致癌鼠是一种受害者和替罪羊，像基督那样牺牲自己，只为寻求治愈乳腺癌，拯救广大妇女，是一种哺乳动物拯救另一种哺乳动物。哈拉维想用这种转基因生物强调一种关系和关联。她对致癌鼠说道："我的姐妹，不管是雌是雄，它是我的姐妹。"[1]致癌鼠不是自然出生的而是制造出来的，打破了联系的纯洁性，也是一种虚构。它搅乱了已建立的编码，动摇了主体。但是，它同时又承担着拯救全人类妇女的重任，体现了一种舍己为人的伦理精神。关于基因改良生物的争议甚嚣尘上，不论是致癌鼠这种转基因动物，还是基因改良大豆、改良番茄等多种转基因作物。反对者把这些生物看作恶魔，完全无视它们为人类的物质和精神生活做出的贡献，其实这种态度并没有真正为人类负责。

哈拉维眼中其实有两种"自我"：一种是一个人为捍卫他自己的权利、财产和生命而形成的"堡垒中的自我"，另一种是一个人跟他周围的环境共享、合作而创造、繁荣和拓展生存的"关系中的自我"。哈拉维拒绝前者而采纳后者，因为"堡垒中的自我"惧怕生活，反对非正常的情况，并害怕革新。她认为"堡垒中的自我"就是"俄狄浦斯身份"（由异性恋角色、传统的权力关系和社会等级创造），她不愿追随后结构主义进入反俄狄浦斯的精神分裂的分析（德鲁兹和瓜塔里），因为她认为一个拥有力量的自我可以认知和做事，可以承担责任。传统的自我可能禁锢生活，但是，哈拉维要寻找的是一个替代性的自我概念，并不是要主张"无自我"（no-self）。哈拉维认同自我和身份的变化，这似乎为她贴上了"反实在论"的标签，但是由于她突出叙述了自我和身份的形成过程，她仍然是认识论的实在论者。

---

[1] Donna Haraway, *Modest_Witness@Second_Millennium. FemaleMan©_Meets_Oncomouse™. Feminism and Technoscience*, p. 79.

三 女性主义身份政治的解构与重构

哈拉维提出赛博理论依据了两个前提假设:"其一,社会主义和女性主义者看到了与高技术和科学文化关联的社会实践、象征表达及物理人工物中被加强的心与身、动物与机器、唯物主义与唯心主义的二元论;其二,人们团结起来反对世界范围内的统治需求从未如此强烈。"[①] 如果说哈拉维应对第一个前提假设的工作是通过赛博本体论论证自然与文化界限的消融,那么她应对第二个前提假设的工作就是批判"身份政治"(identity politics)。同时,赛博作为社会的实在,已经活生生地展现在我们眼前,而她/他作为虚构的隐喻则暗含着哈拉维创作《赛博宣言》的直接用意——引导女性主义者走出"身份政治"的误区。

(一)身份政治的争议

可以说,自女性主义思潮兴起以来,"身份政治"一直是女性主义高举的旗帜和坚守的原则。在争取妇女与男性自由平等权利的自由女性主义时期,女性被视作一个整体的阶级或阶层,处于共同的被压迫被剥夺的境地,要求和男性享有完全对等的权利。"女性身份"是这一时期女性主义者团结的基础。六七十年代以来,居于主流的激进女性主义将"性别"(gender)作为女性主义运动的核心概念,用以

---

① Donna Haraway, *Simians, Cyborgs, and Women: The Reinvention of Nature*, p. 15.

批判等级制社会关系。生理决定论者的思考本来始于批判男性歧视女性的生理决定论。例如，激素分泌水平决定男女性格和行为特征不同，前者更富进攻性和领导性，后者则怯懦与柔顺；男性的脑重大于女性，所以男性智力高于女性。以彼之道还施彼身，女性主义者仍是从生理的角度出发，宣扬女性比男性优越。例如，女性更符合生态标准，比男性适应性更强；女性比男性预期寿命更长；婴儿期死亡率更低；等等。文化决定论者主张父权制的社会文化建构了"女性身份"，将女性塑造为柔弱、感性、自私的人类，只能在"私人领域"从事符合"女性气质"的工作。

围绕"身份政治"，女性主义内部存在两种主要观点：一种是本质主义观点，另一种是反本质主义观点。本质主义的核心主张就是女性具有共同的本质的特征，表现为共同的女性经验；而反本质主义则强烈谴责本质主义的整体论错误。哈拉维将赛博作为反本质主义和整体论的武器，对当时流行的女性主义中的本质主义和整体化倾向做出批评。激进女性主义者凯瑟琳·麦金农建构了"非存在"的妇女，将妇女的存在归因于男性对她的性占有，并将性占有看作与"劳动"等同的认识论地位。哈拉维指出，麦金农这种极端的整体化理论与其说无助于不如说彻底损害了妇女政治言论的权威性，其实质是一种独裁的经验教条。哈拉维认为，这种女性主义分支共同的错误在于，只看到了妇女一致的性别和性，忽视了她们不一致的种族。她写道："白人激进女性主义者和社会主义女性主义者在种族问题上令人难堪的沉默是一种严重的、毁灭性的政治后果。历史和多种多样的声音消失在各种试图建立系谱学的政治分类之中。"①

更为严重的是，身份的整体论不但弥漫在女性主义政治斗争领域，还蔓延到女性主义认识论领域。典型的代表是女性主义立场论（Feminist Standpoint Theory）的主张。立场论继承了黑格尔和马克思的思想传统，认为某些特定的立场对于揭示和批判某些现象是具有优越性的。黑格尔在《精神现象学》中站在奴隶的立场上思考了"主奴关系"，表明被压迫和剥削的奴隶既能认识到自身的事实、社会的真实面貌，还能认识到主人所不能认识到的他自身的事实。立场论者认为：女性处于被压迫地位，能够从压迫和被压迫两种角度看问题；女性负责家庭和社区的所有照顾工作，而处于社会再生产的中心；女性认知是具体的、实践的、直觉的、感情的、综合的、关系的、朝向价值关怀的；女性具有集体的自我意识，共同抵制男性的支配。② 其代表人物桑德拉·哈丁等人认为，女性的特殊立场和经验可以为分析和批判主流科学提供独特的、更为优越的视角，女性的生活和经验为更少偏见、更客观的知识提供了来源和保证。简单说，女性的身份和经验保障了女性认识的科学性和优越性。这种观点的确是对西方父权文化的精神——实证主义的高调挑衅，用女性在认识上的优势弥补在政治上的劣势，因而能够在广大争取解放的女性中间引起共鸣和认同。但是立场论的观点遭到了后现代主义倾向的女性主义者的质问。首先，女性也有自身的偏见、意识形态和权力欲望，因此，建立在这种

---

① Donna Haraway, *Simians, Cyborgs, and Women: The Reinvention of Nature*, p. 160.
② Elizabeth Anderson, "Feminist Epistemology and Philosophy of Science," http://plato.stanford.edu/entries/feminism-epistemology/.

经验和立场基础上的认识和知识是否具有先天优势，是值得探讨的；其次，女性身份并非抽象的概念，它对应于不同种族、阶级、民族的妇女，她们之间也有不同的等级地位之分，各自遭遇不同的生活环境和文化传统，因此，所谓统一的"女性经验"和立场是否存在、如何存在也是需要质疑的。①

无论如何，"身份政治"作为女性主义者主动承认的原则也好，作为女性主义者被迫贴上的标签也罢，在女性主义进行解放妇女的政治斗争中起到了不可磨灭的团结作用。哈拉维指出："国际妇女运动建构了'女性经验'并揭示了这一集体性的对象。这种经验是一种关键的政治类型的虚构与事实。解放有赖于对意识、想象的恐惧、压迫和可能性的建构。"②但是，到了80年代，科学技术的先进性、社会阶层的变动性，以及女性主义运动的复杂性，使"身份政治"的主张不再合时宜。哈拉维直言，创作《赛博宣言》的一个重要意图在于启发我们把赛博看作更好地理解20世纪晚期的"女性经验"的方式。她通过对赛博理论的思考，揭示了整体论的"身份政治"在技科学时代已经过时，需要及时抛弃。赛博具有一种"怪物"（monstrous）③形象，是截然不同者的混合，甚至是对立者的混合，她/他一方面是活生生的、有机的、以碳为基础的，另一方面又是机器、硅元素。在哈拉维看来，一直被女性主义奉为"姐妹情谊"之根基的"女性身份"也呈现赛博

---

① 吴小英：《科学、文化与性别——女性主义的诠释》，第103页。
② Donna Haraway, *Simians, Cyborgs, and Women: The Reinvention of Nature*, p. 149.
③ 这个概念来自玛丽·雪莱的科幻小说《弗兰肯斯坦》（*Frankenstein*）。小说的主人公弗兰肯斯坦博士把来自不同躯体的器官拼在一起，制造出一个邪恶的怪物，并被这个怪物弄得家破人亡。哈拉维的很多作品都涉及这个"弗兰肯斯坦的怪物"。

化，成为各种肤色、各种阶层、各种种族和各种性征混杂的范畴。哈拉维做出这种判断具有一定的时代背景。随着后殖民主义、同性恋文化等思潮的兴起，"女性身份"被有色妇女、第三世界妇女和同性恋妇女斥为白人中产阶级异性恋女性的身份，是排除了有色人种、无产阶级和同性恋的狭隘身份，不但不足以担当联结全世界妇女之重任，而且已经起到破坏女性主义运动团结的负面作用。于是，哈拉维在《赛博宣言》中大声向女性主义者姐妹们宣称："我们都是凯米瑞，被理论化和构造为机器和有机体的杂合体；总之，我们是赛博，赛博是我们的本体论，她/他给予我们政治学。"①

（二）历史化的身份

哈拉维强烈批评主流女性主义的统一的"女性经验"，认为这种命名本身就是一种排他意识。"身份即是矛盾的、部分的、策略的；多样化的性别、种族和阶级不能为本质主义的统一提供任何基础；没有关于'女性'的任何东西可以自然联系妇女；甚至没有'女性'这个状态，它是一个高度复杂的范畴，由竞争性的性的科学话语和其他社会实践建构而成。"②哈拉维以自己为例，一个白人、中产阶级、女性、激进、中年的存在物强有力地证明了女性身份的危机。哈拉维把女性主义"同一性"讽刺为"政治神话"（political myth），她认为这个"神话"根本就缺乏一个起码的基础——"我们"。如何界定"我们"，是一个十分棘手也不可能做到的难题。而且，正是因为自以为

---

① Donna Haraway, *Simians, Cyborgs, and Women: The Reinvention of Nature*, p. 150.
② Donna Haraway, *Simians, Cyborgs, and Women: The Reinvention of Nature*, p. 155.

是地争相界定"我们",各路线的女性主义者之间出现了痛苦的分裂。这种分裂恰恰激发了妇女之间互相控制的欲望。

哈拉维批判了整体论的、本质主义的女性主义身份政治,那么她关于身份的政治学特征又是如何呢?赛博不是无辜和纯洁的,她/他诞生在特定的时代、特定的地点,没有西方人文意义上的起源故事。就像哈拉维所说:"赛博不承认伊甸园,他/她不是由泥土做成,因此也就无法梦想回到泥土中去。"[①] 赛博没有自上帝创世以来的明确身份,不过是历史发展到一定阶段的产物,他/她一旦产生,就获得了身份。按照哈拉维的说法,赛博的身份是"军国主义和父权制资本主义的私生子",可见,哈拉维所认为的身份是从历史碰撞中发展的一系列努力的结果,它不是抽象的,而是非常复杂的一种沉淀。她对身份的形成做了哲学上的阐述:世界上没有什么东西在事先建立的表层边界内预先构成。世界上没有预先形成的行动者,不论是人、有机体还是机器。没有预先构成的存在物。并非世界上所有的行动者都是"我们",还有很多"她/他/它们"。行动者是相遇和参与的结果。对任何人(包括机器和非人)来讲,没有预先在故事情节中推理出的身份。在相遇、关系和话语中,我们的边界形成。哈拉维指出:"让我们保持静止(在社会话语之外),然后测量我们,那么得到的只是测量者的幻想、幽灵和投影。"[②] 总之,没有先于关系、先于相遇的东西。世界在

[①] Donna Haraway, *Simians, Cyborgs, and Women: The Reinvention of Nature,* p. 151.

[②] Santa Cruze, "Shifting the Subject: A Conversation between Kum-Kum Bhavnani and Donna Haraway," 12 April 1993, California, *Feminism &Psychology*, London, Thousand Oaks and New Delhi: Sage 4.1, 1994, p. 20.

关系相遇时突现，它们突现在物质故事的情节中。万物皆是关联的，就是此意。

在哈拉维那里，确立身份是一项历史性的世界性产业。资本主义历史确立了一些身份，如资本家、中产阶级、工人、男人、女人和黑人。而在80年代的技科学时代，跨国公司资本主义的扩张以及通信与电子技术的飞跃促成了更多的身份转换。马来西亚电子产业的年轻妇女由家务劳动者和无酬劳动者变成了自己和整个家庭的经济支柱，发达国家男性失业率频升，妇女参加工作的比例持续上涨而且大多从事资本密集型工作，黑人被容许进入更多的工作领域，计算机远程技术使在家开展业务和工作成为现实，虚拟空间中隐匿真实身份或假想某种身份的行为十分普遍。性别、种族、阶级等许多有固定划分的范畴都被打乱，在新经济技术条件下塑造新的类属和身份。

应该说，哈拉维在80年代就提出"身份的生成说"，这在女性主义学术中是远远走在前列的。90年代盛行的"酷儿理论"（Queer Theory）是女性主义打破固定范畴的比较有影响力的努力，其观点十分接近哈拉维的思想，只是时间上晚了许多。"酷儿理论"认为人的性倾向是流动的，不存在固定的同性恋或异性恋，因而超越了同性恋身份政治。该理论还认为，不存在绝对的传统意义上的男人或女人，只存在一个个具体的、活生生的人。总的说来，"酷儿理论"认为人在性行为与性倾向上均具有多元可能性，这是一种反本质主义的立场。"酷儿理论"将身份视为弥散的、局部的和变化的，身份是表演性的，是由互动关系和角色变换创造出来的。所有那些自称"酷儿"（queer）的人最明显的特征就是向常态和分类挑战，产生的"酷儿性"

（queerness）一词被用来指难以适应分类。

基于身份形成的哲学解析和现实分析，哈拉维提出，我们对身份问题要采用描述的方法，通过重新讲故事的描述实践重新历史化我们的身份，理解我们的遭遇、历史时代和我们转变的重要时刻。哈拉维说："我的分类学就像其他分类学一样，是对历史的重新铭写（reinscription）。只要社会主义女性主义指称的包括'劳动'在内的所有活动都与性扯上关系（sexualize），那么激进女性主义者就可以接纳它们。"[①]哈拉维在政治学中运用历史化的方法与她在认识论中坚持科学知识的历史化和情境化是完全一致的。她强调的是发现在历史中生成的知识与身份，而不是不加分析地接受自然－技术客体与被客体化和主体化的范畴。应该说，这种重新历史化的操作对于批判工作和智力工作以及日常生活都非常重要。

单一的身份政治不能解释变化与局部性，而且当身份更改时就不再有效。哈拉维建议一种亲合（affinity）的关联的政治学，这种关联不是字面意义上的，而是承认我们穿越这种政治水平可以导致新的想象的关联。赛博不是部分构成的整体，而是各部分之间的联系和亲合的杂合体，这种联系和亲合的力量大于单一整体的力量。无明确主体和身份的杂合的赛博反倒获得了增强的力量，这对身陷困境的女性主义运动来讲必然富有启发意义。当女性主义运动内部按照种族、阶级或性取向划分阵营，搞所谓的"身份政治"时，女性主义者维护各自的阵营，排除异己，女性主义运动的团结必然会遭到削弱。但如果

---

① Donna Haraway, *Simians, Cyborgs, and Women: The Reinvention of Nature*, pp. 159-160.

女性主义者承认和尊重彼此在种族、阶级和性倾向以及年龄、教育程度、职业等方面之差异,在这种基础上亲密团结、共同与资本主义和父权制作战,那么反而能加深相互理解,增强彼此的团结。

在哈拉维这里,"女性"成为一个复杂的、多元的、充满差异的概念。这种后现代的反本质主义思想对于清醒认识女性主义运动的复杂性和艰巨性很有帮助。但同时,这种后现代的思维也给女性主义运动带来了难题。如果"女性"的概念都失去合法性,如果没有统一的"女性经验",那么女性主义运动根本就没有必要,也失去确切的行动目标。哈拉维赛博思想的终极目标在于为女性主义政治寻找出路,却不可避免地走向否定女性主义政治。于是,哈拉维自身的矛盾暴露出来。这也反映了当代女性主义深陷的两难窘境:"一方面有建造'女性'身份并赋予它坚实的政治意义的需要,另一方面要打破'女性'这一类别并粉碎它的过于坚实的历史。"[①]

四 赛博政治

赛博终结了把人类作为自治的拥有自我的个体的概念,这种概念通过理性的自由意志把人与自然的其他部分分开。哈拉维认为,"规范的""自然的"术语应该从我们的"自然"概念中驱逐出去。一种状态本身不是内在的好或坏,没有一种状态是内在自然的。她曾指出,从一个视角比从两个或多个视角看更能带来视觉上的幻觉。也就

[①] 《李银河自选集——性、爱情、婚姻及其他》,内蒙古大学出版社,2006,第216页。

是说，从自然的禁锢中看问题更不利于我们正视现实，抛开所谓的"自然分类"，面对技科学中形形色色的物质与符号因素，正视各种力量的博弈反倒更能保证认识的理性和行动的沟通。赛博告诉我们：不再有纯洁的主体立场；自然物、人造物和机器也不仅仅是物，它们自身都有故事。例如，围绕控制生育这个社会问题，一颗避孕药丸、药店、药剂师、生化公司、社会工作者、立法者、媒体人和母亲会聚其间。于是，赛博不可避免地寓意着一种政治。

传统的自我身份拒绝与他者共享世界，掌握着世界的话语权。在这种情况下，"他者"一方受到霸权支配，没有权利发出自己的声音，也就无法开展政治。哈拉维指出："政治存在于共享世界的可能性中，政治存在于能够解释对方的可能性中。"[①] 而在赛博杂合体中无"自我"与"他者"之分，各部分交互作用、权力运作，彼此发生错综复杂的联系，每个组分都从自己的视角解释这个交织的网络。赛博"非自我"的新身份使一种新的描述策略成为可能，也使新社会关系、新政治学成为可能，而且也只有分裂的非整体的自我可以这么做。"分裂矛盾的自我可以质询并解释立场，可以建构，可以连接理性的对话与改变历史的虚幻想象。"[②]

具体到赛博政治（cyborg politics）的范例，哈拉维十分赞赏切拉·桑多瓦尔通过对"有色妇女"的研究而提出的"对立意识"的政治同一性模型。"对立意识"否认在性别、种族和阶级等社会范畴中

---

① Constance Penley, Anrew Ross, and Donna Haraway, "Cyborgs at Large: Interview with Donna Haraway," *Social Text*, 1990(25/26), p. 10.
② Donna Haraway, *Simians, Cyborgs, and Women: The Reinvention of Nature*, p. 193.

存在稳定的成员身份。"有色妇女"是从差异、他者和特殊性中建构出来的后现代身份,对这一群体的定义是通过利用"否定"来实现的。"有色妇女"被剥夺了白人妇女和黑人应有的权利,是对白人妇女和黑人否定的产物。"这种身份(美国有色妇女)注定了一种自觉建构的空间,这个空间否认行动的能力建立在自然分类的基础上,而应建立在有意识的联合、亲合和政治关联上。"① 由于"对立意识"没有自然认同,而是以意识、亲合和政治联系为基础,这就避免了女性主义帝国主义化的整体化的革命主体,加强了女性主义者的交流和理解,因而有可能实现女性主义运动的有效团结。

第三节 新女性主义技术观

当代社会经济条件是去人性化(dehumanise)的,因为追逐利润的动机渗透到人类生活的每个方面,我们的社会关系遭到破坏,人们内心的仁爱之情、审美之愉和劳动之乐都被资本主义追求最大化的贪欲遮蔽,社会和经济中越来越缺乏人的维度。技术和控制论被看作服务于国际垄断资本的,是进一步在全球和地方范围内奴役劳动者的方式。由于微电子技术的发展,劳动者用以从事劳动的双手和眼睛等器官都遭到淘汰。在人文和社会领域,海德格尔是最著名的批判技术反人类特征的人物。他指出,人自身被安排和设定在整个技术构架的一

---

① Donna Haraway, *Simians, Cyborgs, and Women: The Reinvention of Nature*, p. 156.

个位置上,使自己的活动本身成为对技术体系相应环节的尽责,成为技术体系中不可缺少的零件或组成部分。

一 一般女性主义技术观

自二战后,技术就被描述为反人类的,特别被一些政治运动描述为反妇女和反自然的。根据传统左翼的观点,技术既然是反人类的,就必须加以控制或用文化武器加以反对,以恢复技术与真理和自然的关系。对于妇女和其他存在而言,技术根本不能对改进她/他们在世界上的生存有一点点助益。而且,随着技术异化的日益加重,技术作为父权理性的象征,受到女性主义者广泛的批评。

(一) 技术的社会建构

激进的女性主义者开始探讨技术的性别化特征,从技术中挖掘对自然与女性实施压迫和宰制的父权制价值观。朱蒂·维基克曼(Judy Wajcman)在《女性主义技术理论》这篇纲领性的文章中,梳理了女性主义者围绕"生产技术"、"生育技术"与"家庭技术"展开的丰富研究,从中发现:"把技术等同于男性的观念之所以经久不衰,并不是基于先天的生物学意义上的性别差异。相反,它是性别的历史建构和文化建构的产物。"[①] 这种女性主义者普遍认同的技术的社会建构,抨击用男性的活动界定技术(如汽车与机械);反对技术服务于管理者、

---

① 〔美〕希拉·贾撒诺夫等编《科学技术论手册》,盛晓明等译,北京理工大学出版社,2004,第154页。

资本所有者、政治和军事领导者;揭露学校教育、青年文化、家庭和大众传媒在把男性气质等同于机器和技术能力方面扮演了不光彩的角色;批评技术优先考虑的是追求利润、管理劳动力和经济增长,而且为了这些目标,可以完全不顾潜在的巨大风险。简而言之,持技术社会建构论的女性主义认为,特定的社会利益,尤其是男性利益,组织了特定类型的技术知识与技术实践。

(二)误区

技术社会建构论的女性主义发现了技术建构中的男性价值,这就带我们走出了技术价值中立的误区。但是过分强调技术中的男性价值也会导致新的误区,具体表现为两方面:其一,忽视技术中的物质实在立场,因为技术是性别建构的结果,因此女性主义的关注点就集中于批评技术中的性别偏见这种实在,而忽略了技术、机械、工艺等基本的物质实在,所以技术本身的进步变得微不足道;其二,女性主义者对技术中父权制意识的反对,难免影响他们对技术客观公正的态度,不少女性主义者对技术持敌视态度,也有一些女性主义者宣扬以女性为主体的技术。这些女性主义者认为,以女性为主体的技术(如园艺、手工艺、烹调、抚育、保健和护理)优先考虑的是保养、生存、关心人和自然以及稳定性;女性更加注重规避风险,在追求创造性的同时还重视社会责任。这些观点的确有一定的道理,真正用于指导技术的发展却未必有益。

哈拉维认为,女性主义对技术的看法比较狭隘,因为性别不是建构技术的最主要因素,阶级、种族等因素都至关重要。而且技术并不是被建构的被动的东西，它也是具有塑造力量的行动者，我们人类正是在技术变迁的历史过程中发生深刻变化。哈拉维还指出，女性主义者对技术简单拒斥的态度是错误的，因为这无助于从技术中发现女性或保护女性，真正可行的做法是认清技术对女性的现实意义，学会利用技术作为女性主义新的斗争工具。

二 统治信息学

《赛博宣言》挑战了左翼阵营的有机论的、本质主义的"人性"（humanity），批判了左翼的技术恐惧论。赛博半是控制论机器，半是活的有机体。这种技术和自然的越界是跨国和军事资本主义的产物，是冷战中的发明和策略。赛博凸显了差异杂合的怪物形象，因此她/他成为人们恐惧和排斥的对象。哈拉维认为，拒斥技术、对自然持一种乡愁（nostalgic）①的心态或宣扬人性的压抑实际上都是逃避的态度。她主张，只有从赛博所处的技术世界出发，女性主义的政治才能起步，倘若从所谓的"把我们从可鄙的当下拯救出来"的永恒自然出发，就不可能有女性主义政治。

女性主义者普遍认为，自亚里士多德以来的支配的、有机的、等级的二元论仍然统治着我们。但是所弗里斯指出，这种二元论已经被技术"消化过了"，自然与文化、心灵与身体、男性与女性、公共与私人之间的分离遭到质疑。哈拉维赞同她的观点，并指出，"妇女的

---

① 又译作怀乡、怀旧，是后现代主义常用的一个词语，意为追求事物的本源。

真正境遇是,她们被整合进一个生产/再生产与通信的世界系统,这个系统被称作'统治信息学'(the informatics of domination)"。[①]家庭、工作场所、市场、公众场合甚至是身体本身都被以数不清的、多形态的方式拆分和连接。这影响到了人们的生活和国际妇女运动。哈拉维指出:"重建社会主义女性主义政治的一个重要途径就是借助科学与技术的社会关系的理论与实践。"[②]

(一) 20世纪80年代的科学技术及其社会关系

哈拉维分析了20世纪80年代最重要、最前沿的两个技术领域——通信技术领域和生物技术领域。通信科学主要依赖语言和技术控制理论,表现在应用电话技术、电脑设计、武器使用或数据库的建立和维护上。原本被各个界域划分开的世界,由于信息的渗透性流动而得到普遍的转换,各个世界被转换为可以被共同识别的编码(code)。现代生物学中的遗传学、生态学、社会生物进化论和免疫生物学也清晰地表明了不同世界的编码转换问题。有机体被转换成基因编码,变得可以阅读;有机体成为特殊的信息加工装置;生物技术变成写作技术;免疫生物学更是依靠编码和识别技术建构身体。微电子学促成了劳动向机器人学和文字处理、性向基因工程及生殖技术,以及大脑向人工智能和决策程序的转换。新生物技术更关心的不是人类的再生产,而是重新设计材料和工艺。不只通信技术依赖电子学,现代国家、跨国公司、军事力量、福利国家的组织、劳动控制系统、身体

[①] Donna Haraway, *Simians, Cyborgs, and Women: The Reinvention of Nature*, p. 163.
[②] Donna Haraway, *Simians, Cyborgs, and Women: The Reinvention of Nature*, p. 163.

的医学结构,还有国际劳动分工、传教活动和商业化色情文学,这一切都紧紧依靠电子学。总之,通信科学和生物学对知识的自然-技术客体进行了建构,机器与有机体之间的界限完全模糊,大脑、身体与工具的关系变得密切,公众与私人、物质与理念之间的界限变得苍白无力。

哈拉维向我们勾勒了科学技术的社会关系网络。男性城市务工造成女性成为家庭的支柱;工业化国家为避免大规模的失业而不得不为非必需的商品寻求大规模市场;白人妇女和有色人种就业人员大幅增加,新技术对妇女所从事的农业工作、服务业工作、制造业工作、秘书工作以及电子行业工作产生很大影响;世界范围内依靠现金过活的人数巨大,这部分人没有稳定的职业,工人阶级进行国际性重组;福利国家崩溃,帝国主义和政治集团采用信息技术进行统治和扩张,军事高技术加剧;不同性别、阶级和种族接受的教育继续保持差距,白人妇女和有色人种还有大量科盲,持不同政见的激进政治运动宣传反科学的神秘崇拜,跨国公司造成教育的日益工业化趋向;妇女的生育政治受到强化,新生育技术旨在加强对妇女的潜在控制,保健工作继续女性化。

(二)"集成电路中的妇女"

哈拉维借用拉合尔·格罗斯曼(Rachel Grossman)的"集成电路中的妇女"[1]表明,妇女的处境就在于科学技术的社会关系的调整。她认为高科技引起了社会关系中种族、性别、阶级关系的重组和调整,

---

[1] Women in the Integrated Circuit,此表达出自《科学技术变化与妇女在发展中的角色》(1982)一书。

为女性主义政治运动提供了新的力量源泉。科学技术的社会关系是"网络化"的,像家、市场、有酬劳动场所、国家、学校、诊所及教堂,这些空间中的每一个实际上都隐含在其他每一个空间中。哈拉维指出:"如果我们学会阅读其间的权力和社会生活网络,就可以发现新的联合体,即新的联盟。"[1]

哈拉维指出,进入20世纪晚期的高技术时代,妇女以往所受到的残酷压迫形式已经不复存在,但是,此时妇女在世界范围内所经历的与科学技术有关的艰难困苦却在逐步升级。由于性别、阶级、种族这些女性主义基本的分析单位正在遭受重大而无常的转变,所以,女性主义者难以明了他们正在经历的东西,更难以在这些东西中建立起联系。基于这种认识,哈拉维主张,女性主义者应该放弃技术恐惧和反科学的立场,积极地利用先进技术,从中摸索女性主义可以利用的东西,寻找女性主义斗争的有效方式。

哈拉维相信,人类能够与技术和自然建立起成熟的关系。这种相信是实现这种关系所必需的。而许多女性主义者恰恰缺乏这种探索的勇气,在恐惧心态的作用下选择逃避技术。从以上分析还可以看出,在20世纪晚期,人们不再根据生理特征和生活经验建构他们的身份和意义话语,而是根据身处其中的科学与技术进行建构。这就标志着人的唯一特性不复存在,技术与人不可能分开。哈拉维揭示了围绕技术的、机器的、生物的、概念的和政治的领域的交互关系,作为物质实在和文化虚构的技术不再是女性主义者眼中神秘可怕的机器形象,

---

[1] Donna Haraway, *Simians, Cyborgs, and Women: The Reinvention of Nature*, p. 170.

女性主义者面对技术不再无所适从，而是可以大胆地参与其中，新技术总有他们的用武之地。

三 "我宁愿做赛博，不愿做女神"

技术社会建构论引起的女性主义内部对技术的排斥乃至抵制情绪十分普遍，而与之形成鲜明对照的是，生物学技术、信息技术等尖端技术正在深刻地改变我们自身和我们的生活。因此，一些挑战传统伦理的新技术一经问世，往往成为人们口诛笔伐的焦点，发展受到严重阻碍。在80年代这些高技术初露端倪之际，哈拉维就已经看到这些问题，她希望女性主义者摆正对技术的态度，不要逃避，呼吁女性主义者对赛博这类有机体与机器的杂合体多些宽容与支持。

（一）"胆怯的"女神

生态主义中的一支——"女神女性主义"（Goddess Feminism）反对技术的态度在西方社会影响很大。女神女性主义出现于20世纪70年代，"通常与生态女性主义相连，包含精神主义、生态主义，以及以作为生命象征、自然能量象征和女性本质象征的女神为中心的女性主义。女神是自然与人类、地球与宇宙之间断裂的联系的治愈者，是生育力的象征"。[1]面对生活在跨国资本主义技术链条上的脆弱的妇女，女神女性主义者打出"回归自然"的旗帜，呼吁妇女们放弃在

---

[1] David Bell, *Cyberculture Theorist: Manuel Castells and Donna Haraway*, New York: Routledge, 2007, p.109.

科学技术枷锁般的社会关系中苟延残喘的希望,"走向丛林"。"女神女性主义者在月光下跳舞、施魔咒、唱圣歌、练习瑜珈、刻意沉思冥想和传递信息。"① 女神女性主义实际上是在精神的花园里躲避汹涌的技术压迫。这些女性主义者看似退守在无技术污染的世外桃源中怡然自得,但事实上,她们的做法丝毫无助于真正解决妇女在新秩序中的难题。

以女神女性主义为代表的群体对科学技术和与科学技术相关的社会关系的重置产生恐慌,社会上渐渐滋生的反科学与"技术恶魔化"运动不断扩大和加剧。哈拉维批评了女神女性主义胆怯的"回归自然",并断言:纯粹的自然根本就不存在,物理与非物理的界限早就被打破,因而没有回归的可能性。她指出,我们的世界是"物质-符号"的赛博,尤其是生物技术与通信技术把世界编码为统一的语言,任何的物质都与符号紧密结合。自然的物质性不再纯洁,自然已被作为符号的文化深深建构,并反过来深深建构文化。哈拉维对"自然文化"(natureculture)的发现粉碎了女神女性主义"回归自然"的迷梦。于是,哈拉维在《赛博宣言》的结语处发出了"我宁愿做赛博,不愿做女神"的呼喊。②

(二)调和方案:既是赛博,也是女神

尼娜·里奇(Nina Lykke)在《在怪物、女神与赛博之间》

---

① 〔美〕罗斯玛丽·帕特南·童:《女性主义思潮导论》,夏侯炳、艾小明等译,华中师范大学出版社,2002,第399页。

② Donna Haraway, *Simians, Cyborgs, and Women: The Reinvention of Nature*, p. 181.

(*Between Monsters, Goddesses and Cyborgs*)一书中对"女神"和"赛博"两个隐喻进行了比较分析。首先,二者有根本的一致之处,即打破人与自然的区分,将人与自然联结起来。"女神"将人的心灵与非人的地球、宇宙和身体结合在一起。"女神"并不仅仅是一种隐喻,人类就是这位"伟大的母亲"真真切切诞下的生命,是她的"宇宙子宫"的产儿。她的身体、情感和精神的运动就是我们的运动。心灵与身体、人类与自然成为一个不可分割的整体,这就标志着父权制霸权作为人类历史的最后一个霸权阶段行将就木。赛博将有生命的有机体与无生命的机器结合在一起,将自然与人工的界限完全拆除。赛博同样既是社会实在又是虚构的隐喻,动摇了以二元论为基础的等级制。总之,"女神"与"赛博"都否定了人类主体性的霸权位置。但是,二者作为物质-符号主体在抹杀符号世界的"意义"和物质世界的"物"的边界时方式不同。赛博倾向于把物质的东西吸收入符号的东西内部,因为物质的东西被建构为随着符号的东西而改变。所以赛博更为关注技术,技术进一步加速意义变化的过程。而"女神"则倾向于把符号的东西吸收入物质的东西,更加关注我们生存的自然条件。尼娜·里奇指出,"赛博"与"女神"之间的不同正好对应"人工"与"自然"的区别。因此,她提出,女性主义者对这两个隐喻都不应该拒斥,而应一起接受,并建议采用"怪物"这个可以囊括"赛博"与"女神"双重意义的隐喻。

尼娜·里奇对"赛博"与"女神"相似点的分析比较中肯,但是将二者的不同点简单确定为"人工"与"自然"的区分,这对赛博而言过于强调了人的因素,而忽略了非人的因素,实际上将非人从赛博中排除出去,这并不符合哈拉维对赛博本体的阐述。尼娜·里奇的目的在于调和拥护赛博理论的女性主义与生态女性主义的矛盾,但她只关注从理论上分析,脱离了技术现实和二者对技术的不同态度。

由于生态主义与环境伦理学越来越受重视,在面对一项新技术时,多数人都倾向于比较谨慎地论证其对人与自然和谐的意义,这在一定程度上造成了我们对新技术的热情不高和思虑过重,因此,有可能束缚我们对新技术价值的挖掘。哈拉维是为数不多的宣称对任何新技术都热情高涨的技术论者。她面对新技术首先不是恐惧或畏缩,而是积极地拥护,并主张进一步探索。就这点而言,有人称哈拉维是"技术的狂热分子",但是"狂热的"态度客观上是支持技术研发的重要动力,而且哈拉维并没有"狂热"到将技术的伦理与政治问题置于脑后。尼娜·里奇没有必要为"赛博"与"女神"调和,因为哈拉维对技术的态度本身就是辩证的,既拥护技术,又主张规约技术。

四 规约技术

针对90年代以来人们争论最激烈的基因技术问题,哈拉维不同于她的"左翼"同事那般义正词严地抵制基因技术,也没有像倡导者那样对之狂热崇拜。她认为转基因产品不应被简单地妖魔化,它们恰恰就是我们的赛博本体:边界模糊,身份断裂,没有本源。她客观地肯定了基因技术对于人类文化的重大意义,正如她所说,我们至少要

"为它们的含义作证"。① 如果我们想从生活中把基因技术排除出去，那么我们就犯了违反时代主题的可笑错误。简单的技术悲观主义或乐观主义都是不清醒的态度。

哈拉维忧虑地说："在生物技术的讨论中，我禁不住听到无意中发出的对外来者恐惧和对杂合体怀疑的论调。"但事实上，这些外来者和杂合体是许多行动者的"交叉地带"，哈拉维认为，我们正好借助这些外来者和杂合体进入"交叉地带"，这有助于我们理解支持或反对这些技术产品的理由。那么，进入"交叉地带"的可能路径是什么呢？这个路径带我们进入围绕该技术的政治、经济、道德、技术等线条的缠绕，进入异质性要素的博弈，这些因素博弈的结果就形成了对技术的规约。因此，进入"交叉地带"的路径就成为规约技术的途径。

关于这个途径，哈拉维推崇丹麦的"平民小组听证"模式。这些"平民"并不是技术、商业或其他领域的专家，他们由丹麦政府出资定期举行集会。这15名公民听取证词，考察专家，阅读简报，展开商讨，向记者招待会公布报告，整个过程大约要持续6个月。在准备阶段，他们讨论丹麦技术部提供的背景报告。技术部集合了诸多科学技术专家，以及来自商业、环保组织、妇女团体和其他有组织的专业机构的代表，由他们起草这份背景报告。"平民小组"可以要求他们进一步提供详细的资料。然后，这些专家和"平民小组"的业余人士花3天时间面向媒体与公众举行开放的多数会议。专家每人陈述20分钟，然后由业余人士进行评定。在会议最后一天，"平民小组"制定一份

---

① 〔英〕乔治·迈尔逊：《哈拉维与基因改良食品》，第99页。

结论报告，概括介绍会议达成一致的问题和仍存在分歧、未达成一致的问题。这个结果将印成小册子、制成光盘或做小型讨论，然后才由国家记者招待会予以公布。在这个过程中，平民的科学与技术水平得到了提高，技术与专业人员也更加尊重大众的意见。例如，1992年丹麦政府为论证转基因动物生殖举行了一次"平民小组听证"。围绕这个会议共进行了600余场小型辩论。会议最后得出的结论是：转基因动物用于治疗人类癌症是道德的，用于制造宠物则是不道德的。哈拉维指出，丹麦的"平民小组听证"模式模糊了专家知识与观点的界限、技术与政治的界限，生动地体现了技科学的特征。

与丹麦相反，哈拉维认为，美国的政治议程缺乏民主批评，使得公众被概念化为被动的存在物，而非技科学的行动者。在美国有三支力量控制着技科学：国防部与国家武器实验室、有组织的科研共同体以及商业，这使得在塑造科学技术政策中民众的力量严重缺席。而率先在丹麦开展的"平民小组听证"模式正在欧洲范围内推广。非专家、非组织成员、非商业人士的普通公民完全可以在科技决策中发挥有效作用，这正是美国的科学技术评估所急需的。

人人参与技科学，有权利做出自己的解释，有能力担负责任，就是哈拉维的技科学民主与自由的境界。哈拉维进而提出她的技科学理想目标："不管过去是否存在，坚持人的平等、诚实、物质充足、自我批评的知识以及多物种共同繁荣的技科学必须在现在或将来存在。"[1]

---

[1] Donna Haraway, *Modest_Witness@Second_Millennium. FemaleMan©_Meets_Oncomouse™. Feminism and Technoscience*, p. 94.

第四节　赛博：一场"文化地震"

布鲁斯·马泽里希（Bruce Mazlish）在《第四次断裂》中指出，西方知识史克服了一系列的"幻觉"，他称之为"断裂"，因为它们穿越了自然的四个人工区分：哥白尼克服了人类与宇宙的区分；达尔文克服了人类与其他生命形式的区分；弗洛伊德克服了人类与我们的下意识的区分；赛博克服了人类与机器的区分。马泽里希指出，人已经不再满足于控制他们的科技工具，人与机器共同进化，存在复杂的共生关系。赛博的到来见证了第四个断裂的弥合。"赛博"概念虽然不是由哈拉维首次提出，但确是她的《赛博宣言》将赛博的形象以及政治与哲学意义广泛传播到西方文化中，引起人们思想的震撼。

一　文化领域的赛博研究

哈拉维的赛博本体论激发了多个领域的研究热潮，包括医学、工程与军事、人类学、政治学、教育学等。这些研究散见于相关学科论文中，而1995年的《赛博手册》较全面地综合了这几个领域的研究成果。哈拉维为此书写作了题为《赛博与共生体：共同生活于新世界秩序》的序言。这篇序言一方面表达了她的主旨，另一方面很好地提炼了全书涉及的内容。她说："我坚持生物、技术、文本、神话、经济与政治之线的纠结，它们构成这个世界的肉体。"[①] 医学领域的相关

---

① Chris Gray, *The Cyborg Handbook*, New York and London: Routledge, 1997, p. xii.

研究主要有：美国"国家心、肺、血液协会"的一个科研小组研究制造"全人工心脏"（完全可以取代病人自己的心脏）和左心室辅助装置（将左心房的血液压入主动脉而保持病人心脏正常）；日本研究者在80年代将50年代直接移植狗的活体肝脏的技术发展为根据血浆分离技术和新陈代谢规律制造纯人工肝脏；阿黛尔·克拉克记述了牙医巴尼·克拉克接受第一颗人工心脏后成为赛博的经历；J. 卡斯帕总结了使胎儿成为赛博的几项技术，包括胎儿虚拟技术（使母亲子宫内的胎儿于子宫外可见，如超声波）、胎儿诊断技术（如羊膜穿刺术和血液检查等将胎儿转变为量化的数据）、使胎儿存活于脑死亡的母亲体内的技术（对怀孕的"尸体"实施生命维持技术）、将流产出的胎儿用于医学研究和生物医学治疗（胎儿的组织是非常理想的研究材料）；F. 豪格分析了活尸体（living cavader，仅脑死亡而心脏未死亡的尸体）引发的医学"死亡"概念和法律"死亡"界定的变更，指出联结有机体和技术的活尸体是赛博。在工程和军事方面，美国国家航空和宇航局（NASA）的两位科学家研究了运用遥控操纵装置（teleoperator）增强在外太空和大洋底的人类的手、胳膊和腿的能力；美国军方着手开发一种"飞行员助手"（pilot's associate）装置，帮助飞行中的战斗机飞行员处理信息、做决策和执行一般任务，该装置创造了一个飞行员与智能机器的互动界面，可以使飞行员的飞行和战斗技术发挥最优；罗宾斯和莱维多分析了海湾战争中的军事赛博，美方通过计算机屏幕来操纵战场，进行"非对面的"远程电子杀伤，屏幕上的军事目标不会引起士兵任何的道德愧疚，士兵们成为一个个冷血的赛博。人类学研究方面，格雷·杜威、约瑟夫·杜米特和莎拉·威廉姆斯共写了"赛博人类学"的宣言，呼吁"承认赛博形象的成员身份"；大卫·赫斯根据他在巴西的田野工作讨论了日常生活中的低技术赛博（low-tech cyborg）；格雷·杜威考察了在计算机辅助设计中的人类力量。政治学研究方面，桑迪·斯通思考了主体性与虚拟性之间的张力；切拉·桑多瓦尔分析了她的"对立意识"与哈拉维的工作的关系；朱茜葩·盖比隆多分析了后殖民政治学；雷·麦考莱探讨了"赛博文本"中的赛博意识可能产生的政治后果；克里斯·格雷和史蒂文·门特解释了"赛博身体政治学"。此书还有非常重要的一部分是关于想象领域的赛博生产。想象是推动赛博研究不可缺少的重要前提，涉及连环画中的赛博形象、控制自动表演艺术、《星际旅行》中的赛博宇宙飞船、后人类生活方式，甚至是"赛博工厂"中的爱情生活。《赛博手册》最重要的成果应是所有相关领域的作者们达成"赛博学"（Cyborgology）建立的共识。主编克里斯·格雷等为该书做了总论："赛博学：建构赛博知识。"在总结赛博技术的起源、特征的基础上，总论提出："赛博学必须超越传统的学术边界……是跨学科和多学科的，甚至超越人文、科学与艺术的坚固边界。……赛博学还必须是多元文化的，尽管西方文化在赛博时代的推动上作用最为显著。"[1]

除了《赛博手册》，还有一些比较著名的对赛博尤其是赛博空间展开思考的成果。哈佛大学医学院的华纳·V.斯赖克博士第一个提出计算机的临床应用问题。他的专著《赛博医学：计算机如何帮助医生和病人提高医疗质量》提供了来自病人、医生和医疗机构的翔实案

---

[1] Chris Gray, *The Cyborg Handbook*, p. 11.

例,展示了计算机在诊断、治疗决策、自我照顾和疾病预防中的提醒作用。也有一些学者开始反思赛博空间中的社会问题。马克·斯劳卡著有《大冲突:赛博空间和高科技对现实的威胁》一书。他看到计算机技术"将我们生存的已经非自然的环境完全人造化,正在把我们永远地、彻底地驱逐出真实世界"。[①] 媒体技术的高逼真度使人们渐渐把虚构的电视电影当作真实的生活;网络互动和交流的提高,造成人们面对面地交流变得困难;"电脑少年"将他们全部的时间消耗在电子生成的空间中。针对人们迷恋网上"性别冲浪"成瘾,他指出,过不了多久,人的神经系统就能与计算机相连接。"赛博族"像蜜蜂一样围聚在网络这个"蜂房"周围,失去个人思维,被动地追随网络的整体思维。劳拉·昆兰蒂罗在《赛博犯罪》中对赛博空间的阴暗面进行了思考,包括黑客侵入计算机盗取信息、恶意病毒感染、在线色情和骚扰以及侵犯隐私等。约斯·德·穆尔在《赛博空间的奥德赛》中探讨了数码信息时代电子传媒与赛博空间为人类历史的发展提供的新可能性,其中包括"信息高速公路"带来的集权主义和政治技术在赛博空间的消解,赛博空间想象中的电影和文化的数码化,以及主页时代的身份、虚拟人类学、虚拟多神论、超人主义等问题。伊林·史密斯和辛希尔·赛尔富分析了《赛博宣言》对计算机辅助写作课的影响,主要是将计算机技术与写作相结合,通过语言、描述、声音和多媒体实践生产意义。

后人类(posthuman)研究是在《赛博宣言》的直接影响下开

[①] 〔美〕马克·斯劳卡:《大冲突:赛博空间和高科技对现实的威胁》,黄锫坚译,江西教育出版社,1999,第5页。

展的。克里斯·格雷和马克思·莫尔等人对后人类、超人类主义（transhumanism）、赛博进行了多样性研究，对他们认为即将到来的"后人类社会"热情展望。莫尔认为可以通过物理（科学技术手段）和精神（对情绪和欲望的倾向及频率加以控制）途径，提高人的智能，增强能力，延长寿命，甚至使人达到永生。后人类社会具有在自主、开放和永恒发展的特征。莫尔指出，后人类主义是一种以神经科学、神经药理学、人工智能、纳米技术、太空技术和互联网之类的各种科学技术为基础的理性哲学与价值体系的结合。后人类研究支持一种激进的技术主义，是一种极端的科学乌托邦，只是简单地看到把计算机芯片插入皮下获得的技术成果，而没有看到复杂的文化和意识形态在塑造后人类时起到的核心作用。因此，在当今社会，后人类研究的发展受到了科技发展的限制和传统价值观念的制约，还是一种相对边缘的领域。

二 赛博女性主义

自从哈拉维在《赛博宣言》中将赛博与女性主义政治结合起来，在女性主义中关于女性与赛博的研究就层出不穷，只是大多比较分散。直到90年代一个名为"赛博女性主义"（Cyberfeminism）的学派活跃在学术界，围绕女性与赛博的研究才有了相对固定的阵营。该流派以《赛博宣言》为"圣经"，完全秉承哈拉维在宣言中阐发的女性与科学技术关系的相关思想，并致力于将其发扬光大。1991年，一群号称"VNS 矩阵"（VNS Matrix）的南澳州阿德莱德市艺术家和行动家发表了第一个《赛博女性主义宣言》,宣告了赛博女性主义的兴起,从此,赛博女性主义者以欧洲为中心开始活跃起来。1997年9月,第一届国际赛博女性主义大会在德国的凯瑟尔召开,标志着赛博女性主义发展为欧美女性主义"第三波"的重要分支。但由于赛博女性主义者从未从正面给"赛博女性主义"下定义,因此,赛博女性主义成为一个引起广泛争论的领域,不同的女性主义学者的理解不尽相同。例如,梅勒妮·斯图亚特·米勒(Melanie Stewart Miller)认为,"赛博女性主义"主张女性使用新的信息和通信技术争取赋权。而玛丽·弗拉纳根(Mary Flanagan)和奥斯丁·布斯(Austin Booth)认为:"赛博女性主义既基于实践,也基于理论……是在挑战技术的'编码',探索社会性别与数码文化间复杂关系中联合起来的新一波女性主义理论和实践。"[1] 也有人主张,赛博女性主义者既可以将网络作为联络工具,帮助自身在现实生活中组织更大范围的活动,又可以将网络在线活动本身看成女性主义行动。艾米·里查兹(Amy Richards)和玛丽安·齐奈尔(Marianne Schnall)则将赛博女性主义完全等同于网络化的行动主义。赛博女性主义的斗争范围非常广阔,它一方面挑战赛博空间中存在的权力差异关系,另一方面反对在使用技术的过程中将女性排除在技术文化以外的工业和教育机构。

英国《卫报》作家塞迪·普朗特(Sadie Plant)的《零与一:数码女性与新技术文化》(*Zeros and Ones: Digital Women and the New Technoculture*)是赛博女性主义的重要代表作。在这部著作中,普朗

---

[1] Stacy Gillis, Gillian Howie and Rebecca Munford, *Third Wave Feminism: A Critical Exploration,* Expanded second edition, Palgrave, 2007, p. 178.

特认为,"女性在数码机器产生的过程中并非微不足道……她们是数码机器的模拟者、组装者和程序设计员"。[1]普朗特为这一论点提供的主要论据之一是世界第一位女程序设计员艾达·拉夫雷斯伯爵夫人(Ada Lovelace)作为英国数学家查尔斯·巴贝奇(Charles Babbage)的助手,帮助他设计著名的巴贝奇差分机的故事。通过描述艾达为计算机发展做出的卓越贡献,普朗特痛击了"女性是技术变革中的牺牲品"这一谬论,有力地证明了网络技术并不是男性的"猎场"。我们认识到,长期以来认为女性在科学技术中处于边缘人和外来者地位的观点并不正确,实际上女性也是现代科学技术的奠基人。《零与一:数码女性与新技术文化》试图从正面肯定女性的工作特点于科学技术,尤其是网络的重要意义。尽管赛博空间并不能消除社会性别的差异,但是普朗特在书中仍然为网络空间给女性带来赋权感而欢呼。

赛博女性主义聚焦于当代科技,探索社会性别身份、身体与技术的交叉联系。科学技术在传统意义上被认为具有明显的性别分化倾向,计算机曾被认为是"男孩子的玩具",传统女性主义也认为科学技术具有男性特征。赛博女性主义正是对这种传统观念的反驳,它提倡女性主义者不应抵制男性占主导地位的科学技术,相反,科学技术应该为己所用,为实现女性主义的目标所用。赛博女性主义倡导增强女性驾驭信息技术的能力,重视赛博空间的文化生产特性,将互联网的使用视为重要的政治工具和提高女性意识的新工具。

在《赛博宣言》后,其他女性主义者对赛博展开的研究并不与哈

---

[1] Sadie Plant, *Zeros and Ones: Digital Women and the New Technoculture*, New York: Doubleday, 1997, p. 37.

拉维的意图完全相符。但哈拉维从来没有将"赛博"这个思考工具看作自己的"专利"。她表示:"这些年轻的女性主义者的确在一定程度上重写了《赛博宣言》,尽管他们的做法并不是我的本意,但是我理解他们。"[1]

三 赛博写作

按照法国精神分析女性主义者的观点,女性写作就是书写那些没有用语言表达的东西——那些被父权制文化压抑的问题。女性写作开启了诸多没有开启过的话语空间,使女性的差异和渴望能够叙述出来。

在《赛博宣言》文末,哈拉维突出了"写作"的重要性,将其看作实现在政治上有希望的可能性和断裂的身份的途径。她呼吁一种"赛博写作"(cyborg writing),赛博写作是对西方文化中起源的中心神话的重写和重塑。"这种写作并不梦想用纯洁、自然和普遍的语言表达'世界的本真面目',也不梦想翻译我们借之重结为'整体'的差异。它并不是将'自我'刻画为受害者的工具,尽管它享有许多'意识形态的资源'。"[2]哈拉维指出,写作处于西方命名权的核心:

---

[1] R. Markussen, F. Olesen and N. Lykke, "Interview with Donna Haraway," in Don Ihde and Evan Slinger, eds., *Chasing Technoscience: Matrix for Materiality,* Bloomington &Indianapolis: Indiana University, 2003, p. 51.

[2] G.A. Olson and E. Hirsh, eds., *Women Writing Culture,* Albany, NY: SUNY Press, 1995, p. 96.

争夺写作的意义是当代政治斗争的一种主要形式。放弃写作游戏是非常可怕的。美国有色妇女的诗歌与故事都是关于写作的，关于接近"表示权"的。这种"表示权"既不是阳具崇拜的也不是纯洁无辜的。……赛博写作是关于生存权的，不是建立在纯洁本源的基础上，而是建立在抓住工具去标记那个把她们标记为"他者"的世界。[1]

哈拉维指出，赛博写作已经为以奥蒂·劳德（Audre Lorde）和谢里·莫莱卡（Cherie Moraga）为代表的"有色妇女"写作以及以塞缪尔·德兰尼（Samuel Delany）、奥克塔维亚·巴特勒（Octavia Butler）和乔安娜·拉斯（Joanna Russ）为代表的女性主义科幻小说所证明。因此，分析赛博写作就要从"有色妇女"写作和女性主义科幻两个方面入手。

（一）有色妇女写作

有色妇女中的女性主义者自80年代起谴责女性主义片面地强调性别压迫，忽略了阶级压迫、种族压迫、民族压迫以及不同性倾向之间的压迫；认为她们关注的都是白人女性面临的问题，忽略了有色妇女、下层妇女和第三世界妇女面临的问题。总之，女性主义过于强调男女两性差异，忽视了女性内部的差异。

相应的，黑人女性主义文学批评也体现了有色妇女的觉醒，既

---

[1] G.A.Olson and E. Hirsh, eds., *Women Writing Culture*, pp. 93-94.

要批判父权文化中的性别歧视,关注男性与女性共同生存的状况,又要向种族主义提出挑战,同时还要特别关注与作品相关的阶级、历史和文化等重要因素。早在80年代初期,艾里斯·沃克在黑人女性主义批评的重要论文《寻找母亲的花园》中提出了"妇女主义"(womanism)这一概念,开启了美国黑人女性的主体意识。它把黑人女性话语从白人女性主义话语和黑人男性传统话语的遮蔽中彰显出来,清晰地划分了与白人中产阶级女性主义者的界限。黑人女性主义作者颠覆和修正了白人作品和黑人作品中被扭曲的黑人妇女形象,在作品中塑造了一群全新的黑人女性形象,像托尼·莫里森刻画的秀拉、艾里斯·沃克《紫色》中的西丽和莎格等,她们具有强烈的主体意识,找寻和发现自我,追求独立自主和平等的生活。这些冲破了白人和黑人男性为黑人女性身份界定的模式,体现黑人女性异质性的特点。芭芭拉·史密斯等主编的《所有女性都是白人,所有黑人都是男性,但我们中有些人很勇敢》一书的书名深刻地反映了黑人女性在女性主义和种族运动中的边缘地位。钱德拉·莫汉蒂(Chandra Mohanty)在她广为流传的《在西方人的眼里》一文中,解构了西方女性主义建构的"第三世界妇女"这一本质主义的范畴,进而表明"第三世界妇女"是千差万别而非板结成一块的。亚力山大和莫汉蒂在其主编的《女权主义谱系、殖民遗产与民主未来》一书中详尽阐述了她们作为"移民的"有色人种妇女的遭际,如何影响到她们独特的阅读和写作活动。她们切身体验到的种族歧视和性别歧视,使她们意识到"我们并非生就的有色人种妇女,而是变成有色人种妇女的"。

有色妇女的写作属于后殖民女性主义领域,作者主要是来自第三世界而居住在第一世界的女学者，或一直居住在第三世界的妇女。由于殖民主义入侵，殖民地语言被否定，文化、历史和文明、殖民地民族的自我和身份也随之被一并抹杀，因此，殖民地民族的暴力斗争很大程度上表现为语言的抗暴。传统的本土口头语是妇女的专长，有色妇女在自己的文本中有意识地采用民族的口头的文学传统，对欧洲话语形式如短篇故事、戏剧、长篇小说进行修正。她们根据民族的神话仪式来修改戏剧，根据口头传说来修改短篇小说，根据本民族的谚语、谜语、历史轶事来修正长篇小说，以致她们的作品，按照欧洲标准，都不能算作严格意义上的文学。在这种新的语言和形式中，有色妇女描写了她们的生活，挑战了欧洲白人父权制的霸权。

生长在黑人聚居区的奥蒂·劳德[①]总是这样介绍自己："黑人、同性恋、母亲、战士、诗人。"针对她的第一部诗集《一类城市》，评论者就如是说："她没有挥舞黑色的旗帜，但她的黑色是写在骨子里的。"劳德谴责了女性主义理论关注的只是白人中产阶级妇女的经验和价值，她的写作建立在"差异理论"的基础上，她认为男女之间的对抗过于简单，虽然女性主义有必要强调一致、统一的女性整体，但事实上，女性内部是需要细分的。她指出，阶级、种族、性别、年龄甚至健康，对女性经验而言都是根本性的，还有更多的差异需要承认和表达。在这些因素中，劳德特别突出种族和性倾向，认为种族主义和同性恋恐惧源于白人女性主义者不能承认或容忍差异。她认为白人女性主义的主张包含了对有色妇女的压迫，女性主义中的种族主义完

---

① 劳德、芭芭拉·史密斯和谢里·莫莱卡在1980年建立了"厨房圆桌：有色妇女出版社"，这是全美第一个专为有色妇女开办的出版社。

全在父权制框架下。但是劳德并不承认黑人、同性恋和受难经历具有道德权威,她说:"你们在我的声音中听到的是愤怒,而不是受难,是愤怒,不是道德权威。"劳德的写作不仅具有有色妇女提倡的"自传"特点,而且综合了许多种体例。她的"自我"都是多元文化的、多层次的,不可分割和孤立看待,不可用特定的范畴取代。谢里·莫莱卡和格洛利亚·安扎尔杜阿主编的《被称为我的脊梁的这座桥:激进有色人种女性的作品》(*This Bridge Called My Back: Writings by Radical Women of Color*)启发女性主义者们完全可以有不同的女性主义话语和理论。该书汇集了一批论文、诗歌、故事及证明材料,表达"有色妇女"的矛盾经历。两位编辑说:"我们在白人女性主义运动中是有色人;我们在我们文化中的人中是女性主义者;我们在异性恋中常是女同性恋者。"[1]

总之,有色妇女的作品突出强调了"差异",沉重打击了整体论和本质论的女性主义理论,典型地体现了赛博的政治和哲学意义。

(二)女性主义科幻

在 19 世纪和 20 世纪初,科幻小说几乎全由男性作家统治,很少有女性作家涉入,这主要是因为那时的科幻小说普遍强调科学技术的一面,而妇女因遭受教育压迫难以涉猎此领域。虽然玛丽·雪莱在 19 世纪初创作了被人们称作第一部女性主义科幻小说的《弗兰肯斯坦》,但女性主义与科幻小说有意识地结合并成为一种创作流派是 20 世纪

---

[1] Gloria E. Anzaldúa and Cherrie Moraga, *This Bridge Called My Back: Writings by Radical Women of Color*, Kitchen Table-Women of Color Press, 1981, p. 23.

中期以后的事。女性主义者宣扬一场推翻父权制的政治革命，它要扫除一切规范，包括政治的、经济的、语言的、伦理的，等等，用新的规范取代这些体现了男权意识的规范。但是如何破除旧的规范，如何建立新的规范，建立什么样的新规范？就这些问题，女性主义者不仅在理论上进行探讨，而且将他们的理论和想象以文学形式来阐述和预测，而科幻小说是其达到此目的的最佳手段之一。

同时，60年代又是个文化革命的时代，女性主义运动空前浩大。女性主义科幻小说家既获得了政治力量，又从中汲取到理论力量。女性主义者可利用作为风俗小说的科幻小说，毫无拘束地宣扬、展示其女性意识。正如汤姆·斯坦卡所言："只有科幻小说允许创造'试验'世界的自由，人们在这个创造的世界里，试验着母系社会。"[1]女性主义科幻追踪或表现的是"第二次浪潮"的思想和信仰，其揭示的主题由政治、经济方面转向意识形态方面，如性别角色、女性主体性、女性意识等。

女性主义科幻作者认识到，政治和经济上的解放并不是妇女的真正解放，支撑着西方文化中男性/女性、主体/客体之分的二元论思维决定了妇女始终处在劣等一极，妇女在意识形态领域所受的压迫，较其在政治、经济领域深重得多。于是，女性主义科幻作家进行了勇敢的创新。他们将传统意识置于其创造的新奇世界之中，对它进行检验、考察、揭露、批判。具体说来，女性主义科幻小说揭示的主题，主要涉及性政治问题、性差异问题、女性本体问题、女性语言问题，

---

[1] Patrick Parrinder, *Science Fiction: Its Criticism and Teaching,* London: Methuen, 1980, p. 3.

女性经验等。

　　塞缪尔·德兰尼的作品中包含了神话、记忆、语言和感觉等主题，常常描写阶级、一种社会阶层到另一种社会阶层的跃变。"书写自我"是德兰尼反复表达的思想，无论他的散文还是诗歌，里面的主角往往是作者或一些诗人。德兰尼对性问题（尤其是同性恋）有持续的关注，《Nevèrÿon》系列详细讲述了性欲和性态度与一个原始社会的社会经济基础的关系。《巴别塔-17》和《爱因斯坦交集》是他最负盛名的科幻作品。奥克塔维亚·巴特勒是最著名的黑人女性科幻作家。她的作品主题多关于模糊的性别、种族、性倾向、宗教和社会阶层。在《野种》中，她讲述了 Doro 和 Anyanwu 两个分别被视作男性和女性形象的"永生人"如何在保持巨大差异的前提下，走到一起，建立家庭。《莉莉丝一家》是被哈拉维引用过的一部作品，塑造了一种外星族——安卡里，他/她们具有不同于男女的第三种性别，对男女均有强烈的诱惑力，可以与男女共享基因，因此可以将男与女统一起来。应该说，这部小说体现的赛博理念还是相当清晰的。她后来的作品《雏鸟》是一部吸血鬼小说，集中阐述的是种族、性倾向及如何成为团体之一员的主题，将"多样性"定性为不可避免的。乔安娜·拉斯的代表作是《女性男人》（*FemaleMan*，成为哈拉维1997年著作《诚实的见证者@第二个千禧年：女性男人©遇到致癌鼠™：女性主义与技科学》的重要形象之一），该作品采用了乌托邦小说与讽刺文学相结合的体例，揭示了不同社会对同一个人截然不同的看法，以及所有人如何相互作用，共同反对性别中心主义。

　　女性主义在逐步壮大的同时也遇到了许多困境，如性别差异、语言及女性气质等方面。面对这些困境，她们找不出统一的解释。而且，抽象的理论概念讨论在女性主义时也难以收到好的效果。因此，寻求更具体的形式来应对这些困境带来的困惑成为必需，而就实际效果来看，小说是最佳形式之一，尤其是科幻小说。金斯利·艾米斯在一次答记者问时说："从某些方面讲，科幻小说比我们常见的小说更有发展前途，因为这种文学形式为讨论那些重要的抽象概念提供了可能，比如说永生的灵魂，对未来的展望，未来的含义，以及'我们被过去发生的事左右究竟有多少道理'。所有这些都是科幻小说的用武之地。"[①]正如勒奎恩所言，女性主义科幻小说不是预言未来，而是描写现实，因为它首先关注的是现实世界中的女性问题，同时它又营造一个可能世界。从这种意义上说，女性主义科幻小说家如同具有诗人气质的宣传家，他们将想象的种子播在肥沃的土壤里，却能收获散发甜美政治味道的硕果。

小　结

哈拉维希望用赛博表达"活生生的社会与身体实在，在那里，人们不再惧怕与动物和机器的连接，不再惧怕永存的、部分的身份和对立的立场"。[②]逾越边界、断裂身份的赛博形象要求人们放弃纯洁、本

---

① 程代熙等编著《西方现代派作家谈创作》，文心等译，中国广播电视出版社，1991，第503页。
② Donna Haraway, *Simians, Cyborgs, and Women: The Reinvention of Nature*, p. 154.

源、自我与他者二分的二元对立意识以及人们对"他者"的恐惧。赛博对身份政治的嘲讽，把女性主义者从拼命追求相似性的研究中解放出来，这对于纠正激进的政治行为很有指导意义。人们对作为人工物的赛博的接受和欢迎将改变普遍存在的技术恐惧症的毒害，而且赛博可以提供有用的技术工具改进人们（尤其是妇女）的政治斗争方式。赛博思想对文化的震撼波及多个领域，催生了一些新兴交叉研究，这些研究进一步推动了对赛博技术的开发、应用和哲学反思。

简而言之，赛博是想象一种不同的物质-符号世界的资源，一种不同的身份观念和政治学的资源以及一种女性主义和文化批评的资源。赛博不仅是一种形象或比喻，一种实在或想象的存在物，还是一种立场，是一种看问题和思考问题的方式，哈拉维认为这种方式可以使后现代技科学中的人们更好地生存。

第三章
情境知识：技科学中的客观性

技科学中的理论、价值、技术、身体、道德、政治等诸多要素共生出知识。能够看到知识生产中这些异质性要素历时的内爆和纠缠的动态过程，才是合格的"诚实见证者"，只有从这些情境因素出发，得到的局部的知识才是真正客观性的知识。把握知识生产的历史性，是哈拉维女性主义技科学的根本要求。

第一节　知识与政治

福柯在《权力与知识》一书中论述了科学知识与权力[①]的关系，发展出一种"真理政治学"（politics of truth）。他认为现代社会的机体中渗透着各种各样的权力关系，权力是生成、发展、积累和传播知识的有效工具。所以真理不再是外在于权力的，而是遭到权力各方面的限制。真理"联系着特殊权力与利益的政治斗争，联系着知识分子在政治经济中扮演的角色"，[②]已不再是理解与发现的认识论问题。一言以蔽之，知识就是权力。福柯对真理和知识持一种文化建构的观

---

① 福柯所谓的"权力"并不是指政治权力，而是渗透和延伸到社会各个领域、具有各种复杂形式的微观权力。
② 蔡仲：《后现代相对主义与反科学思潮：科学、修饰与权力》，南京大学出版社，2004，第74页。

点，这种主张赢得了社会建构主义、女性主义等科学的社会与文化研究者拥护和追捧。不论是"社会利益"的分析模式，还是矫正男性中心主义科学的努力，都把知识与权力和政治的关系作为理论前提，这种运用的结果就是挑战科学的客观性。

一 客观性问题

(一)"客观性"的历程

中国学者李醒民梳理了历史上"客观性"(objectivity)含义的演化过程。古希腊人没有区分知识与价值、科学与哲学、客观与主观。柏拉图认为，"客观"实在是借助"善"的理念或形式刻画的。亚里士多德说，客观性意味着科学家追求的知识的根据和来源不是主体，而是客体，只要客体拒绝显示其本性，科学家就必须进行推测从而做出发明。在经院哲学时期，"客观的"一词用于描述思想的对象，而非描述外部世界的对象。但是到了19世纪，客观性开始与意识、解释、个体性相对立。到了逻辑实证主义主导的时期，客观性就演变为"科学知识的有效性"问题，实质上也就是科学知识对其研究对象即自然实在的反映性问题。正是在此意义上，逻辑实证主义认为，客观性是指科学知识对自然的反映，"这种客观性标准承认了独立于认识和评价主体的客观知识的存在，是一种符合论、反映论的客观性在当代哲学中的延续"。[①] 于是，"对自然的反映"，成为科学知识的一

---

① 刘鹏：《客观性概念的历程》，《科学技术与辩证法》2007年第6期。

个最终目标,也成为客观性的一个核心标准。实证主义认为科学是价值中立的,宣称只有价值中立的研究才能产生客观的知识。在实证主义影响下,主流科学一直沿袭舍弃主观、追求完全客观的科学知识的传统。

(二)"客观性"的危机

但是,随着现象学、解释学和系谱学对客观性的讨伐,以及后现代思潮的兴起,科学哲学发生历史转向,逻辑实证主义成为明日黄花。从此,客观性的定义林林总总,其分类也形形色色。女性主义科学哲学家哈丁归纳了客观性至少被用于四种情况:"第一,客观或不客观被认为是某些个人或团体所有的属性,因为在某些人群或派别中的人更感情化、更难以做到无偏见,太多的政治承诺使之更难得出客观的判断;第二,客观性被认为是知识假设的属性、陈述的属性,在这种语境里,真理假设仅仅是比其竞争对手更有力地得到证据支持,即更准确、更接近真理;第三,客观性也被认为是人们觉得很公平的方法或惯例的属性,统计、实验或重复的办事惯例(在法律上援引判例的做法)更客观,因为它们使标准化、客观或其他一些被认为有利于公平的品质最大化了;第四,客观性被认为是某些知识探索共同体的结构属性,按照库恩的说法,就是以现代自然科学为代表的类型。"[1]

客观性概念的多义和含糊、复杂和混乱,与客观性和主观性相互依赖、彼此纠缠、难以分界有关。客观性的规定本质上是根据研究

---

[1] 〔美〕桑德拉·哈丁:《科学的文化多元性》,夏侯炳、谭兆民译,江西教育出版社,2002,第171—172页。

者（主体）和研究对象（客体）之间的关系做出的，尤其按照逻辑实证主义的说法，人的认识与自然相符合，那么认识就具有客观性。因此，如果没有主体与客体发生关系，讲"客观性"根本没有根据和意义。在这个意义上说，主观性是客观性的前提。最重要的一点是，我们必须借助主观的感觉经验、理性思考和直觉领悟才能把握客观的实在。从这个意义上说，主观是客观的必要工具。

客观性与主观性不可分已经为后现代主义者的普遍意识，并且成为抨击传统客观性（以逻辑实证主义为代表）的理论基础。尤其在当下各种后现代主义流派的推波助澜中，客观性被认为反映某些个人、社会团体、性别群体、种族群体、阶级群体或某些权威的权力，正是这种权力维持了他们在认识上的优势。也就是说，客观性成为权力的象征。

二　女性主义对客观性的批判与重塑

争取性别平等的女性主义自 20 世纪 60 年代进入学术领域后，更加深刻地从理论上批评父权制，较之以往单纯的政治斗争更富有颠覆性。学术女性主义中最激进最尖锐的矛头指向性别批评的传统禁地——认识论。其中，最能挑战认识论权威的就是客观性批判。女性主义从女性特有的经验和立场出发，认为主流科学标榜的价值中立与客观性掩盖了科研主体的性别身份、社会等级与文化特权，维系着一种男性主导的意识形态。客观性充当了男性统治权力的工具，加深了女性受压迫的程度。因此，女性主义客观性批判的宗旨在于揭露科学客观性的性别中心主义本质，凸显性别关系在现代科学及其知识模式中所扮演的角色。

（一）挑战客观性

女性主义认为，传统科学客观性存在普遍的认识误区。有国内学者总结了三点：首先，研究者仅关注事实本身，探究物理的、纯粹自然的因素，而不会考虑感官影响、情感体会或个人兴趣；其次，客观性必然意味着价值中立，公正诚实的观察者能够如实记录和表述研究过程，能够保证研究结果公正、普遍、无个人偏好与政治偏见；最后，客观性承认科学方法确保排除各种各样的主观因素，杜绝偏见、不公正和任意性，确保理论的客观性。可见，传统科学的理论对象、理论本身以及科学方法都是"客观性"的坚强支柱。[1]

可见，客观性的焦点在于研究过程中研究者的价值中立、研究方法的价值中立以及研究结果的价值中立。只有这三点同时保证，客观性才是纯粹的。女性主义尖锐地指出纯粹的客观性只是一种理想。首先，从研究者来看，客观性要求研究者排除任何可能的偏见和经验，唯书唯实，而事实上研究者具有各自特殊的鲜活经验，这些经验并不是都有害的，许多经验（比如女性与动植物之间的交感）有助于推进科学研究。女性主义认为，传统科学的认识主体是享有特权的中产阶级白种男性，他们把男性的偏见隐藏在客观中立的科学表述之下。他们用所谓的"理性"排斥了女性和下层阶级的经验与特点，其中包括

---

[1] 董美珍：《科学、女性与客观性——兼评女性主义对客观性的探索》，《自然辩证法研究》2006年第4期。

情感、事物间的联系、实践的感受和特殊性。鉴于此，将其他群体或个人的经验接纳进科学不仅有利于揭发隐匿的男性偏见，而且会在某方面增强科学的客观性。其次，从研究方法上看，科学方法无法消除"发现语境"之中的社会偏见与价值。方法在选择研究课题与表述和设计科研计划中无能为力，只是在科研课题、核心概念、假说和科研方案选定之后才一展身手。价值、利益、知识的组织方式首先确立了科研课题，然后又选定了核心概念、待检验的假说以及科研方案，方法对它们没有任何约束力和指导性。实证主义主张严格的科学方法可以使知识免受研究者价值的污染，即认为当一种方法能够使我们排除主观因素时，这种方法就是客观的。哈丁认为，科学家和科学团体被认为可以产生客观有效的知识，而不必考察他们自身的历史背景，不必关注他们所提问题和实践的来源或结果，以及背后支持他们的社会价值和利益，这种客观主义科学方法是对客观性的神化。最后，从研究结果看，科学理论绝不是与事实相符合的真理，它不是让自然和事实自己说话的结果，而是研究者描述自然和事实的结果，科学理论中渗透着研究者的价值观、文化和历史背景。根据科学体制排斥女性的现实，研究者基本上都是白人男性，因此确切地说，科学理论中充斥着男性的权力、欲望和价值。此外，女性主义还批判了存在判断某种知识的有效性与真实性的标准，否定了知识是可以跨越时间和空间的永恒真理，驳斥了个人获得的知识具有普遍性。可见，女性主义将研究者、研究方法与研究结果的客观性一一解构，对知识的客观性意义上的属性予以抛弃，从而粉碎了以价值中立为特征的纯粹客观性的理想。

女性主义的批判表明，科学知识的生产是一个依赖于特定生产条件的社会建构的过程。科学方法根本无法剔除"发现的语境"中的男性中心主义偏见，只能在"辩护的语境"中为知识的客观性提供保证。女性主义批判的根本目的是揭露隐藏于科学客观性中的权力关系和压迫本质，以图改变这种现状。换句话说，女性主义并非要完全放弃客观性，而是想要修正客观性，借用客观性来消除科学的不公正，实现女性主义追求的自由与民主。

（二）经验论：改良"坏科学"

哈丁将女性主义中的认识论研究划分为三个流派：经验论、立场论和后现代女性主义。经验论与妇女运动中的女性主义自由派相对应。经验论保留了传统经验论的一些内容，强调经验是知识的来源，又在许多方面进行了改革。就科学的批判而言，女性主义经验论将目标指向"坏科学"，认为现有的科学理论和科学研究中存在严重的性别歧视和男性中心主义偏见，这是由于研究者没有严格遵守公认的科学方法论程序，使由迷信、无知、传统和偏见带来的敌意态度和虚假信念渗入科学过程，从而造成"坏科学"的结果。她们强调妇女运动的重要性，认为通过妇女运动可以改善这一状况，实现科学所要求的"好科学"的目标。经验论赞同传统科学哲学主张的唯一的科学、唯一的自然界和唯一一种关于它的真实故事，而现代科学（唯一的"真正的科学"）能够向我们讲述自然秩序这唯一的真实故事。经验论批判"坏科学"，追求客观、无偏见的"好科学"的改良态度遭到哈丁（立场论者）的嘲讽。她鄙夷地说："在女性主义经验论科学哲学和认识论中，人们可以嗅到这种科学唯一性命题最难闻的腐臭。"[1] 可以说，在批判科学的客观性方面，经验论是力度最弱的。

凯勒将以主体与客体的对立和分离为前提的知识追求称为"静态客观性"（static objectivity），认为这是一种男性化的客观性，是对世界的不充分理解。她倡导一种所谓"动态客观性"（dynamic objectivity），这种客观性追求在承认主客体差异的同时，依然保留对它们之间更深刻和更清晰的关联的认识。"动态客观性"可描绘为"情感与认知经验的相互作用"，不是主观与客观的断绝，而是主观经验的运用，是一种爱的形式，能够促使产生一种主体与客体合二为一的感觉。[2] 凯勒认为主客体的分离是一种控制形式，这种控制只有在一种爱的合一中才可能被消除，她认为"动态客观性"是一种更优越、更可靠的知识追求，它通过主观经验的运用达到更有效的客观性。

海伦·朗基诺看到理论证据总是依赖于背景假设（包括价值判断），所以个体的科学家不可能获得客观性。然而，主体间的批评使科学的客观性成为可能，尤其是对背景假设的批评提供了"一个在背景信仰层面阻止主体偏好影响的方法"。换言之，不同科学家的共同努力有可能使每个人批评别人的背景假设，而这种假设对那些使用的人是不可见的。因此，尽管没有任何个体是价值中立的，但团体的努力可以成功地确保价值中立。朗基诺认为，这种努力已经超出经验检

---

[1] 〔美〕桑德拉·哈丁：《科学的文化多元性》，第206页。
[2] Evelyn Fox Keller, *Reflections on Gender and Science,* New Haven: Yale University Press, 1985, p. 116.

验的视域，显示出"仅用经验特性确证科学方法客观性是错误的"。[1] 朗基诺表明，尽管价值因素是不可避免的，但科学的客观性还是可以保持的，因为价值的影响可以通过主体间相互批评而取消，结果是经过理性的讨论之后，客观性被所有人接受。朗基诺用知识的社会情境对传统的经验主义进行了批判，她的理论被称为"情境经验论"。

正如哈丁所指出的，经验论对"坏科学"的批判表现为在两种忠诚之间犹疑不定：一方面，她们想要尊重"好科学"的教义而不诉诸任何社会原因；另一方面，她们认为妇女运动和女性主义者是达到更好的科学的社会原因，所以科学家应该欢迎妇女运动并倾听她们的呼声，以促进科学知识的合理性的增长。

（三）立场论：强客观性

相较于经验论，女性主义立场论对客观性发起了真正猛烈的攻击。立场论认为，女性在科学共同体和社会中的边缘地位与受压迫的经历赋予了她们的立场特殊的优越性。这种主张自提出后，受到不少质疑：为什么女性的立场就更少偏颇，更少扭曲呢？同时，它还要回答另一个棘手的问题：如何保证知识的客观性，从女性立场出发是否定了客观性，还是给出了另一种客观性概念呢？针对这个问题，哈丁提出了她的"强客观性"（strong objectivity）主张。

"强客观性"是针对"弱客观性"而言的。"弱客观性"就是指通行于自然科学乃至人文社会科学领域的传统客观性。这种客观性要求

---

[1] Helen Longino, *Science as Social Knowledge: Values and Objectivity in Scientific Inquiry*, Princeton: Princeton University Press, 1990, p. 78.

知识摆脱任何价值、社会和文化要素的影响。哈丁指出,弱客观性之"弱"有两点依据。第一,这种客观性标榜价值中立,声称可以清除科学研究程序和成果中的所有社会价值观。这种做法的合理性有待论证,而且可操作性差,即便它能把科学共同体成员具有的不同价值观揭示出来,但是一涉及整个科学共同体共同预设的某个价值观,这种客观性就失去将其揭示和排除的能力。第二,这种客观性要求发现并消除所有的价值观。但事实表明,历史与文化情境以及价值观已经成为科学知识不可或缺的构成条件,因此,我们不可能从科学中消除所有的文化要素,也无必要这样做。再者说,并非所有的价值观都是负面的。[1]哈丁进一步指出,有些价值观可以得出更公正的信念。如女性受压迫的价值观恰恰能起到增强客观性的作用。

"强客观性"概念非常接近于爱丁堡学派的"强纲领"。"强纲领"的核心——"对称性"原则要求用同一类社会原因对称地解释正确的信念和错误的信念。[2]与之类似,"强客观性"要求在批判性地考察科学程序和成果时,还要批判科学共同体的背景假设、辅助假设以及研究所在的文化情境。对后者的反思、批判和修正不是力图将之驱除,而是旨在达成更大的客观性。简单说,"'强客观性'要求把知识的主体和客体置于同一个位置展开因果性的批判"。[3]"强客观性"

---

[1] 董林群:《女性主义立场论视野中的"强客观性"》,《科学技术与辩证法》2005年第8期。

[2] 〔英〕大卫·布鲁尔:《知识和社会意象》,艾彦译,东方出版社,2001,第17页。

[3] Sandra Handing, "Rethinking Standpoint Epistemology: 'What Is Strong Objectivity'?" in Linda Nicholson, eds., *Feminist Epistemologies,* New York and London: Routledge, 1993, p. 69.

第三章　情境知识：技科学中的客观性

主张，在参与知识生产的因素中，科学共同体及其成员支持的局部性、价值观、责任、参与方式与生活方式都需要做详细解释，这种解释保证知识的客观性。所以，知识生产的情境非但不会污染客观性，反而成为客观性的一部分。"强客观性"的客观性不是维持认识者（研究者）与被认识者（被研究者）之间的边界，相反，恰恰打开了认识者与知识生产场点之间的边界。但是按照哈丁的分析，相对于认识客体而言，"强客观性"更强调对认识主体的考察。这既是"强客观性"之所以"强"的原因，也由于对认识主体之社会价值的过分强调，造成"强客观性"染上了严重的"社会建构病"。但是即便"强客观性"还在社会建构框架中，它至少显示了一种反身性，因为它对科学共同体的价值负载保持了最大程度的关注。而"弱客观性"只关注科学研究的对象和结果，完全忽略了人在知识生产中的意义，缺乏反身性的意识。从这个意义上说，"强客观性"确实有增进客观性之可能。

由于"强客观性"引入了社会情境和价值背景，它不得不面对相对主义的指责。哈丁对此做出回应。她指出相对主义有多种形式，与"弱客观性"相对应的是"判断相对主义"（judgmental relativism），这种相对主义主张所有判断同样好，所以应该摒弃。而与"强客观性"对应的是"历史相对主义"（historical relativism），这种相对主义否认普遍主义和客观主义，认为科学相对于具体的历史情境，情境的变化会导致知识的变更。哈丁认为："强客观性要求你承认每一个信念或每一组信念的历史特性，即承认文化的、社会学的、历史的相对主义；但它还要求你拒绝判断相对主义或知识论的相对主义。"[1] 尽管哈丁强调知识相对于历史和文化，但根据她的"边缘认识论"对边缘群体认识优势的坚持，她实际上并没有摆脱普遍主义与整体论。哈丁也没能说明历史相对主义如何避免滑向判断相对主义。

（四）后现代女性主义：多元与情境

后现代女性主义是在20世纪80年代后期才兴起的，主要受到西方后现代主义和后殖民主义思潮的影响，在认识论上比经验论和立场论都要激进。一般的后现代思想包括批判普遍性、客观性、合理性、本质、统一性、整体性、基础以及终极真理和实在，强调地方性、局部性、随机性、不稳定性、不确定性、模糊性和自我。后现代女性主义的理论观点就建立在这些特征之上。后现代女性主义的主要特征是"对确认关于理性、进步、科学、语言和'主体/自我'的存在、本质和权力的普遍和（或普遍化）主张抱有深刻的怀疑态度"。[2] 后现代女性主义反对任何形式的普遍性话语存在的可能性，反对所谓自然化的、本质化的、独一无二的"人类"虚构。

后现代女性主义的理论工作主要有两方面：一是批判"妇女"这个同一的分析范畴，二是主张认识者视角的分裂和不确定性。后现代女性主义者对"妇女"概念进行了深刻批判，指出在女性主义内部，有色妇女和同性恋妇女的问题和视角遭到了忽视。后现代女性主义者

---

[1] Sandra Harding, *Whose Science? Whose Knowledge? Thinking from Women's Lives*, Ithaca: Cornell University Press, 1992, p. 156.
[2] 吴小英：《科学、文化与性别：女性主义的诠释》，第104页。

第三章 情境知识：技科学中的客观性

怀疑妇女范畴的"同一性"，强化了女性在性别、阶级、种族和性倾向方面的差异。她们指出，妇女不可能作为一个同一的认知主体，所谓的"妇女立场"不过是白人中产阶级的异性恋的妇女立场，她们比其他阶级、种族的妇女有优势。后现代女性主义者批评了很多杰出的女性主义者，因其主张性别认同和父权制的、普遍的、永恒的、必然的原因和构成，犯了本质主义的错误。后现代女性主义提出多元视角，认为没有任何视角可以声称其具有客观性。不同性别、阶级、种族的人有不同的视角，而且他们也不一定固守自己的视角，可以选择从其他视角看问题。尽管视角是多元化的，但视角是一直变动的而不是稳定的，不存在个体和视角的对应关系。后现代女性主义的认识论实践就是以哈拉维为代表的"情境知识"，即承认情境的选择进入了表征的建构，并思考情境是如何影响表征内容的。由于承认知识的情境性，后现代女性主义者认为，我们不需要借助单一的真理或整体化的理想作为社会政治生活和认知实践的假想基础，因为任何普遍的、总体化的理论的产生都是造成关于实在的虚假观念的主要原因。因此对于后现代女性主义来说，相互冲突的信念和多元的故事叙述在认识上是可以容忍的，也是支离破碎的多元主体身份不可避免的认知结果。所以，科学不再是唯一"真实的故事"，不同的社会与文化可以塑造出不同的科学图式。

过分强调差异和多样性使后现代女性主义无论作为一种政治理念，还是一种知识理论或辩护策略都面临丧失自身基础的危险，不可避免地会使自身陷入相对主义和虚无主义。而且由于后现代女性主义否定了所有的整体，这就暗合了启蒙认识论中的个人主义，父权制社会科学家的科研活动正是个人主义的,所以说,后现代又回到了现代性上。

三 女性主义认识论的困境

由于对客观性问题的关注,女性主义并不像社会建构那样执行一种彻底的自然主义,从而完全放弃科学的认识论地位,因此,女性主义在客观性、合理性和知识方面的研究被女性主义者冠以"女性主义认识论"的称谓,但这个称谓在其反对者——科学哲学家那里遭到辛辣嘲讽,指其实质仍是"女性主义政治学"。女性主义认识论研究非常松散,没有哪个特殊的学派或理论具有唯一的代表性,其多样性与性别研究、妇女研究和女性主义理论研究者的理论立场有关。这些研究的共同点是都突出了性别的认识论意义,把性别作为讨论、批判和重构认识论实践、标准和思想的分析范畴。[①]女性主义认识论者都强调,认识者特殊而具体,并不是抽象和普遍的。认识者身处等级制的、具有文化和历史特殊性的社会关系中,因此,认识者作为被建构的特殊主体,必然对证明、辩护和理论建构等认识论问题,以及我们对"客观性"、"合理性"和"知识"的理解产生重要影响。哈丁和辛迪加(Hintikka)曾专门指出女性主义认识论的特殊贡献:将道德与政治理论引入对认识论和科学的讨论。也正是女性主义者引以为豪的这项"贡献",遭到了正统科学哲学家和科学家的强烈批判。

---

① Marianne Janack, "Feminist Epistemology," http://www.iep.utm.edu/f/fem-epis.html.

（一）卷入"科学大战"

1994年,《一元论者》(Monist)杂志第4期开辟了围绕"女性主义认识论"辩论的专栏,女性主义认识论者与科学哲学家进行了激烈的交锋。科学哲学家质问女性主义认识论与女性主义科学的合理性和必要性,发出捍卫经典的认识论基础的呼吁;而以朗基诺为代表的女性主义者则力论女性主义认识论的合理性和价值,用性别武器对客观性与实在论进行批判。《高级迷信:学术左派及其关于科学的争论》(1994)的作者保罗·R.格罗斯(Paul R. Gross)和诺曼·莱维特(Norman Levitt)对女性主义认识论发出了最猛烈的讨伐。他们一针见血地指出,女性主义者无论怎样证明科学中蕴含的价值和政治意识,她们唯一有说服力的就是证明这些价值和政治意识如何影响到科学概念、理论和方法等具体内容;她们无论怎样宣称女性的价值和经验可以建立更好的科学,她们唯一能令人信服的就是证明女性的价值和经验产生了比现有科学更好的科学概念、理论和方法。1995年春,纽约科学院赞助组织了主题为"对科学与理性的背叛"研讨会,与会者对女性主义等相对主义与反理性主义思潮的泛滥深感忧虑。1996年,艾伦·索卡尔(Alan Sokal)一篇名为《跨越边界:通向量子引力的变换解释学》的"诈文"在已经开始争论的学术界投下了一颗重磅炸弹,引发了"科学卫士"(包括科学家与科学哲学家)与"反科学者"(包括后现代主义者、社会建构论者、女性主义者、多元文化论者和生态主义者)旷日持久的争论。科学卫士对女性主义认识论不屑一顾,他们认为大多数女性主义者甚至连起码的物理、数学、化学和生物学常识都不具备,又如何能在这些领域的知识中找出男性密码。诺里塔·克瑞杰(Noretta Koertge)主编的《沙滩上的房子:后现代主义者的科学神话曝光》(1998)嘲笑了女性主义的科学常识的错误、方法论的失误和哲学的荒谬。卡珊德拉·平尼科(Cassandra Pinnick)和诺里塔·克瑞杰主编的《考察女性主义认识论》(2003)一书是目前为止对女性主义认识论比较全面的批判。该书分析了女性主义认识论的特征、内部的争议,以及哈丁、朗基诺和凯勒等代表人物的思想。该书归纳了女性主义认识论的四点错误:一是主张政治上正确(political correctness),即认为科学推理首先要考虑政治标准,这样才能去除与女性主义理念不一致的真理;二是宣扬同族意识(tribalism),即认为所有女性都按相同的方式思考,存在共同的女性认知风格和方法论,而这些保证女性优先获得客观性知识;三是犯了弄巧成拙的保守主义错误,即强调女性价值的本质性,而不顾在这种价值下是否隐藏着性和阶层的压迫;四是流露出犬儒主义(cynicism)的胆怯,即把客观性和真理与权力游戏紧紧联系在一起,由此而放弃客观性和真理。①

(二)表征主义实质

女性主义认识论自认为比传统科学认识论更加客观,因为揭露了性别、种族等政治维度对科学内容的影响;相应的,女性主义提出

---

① Elizabeth Anderson, "How Not to Criticize Feminist Epistemology: A Review of Scrutinizing Feminist Epistemology," http://www-personal.umich.edu/~eandersn/hownotreview.html.

的客观性方案都是以充分考虑政治价值和伦理意义为前提的。在女性主义看来，在科学认识过程中批判性地考察认识者的价值观和文化情境，是知识客观性的保证。且不说"科学卫士"讥讽女性主义认识论为一种"政治学"是否完全客观，单从女性主义持有的反映论的表征主义思想来看，女性主义认识论本身就是有问题的。

女性主义认识论最关键的就是要求将科学知识的文化情境纳入审思科学知识的范围，即重视认识主体，这同割裂主体与客体的传统科学认识论有着本质区别。但是女性主义认识论者从认识主体的文化背景中包含性别歧视、种族压迫等父权制意识这一事实出发，直接得出结论说科学知识的内容受这些意识的决定，这种观点与社会建构主义的"利益模式"如出一辙，即把某种特殊的社会因素看作决定科学知识的实在。正如皮克林在批评社会建构论时所说："出现的科学新图景是，彼此不同的、社会的、体制性的、概念的、物质的等科学的文化要素，在相互之间的辩证关系之中演化。……在这个过程中没有任何一个要素或要素的集合具有必然的优先地位。"[1] 社会建构认为科学知识是对特定"社会利益"的反映，相应的，女性主义认识论认为科学知识是对性别偏见与种族压迫的反映。虽然认识的主体进入女性主义的研究视野，造成对主客二元论与自然/文化二元论的冲击，但是这种"远观"式的表征模式还是没有从根本上打破认识主体与客体的区分。归根结底，女性主义认识论没有深入知识生产的实践，没有认识到除性别外的各种因素（包括技术与科学）在纠缠交错中内爆的动态

---

[1] 〔美〕安德鲁·皮克林编《作为实践和文化的科学》，柯文、伊梅译，中国人民大学出版社，2006，第13页。

过程，缺少了历史生成的维度。而哈拉维就是在摆脱表征主义这一点上超过了其他女性主义者。

第二节　情境知识

哈拉维在科学大战之初就受到《高级迷信：学术左派及其关于科学的争论》的点名批判。格罗斯与莱维特讽刺哈拉维犯了"充足妄想症"（delusion of adequacy），因为她一方面坚持主张"事实、理论、实践和权力的本质有着社会建构性以及政治竞争性"，[①]另一方面又批评建构主义的相对主义错误，她显然是在"以己之矛攻己之盾"。哈拉维对建构主义的态度模棱两可，的确给人以批评的口实，但是，同时坚持历史随机性与物质真实性恰恰是她的客观性研究最显著的特色。

一　重访"诚实的见证者"

哈丁曾说，客观性，尤其是真理，与作为见证者的科学家的关系非常重要，在想象一种更好的科学时绝不能放弃对这种关系的研究。哈拉维对"诚实的见证者"的讨论就是对这一问题的研究。在《诚实的见证者@第二个千禧年：女性男人©遇到致癌鼠™：女性主义与

[①] 〔英〕保罗·R. 格罗斯、诺曼·莱维特：《高级迷信：学术左派及其关于科学的争论》，孙雍君、张锦志译，北京大学出版社，2008，第152页。

技科学》（以下简称《诚实的见证者》）一书的开头，哈拉维就批评了从罗伯特·波义耳的实验室与17世纪中叶英国皇家学会的讨论和文献中建立的实验科学。哈拉维采用了福柯式的系谱学分析，考察了被她称作"技科学"并试图加以修正的当下实践的历史。她带着这样一个问题去追溯：我们当今的实践是如何形成的？

在研究多位科学论学者工作的基础上，哈拉维指出，实验生活方式依赖一种诚实的见证，见证者是选定的一批人——有着特定阶级和心智的、高尚的白种英国绅士，他们可以证明并建立事实。哈拉维认为，这种实践产生了新的男性与女性类型，即新的性别主体性，这是现代性的特征之一。也正是这种男性的诚实及其客观性成为哈拉维所希望之变革的最大阻碍。她希望有一种"变异的诚实的见证者"（mutated modest witness）带来更好的技科学和更好的世界。

哈拉维围绕史蒂文·夏平（Steven Shapin）与西蒙·沙弗尔（Simon Schaffer）合作的《利维坦与空气泵：霍布斯、波义耳与实验生活》（1985）展开分析。她认为，夏平与沙弗尔的贡献就在于将科学革命的发生与社会和文化细节相联系，与当时的历史实践相联系。他们不仅展示了波义耳实验室的内部活动和所谓"实验哲学"的思想，还揭示了相关人物与现代早期欧洲社会的关系。夏平和沙弗尔指出，对这些人而言，最重要的事情莫过于建立一种边界或标准，帮助定义和控制什么是客观的科学知识，什么不是。

故事的主角无疑是科学家波义耳，还有他的同事，他们通过波义耳实验室的仪器看、听和记录实验室发生的事情。夏平和沙弗尔认为，这些事情不过是实验对象和自然界代表的物质化。这些合格的见证者们众口一词:他们看到和听到的,即客观事实,可以被发现和确证。某些人(科学家)和某些物(仪器)见证了自然的在场,因此,人和机器就成为科学生产真理的中心。

夏平和沙弗尔说,波义耳所创立的实验生活方式由三种技术构成:物质技术,即指空气泵本身;说和写的文字技术,即用清晰和朴实的风格向不在实验室现场的人表达实验室发生之事;社会技术,即实验哲学家们交互作用的实践,通过关系的运用确立他们的主体性。哈拉维强调,这些技术不只是实验室生活方式的思想,而且是共同作用构成"知识的生产装置"(the apparatus of production of what could count as knowledge)。

这些技术造成的一个严重后果是科学"内部"(outside)与"外部"(inside)的划分。在科学"内部",仔细的经验观察、小心翼翼的记录、高度的一丝不苟以及推论的结论,允许自然向那些可以评价他们的人展示事实。在科学"外部",文化、社会、政治、伦理、宗教、意识形态、欲望和常识污染了真知识。在波义耳及其同事,以及其他许多不可见的人的共同努力下,没有受到文化污染的自然为知识、科学和一种新的社会秩序提供了基础。夏平与沙弗尔讲述的实际上是实验科学的"成就"——客观性与主观性相分离的故事。哈拉维对之做了如下评论:

> 这种随机的事实,这种"情境知识"被建构为拥有客观地为社会秩序奠基的巨大能力。合法化的知识导致专家知识和纯粹意见的分离,超验的权威和某种抽象的确定性也不复存在,这就是

第三章 情境知识：技科学中的客观性

我们所谓的"现代性"的基础表现。这也是技术与政治相分离的基础表现。①

也就是说，地方的、情境的和"人造的"东西本来都可以看到，是这三项技术把这些东西转化成普遍的、超越人类价值和人类力量的知识。哈拉维引用夏平和沙弗尔的话说："实验哲学家会说，'不是我这样说，是机器这样说……是自然，而不是人造成意见一致。主体与客体世界各就其位，科学家在客体一边'。"②

在"诚实的"实验过程中，科学家们学会了躲在实验室发生事实的背后，抹去自己的痕迹，并且把自己扮演成实验过程中完全"透明的"（transparent）参与者，让自然客体自己"讲话"，不受人类文化的污染。在借鉴了沙龙·特拉维克（Sharon Traweek）对高能物理研究的成果的基础上，哈拉维把科学家的这种话语和描述称作"无文化的文化"（culture of no culture）（特拉维克语）。尽管实验室被科学家描述成一个人类时空之外的世界，但是它仍选择了极少数人对自身加以观察和解释。

波义耳的"诚实"掺杂着很强的说服能力。哈拉维说，实验室已经成为一个表征政治学活跃其间的"说服的剧场"（theater of persuasion）。拉图尔说，作为客体的透明的代言人，科学家有最强

---

① Donna Haraway, *Modest_Witness@Second_Millennium. FemaleMan©_Meets_Oncomouse™. Feminism and Technoscience*, p. 24.
② Donna Haraway, *Modest_Witness@Second_Millennium. FemaleMan©_Meets_Oncomouse™. Feminism and Technoscience*, p. 25.

大的同盟。哈拉维写道:"科学家表现为自然的完美代表,也就是永恒的、无言的客观世界的完美代表。"①正是把科学家展示为超然的表征实践产生了知识,与之相对,纯粹的意见与个人的能力、身体和心灵的状况有关,因此不足为据。通过这种男性的诚实,早期的准科学家们塑造了一个特殊的盎格鲁-欧洲现代世界,不属其中的人不能平等地参与进去。而且,那些"他者"不只被挡在科学的"外部",而且成为被研究的知识客体。哈拉维强调,这种排他性的行为一直在进行,因为它是科学"内部"所依赖的基础。

波义耳"诚实的见证者"形象具有排他性,托马斯·霍布斯反对的就是这一点,哈拉维要改变的也是这一点。科学家们会说,这种客观知识的可信性就在于它可以公开解释,与政治阴谋、宗教迷信和个人偏好迥然不同,它可以在众目睽睽之下被观察和辩护。但是确保这种可信性也是有条件的。什么是"公众",什么是"私人",本身就十分复杂,而且女性主义者对这种二元论的划分早已批判过。并不是每个人都有资格观察波义耳的实验,只有极少数的人能够见证事实、见证自然的存在。霍布斯对于实验室是纯净的公共场所表示质疑,哈拉维也认为,可信性是一个"由像牧师和律师组成的特殊共同体"实现的,②其成员并不是真正意义上的公众。正如夏平和沙弗尔所说,这

---

① Donna Haraway, "The Promise of Monsters: A Regenerative Politics for Inappropriate Others," in G. Nelson, L. Grossberg and P. Treichler, eds., *Culture Studies*, New York: Routledge, 1992, p. 312.
② Donna Haraway, *Modest_Witness@Second_Millennium. FemaleMan©_Meets_Oncomouse™. Feminism and Technoscience*, p. 27.

个公共场所是"一个有着严格准入的公共空间"。①

哈拉维通过女性主义和反殖民主义的视角，指出夏平和沙弗尔忽略了对男人与女人、富人与穷人、有色人种与白人、英国人和非英国人在实验室这个特殊公共空间中的区分的分析。她主张应对这些差异进行分析，反对把它们既成化（performed）和固定化（given）。既成化的思维是这样的：不论喜欢与否，妇女依赖于这个社会，她们没有资格作为自由和自治的人担当客观事实的诚实见证者。哈拉维对怀特海过程哲学的信奉，更使她看到了性别、阶级、种族和民族性在复杂的地方场景中的关联性、变动性和突现性。

尽管哈拉维对夏平与沙弗尔的大部分工作是肯定的，但是她认为他们把性别、阶级、种族和民族性视作既成的存在物，必然造成他们看不到这些因素在他们所描述的历史情境中的重要性。简单说，夏平和沙弗尔没有把这些因素看作在波义耳的实验室和在皇家学会的话语中塑造或变化的。在哈拉维看来，性/性别以及包括种族、阶级和英国风格在内的这些差异是17世纪中叶英国生活和话语中变动的因素，并不是被"加入"或被"考虑进来"的背景。总之，这些因素不是在科学"外部"的，相反，它们处于科学实践的中心地带，直接影响当时人们从事技科学的方式，② 并决定了三百年后人们研究技科学的方式。哈拉维提出了下面的问题：是否性别、种族等差异的批判性范畴在"说服的剧场"的实践中被建构，以及它们在多大程度上被建构。

---

① S. Shapin and S. Schaffer, *Leviathan and the Air-pump: Hobbes, Boyle, and the Experimental Life*, Princeton, NJ: Priceton University Press, 1985, p. 336.

② 这种方式即指一种文化实践。波义耳的实验科学孕育了作为文化实践的技科学。

自然、文化与历史生成

现代科学技术是否帮助建立了性别的现代概念,这个问题在女性主义那里已经成为如何理解科学的一部分。哈拉维参考了伊丽莎白·波特(Elizabeth Potter)对波义耳案例的研究,指出现代科学实际上帮助展示了一种诚实的男性气质。[1] 中世纪的英雄主义以及男性身体力量的强大渐渐被男性心灵的理性的英雄主义取代。波义耳道德高尚、禁欲独身和彬彬有礼就是绝好的典范。波特说,17世纪早期的英格兰盛行"性别弯曲"[2],这一不良倾向引起许多上层人士的忧虑和不满,波义耳及其男性气质就是纠正这种不良风气的榜样。

在整个英格兰时期,妇女都被排除在公众场所之外,男性取代了妇女在"剧场"中的角色。波特说,这样就在男女之外出现了第三种或第四种混合的性别,将"自然的"那两种性别混淆了。她指出,波义耳及其同事诚实的见证者形象塑造了男性的可信性和权力的本质特性。在科学史上,为了使男性可见,女性被迫离开或停留在科学"外部",于是成为相对于男性气质和真知识的"他者"。如果女性被允许见证自然与真理的存在,那么她们的证词就不利于维护一种现代英国男性的形象。哈拉维说,妇女在科学起步时期就失去了诚实调查的权利。她引用了后现代文学家马寇·汉翠克斯(Margo Handricks)的观点:在公众标记和标准英语中,性别与种族的记号交织在一起,这种现象很严重。同样,在科学中,性别与种族的记号也十分明显。

---

[1] Elizabeth Potter, *Gender and Boyle's Law of Gases,* Bloomington, IN: Indiana University Press, 2001, p. 78.
[2] 性别弯曲(Gender-binding)指有穿异性服装及模仿异性举止的倾向(的人);Genderbinder 指不男不女的人、男扮女装或女扮男装者、"阴阳人"、易性(癖),或不分男女的服装(或用品)、无性别差异的言语(或语言风格)。

第三章　情境知识：技科学中的客观性 | 195

英格兰绅士科学与波义耳的诚实证词被视作"报告了世界，而非他自身"。朴实的男性风格成为英格兰风格，成为日益上升的英格兰民族霸权的标志。哈拉维又引出科学史家戴维德·诺贝尔（David Noble）的观点。诺贝尔主张，当时皇家学会清一色男性的特征鼓励了一种基于"科学禁欲主义"（scientific asceticism）的牧师般的文化，因此，赢得了教会和国王的一致首肯。哈拉维说："在这个男性领域中，脱离性别关联恰恰增强了认识论与精神的力量。"[1] 她进一步引用波特的话说，对波义耳和他最诚实的同事而言，"实验室已经成为一个崇拜的地方，科学家就是神父，实验就是宗教仪式"。[2] 诺贝尔这样看待这段历史：科学的男性身份不仅是性别中心主义的造物；随着科学的发展，科学文化不仅排除女性，而且反对女性和她们的存在。哈拉维完全赞同诺贝尔的观点，指出性别在现代科学的兴起中极其关键，将科学与一种男性诚实固定为实在的那三种技术（物质技术、文字技术、社会技术）今天仍然强劲地发挥作用。除了性别在波义耳实验室和皇家学会中制造出来之外，种族和阶级也被如法炮制。有色人种、女性和劳动人民只能作为客体进入科学，他们的主体性被贬斥为"偏见"和"特殊利益"。历经三个世纪，一切维持原状。

科学家在其正式的表述和文本中从来都将科学实践中的人遮蔽起

---

[1] Donna Haraway, *Modest_Witness@Second_Millennium. FemaleMan©_Meets_Oncomouse™. Feminism and Technoscience*, p. 31.

[2] Donna Haraway, *Modest_Witness@Second_Millennium. FemaleMan©_Meets_Oncomouse™. Feminism and Technoscience*, p. 31.

来，标榜科学家的透明性和不可见性。哈拉维指出，女性主义、后殖民主义、多元文化批评的目标就是把这些被遮蔽的真相大白于天下。对哈拉维而言，可信赖的见证仍然是至关重要的，但是其实现必须以"情境知识"为前提。也就是说，只有在"情境知识"中，才会有真正"诚实的见证"。

二 情境知识：一种局部、动态的客观性

情境知识运用局部视角，产生强客观性。这是哈拉维在80年代起致力于倡导的"更加充分的、自我批评的技科学主张"之核心。哈拉维这方面最早的表述发表在1988年的《女性主义研究》上[①]，后来成为《猿类、赛博与妇女：重构自然》的一章——"情境知识：女性主义中的科学问题与局部视角优势"。尽管此文的征引率没有《赛博宣言》高，但它更直接地表述了哈拉维的技科学批评思想，以及她关于如何建立后继的女性主义理论的方案。这篇文章为1997年的《诚实的见证者》、2003年的《伴生种宣言：狗、人与重要的他者性》及2008年的《当物种相遇时》提供了整体的理论指导，也成为女性主义认识论的重要图式。

（一）反对科学客观性

当时，在科学的文化批评内部，不只是女性主义，其他许多后现

---

① 此文系"Situated Knowledge: The Science Question in Feminism as a Site of Discourse on the privilege of Partial Perspectivem," *Feminist Studies*, 14, 1988。

代分支都在不同程度地质疑客观性概念和对真理的理解。就像前文分析的"诚实的见证者"一样，被确证的客观知识是实验方法的最大成就之一，不受人、社会和文化要素的扭曲。带有"客观性"标记的知识必然超越"特殊利益"、"偏见"和"错误"，除非是测量和仪器的错误，但它们可以通过仔细观察而被发现，并通过检查和加工及时被消除。科学认识论认为，如果科学家在发现过程中没有受到污染，那么就可以产生为人所控制和使用的、真实而确定的关于自然的知识。哈拉维指出，传统的科学客观性标准否认了女性表达观点的权利，并将女性主义科学与技术研究者排除在认识论领域的边缘，所以，女性主义者应该摆脱科学客观性。

（二）批评两种不良倾向——社会建构与立场论

哈拉维指出，80年代的女性主义客观性批评身陷两种诱惑（seductions），这两种倾向她都有过，但意识到其弊病之后就极力避免，并为其他女性主义者指出。一种是用激进的社会建构主义解构知识，这种进路蕴含了太多的后现代主义；一种是继承人文马克思主义、旨在建立一种女性主义的客观性或经验主义，这种进路追求一种整体化的观点，已经遭到一些女性主义者和后结构主义者的批评。尽管每种进路都应者云集，但是哈拉维认为，它们都走入了"死胡同"（dead ends）。

社会建构主义者强调所有知识激进的社会与历史随机性，这使他们在面对摇摇欲坠的认识论大厦时以为自己占据了全宇宙的知识制高点。哈拉维指出，社会建构主义者这种解构科学权威后的自恋已经受到相对主义和自反性的困扰。这种激进的随机性认为,所有的知识主张都是平等相对的,科学不过是另一个社会世界的真理,它的真理并不比其他世界的真理更加重要,它没有理由得到更多的关注。再加上科学的排他性实践拒绝女性和其他"门外人"的"诚实的见证者"资格,因此,一些女性主义者和其他一些批评者指出,科学根本就是"无关紧要的"。但是,哈拉维认为,只有做更好的科学才能建立更好的世界,主张科学只不过是一种"小写的真理"的观点并不正确,这种立场还会导致忽视在地方和全球实践中正在运作的真理的政治学。① 此外,社会建构主义完全舍弃自然,把文本化与编码的世界作为社会磋商的实在来源,这犯了只见符号不见物质的错误。

另一种批评科学客观性的进路是在立场论的基础上提出的女性主义客观性和经验主义主张。哈拉维指出,这种进路最多只能带来女性主义者心理上的暂时舒适,最终仍难免堕入一种"非生产性的境地"(non-productive place),即一种(女性的)真理的整体化观点。这种进路寻求将客观性概念和经验认识的实践从后现代主义的解构中解救出来,希望在来自"女性经验"的真理中建立女性主义科学,这两种诉求的确引人注目,也貌似合理。马克思主义认为,工人在资本主义机器中的特殊的物质和社会文化地位,以及他们的工资劳动使他们能够看到资本主义社会的真理,并知道如何去改变这个社会。但是经典的马克思主义忽视了对妇女的无薪劳动的分析,因此,许多女性主义者没有采用马克思主义的"近视"思想,建立了女性主义立场论。立

---

① 类似的观点还有格林特和伍尔伽对建构主义与女性技术分析的失败之处的研究。

第三章 情境知识：技科学中的客观性

场论不再认为工资劳动者可以看到资本主义社会"大写的真理"，而是认为妇女在父权制社会与文化中的被遮蔽地位使她们可以看到男性所不能看到的东西。哈拉维认为，立场论认识论的本体论，是在性/性别秩序中妇女对男性的从属地位，这实质上从一种资本主义的统治进入另一种性别中心主义（以女性为中心）的统治。立场论跟传统客观性一样，都主张优势的视角保证经验事实与客观真理，只不过二者所强调的优势群体不同罢了。哈拉维认为，立场论寻求整体地位的做法恰恰犯了本质主义的错误，用阿尔都塞的话说就是犯了"简单化"的错误，这正是女性主义客观性极力要避免的。哈拉维强调，女性主义客观性反对固定化，支持不同位置形成的网络。她说道："替代相对主义的不是整体化和单一的视角……而是局部的、地方的和批评性的知识，可以维持政治上团结、认识论上对话的关系网络的可能性。"①

然而，哈拉维并没有完全否定激进社会建构主义进路与立场论进路。她在批评二者的基础上，汲取了二者有用的部分，提出新的方案。哈拉维从来没有放弃建构主义主张的自然与文化的被建构性，但是依然赞同哈丁提出的建立"后继科学"（successor science）的方案。哈拉维说："我的问题以及'我们'的问题是，如何既描述所有知识主张与认识主体的激进历史随机性，承认我们自己制造意义的'符号技术'的批评性实践，又描述对'实在'世界的坚定信仰；在这个世界我们局部共享，自由有限，物质充足，我们真真切切地遭受痛苦而且

---

① Donna Haraway, *Simians, Cyborgs, and Women: The Reinvention of Nature*, p. 191.

只有有限的幸福。"① 简单地说,就是同时坚持历史的随机性与物质世界的实在性。

(三)局部视角与负责任的解释:情境知识的特征

哈拉维认为,女性主义技科学必须运用一种破坏了的视觉感官系统。她指出,必须毁坏全能的"注视"(gaze),因为支配性的实践和还原论的观点都以此为基础。② 她指出,观看必须来自某处、某人或某物,也就是说是具体的(embodied)、物质性的和地方性的(local)。视觉必须出自一种物质性,即具有"看"这种能力的身体。它不可能来自所有地方或来自一个地方。哈拉维把那种来自某处却声称是普遍和先验的视觉戏称为"上帝的把戏"(god trick)。她说道:

> 这种注视神话般地铭写了标记的(marked)身体,使无标记的(unmarked)范畴声称有权利看而且不会被发现,它们努力脱离表征却一直在表征。这种注视指称着男性和白人的无标记的地位,因此,"注视"一词成为女性主义者耳朵里代表客观性的卑劣音调。③

注视的主体就是"诚实的见证者",哈拉维力图用一种女性主义的客观性去取代"诚实的见证者"和见证者见证的客观知识。正如哈拉维所说:"女性主义者与他人不可能认同某种同一的客观性教

---

① Donna Haraway, *Simians, Cyborgs, and Women: The Reinvention of Nature*, p. 187.
② 例如,女性主义者普遍认为,男性是注视的主体,女性是被注视的对象。
③ Donna Haraway, *Simians, Cyborgs, and Women: The Reinvention of Nature*, p. 188.

第三章　情境知识：技科学中的客观性 | 201

条。"①"女性主义客观性简单说就是'情境知识',从一个位于特殊时间和地点的特殊身体去认识、观看、见证、证实和言说,这种特殊不是字面上的而是关系上的。"②哈拉维解释说,这种重塑的客观性概念绝不是纯洁的,也不是毫无问题的,而是局部精确的,因为它总是情境的、地方的和可解释的。对情境知识最直观的理解就是看到什么与是谁看、从哪儿看和如何看密切相关,主体与客体的活动无法挣脱地联系在一起。

哈拉维告诉我们,世界本身就是多元的、地方的、部分的、矛盾的,还原论和整体论都不可行;只有当所有视觉都是局部的、主动的和特殊的时,世界的真理性知识才会显现。情境知识不仅创造真实的知识,而且其局部性、情境性和地方性使见证者更负责任,更加诚实。与局部的视角相联系,哈拉维描述了一种负责的(accountable)科学,即知识的主体要对所见之物负责,要承诺"自己讲的就是事实""自己讲的就是自己亲眼所见的",而且这种承诺不能因为主体被赋予了确证的权威就用所谓的"科学方法"来敷衍。而要保证这种负责就需要主体之间对对方的视角实施监督,主体之间展开批判和交谈,这就能保证知识由不同的视角综合而产生客观性。可以看出,哈拉维的女性主义客观性居于动态的实践过程中,完全不同于生硬的客观性标准,而是突出了如何实现客观性的探索。③这种客观性不是表

---

① Donna Haraway, *Simians, Cyborgs, and Women: The Reinvention of Nature*, p. 188.
② Donna Haraway, *Simians, Cyborgs, and Women: The Reinvention of Nature*, p. 188.
③ 周丽昀:《情境化知识——唐娜·哈拉维眼中的"客观性"解读》,《自然辩证法研究》2005 年第 11 期。

征主义的反映论,而是对知识生成过程的追踪。伊丽莎白·安德森(Elizabeth Anderson)在《女性主义认识论与科学哲学》一文中概括得十分精准:女性主义者在客观性上避免本体论的描述,她们给出的形形色色的关于客观性的主张其实都是程序性的。

哈拉维还指出,具有爱心的人应该学会从"他者"的视角看,即便这个"他者"是一只狗或一架机器。在她看来,这种充满爱心地关注"他者"的看和认识的方式有可能使我们更好地制定科学和知识的方案。西方男性"主体"的知识和视角也是局部的、特殊的和变化的,没有任何理由成为客观性的标准。情境知识显然强调了被遮蔽的"他者"的视角,关注他们看和认知的方式,这种主张对遭受父权制、性别中心主义和种族主义霸权而边缘化的群体而言是非常熟悉的。但这种强调并不等同于立场论的单一视角的观点。哈拉维指出,立场论的受压迫(subjugated)立场并不是纯洁的,而是偏好的(preferred),因为它拒绝对知识的批评和解释。受压迫立场承诺对世界更加充分的、客观的解释,声称从"下层看"(see from below)能够发现等级制世界如何构成、运作以及为谁的利益而运作;哈拉维却说,如何"从下层看"首先就是个问题,至少需要身体、语言和视觉方面的技术,甚至包括技科学的虚拟技术。

(四)女性主义"诚实的见证者"

哈拉维将"从'他者'的视角看"这句女性主义的名言作为她理想化的女性主义技科学的重要标准,这一点体现在她提出的"变异的诚实的见证者"形象中。哈拉维说,"诚实的见证者"表现的"诚实"

第三章 情境知识：技科学中的客观性

授予他们傲慢与支配性的权力，所以证词与诚实都是非常重要的实践，在科学与技术项目中不可忽略。她指出，"后继科学"与波义耳的实验室工作传统相比要高度重视民主、自由、多样性、局部性、地方性与可解释性。

在古迪福采访哈拉维时，当被问及为什么在她的技科学图景中仍然保留了"诚实"，她表示，因为什么是"诚实"这个问题还处于争议中。她表明自己所说的"诚实"不是使人不可见，而是要"增强你的可信性"，她称之为技科学中"女性主义的诚实"（feminist modesty）。这种"诚实"必须在物质－符号世界有所作为，去追问性别、阶级、种族和性的交织。哈拉维说，这种"诚实"可以来自"非凡的自信"，但是"绝不拒绝权力"。[1] 可见，哈拉维的"女性主义诚实"重点不在于关注知识是否反映了独立于人们建构的世界这种科学和认识论的问题，而在于关注这种知识能创造什么样的世界这种伦理和政治问题。哈拉维说：

> 真正的"诚实"要能够说出你所具备的技能。换句话说，就是要有强烈的知识主张。不要向相对主义让步，而是要去见证，去证实。我所主张的"诚实的见证者"坚持情境性（situatedness），位置（location）和遗产一样是一种复杂的建构。这个见证者与那些不愿或不能从实验室和可信赖的科学文明人中继承主体位置的人一起铸造命运。[2]

---

[1] Donna Haraway, *How Like a Leaf: An Interview with Thyrza Nichols Goodeve,* p. 159.

[2] Donna Haraway, *How Like a Leaf: An Interview with Thyrza Nichols Goodeve,* p. 160.

这种技科学中的"不同的见证者"运用情境的、局部的视角所带来的"强客观性"将会把波义耳实验室的门开得更大，我们可以看到实验室里更多样的有关的人和存在物，他／她／它们中的许多我们从来没有见过，但参与着科学活动。这种"不同的见证者"既包括被称作"科学家"的人，也包括新手，即一直在壮大并持续变动的"外行"（layperson）专家。这种变化就使得维持传统科学实践一尘不染的科学、伦理与政治之间的分界不复存在。这就不难理解哈拉维所说，情境知识的"强客观性"是"一种解释性的、参与的、随机的和易犯错误的描述"。如果我们一直追随哈拉维的思想到达这种理解的话，自然与文化的隔墙就不推自倒了。

哈拉维对知识、客观性与真理进行了重新解释，她实际上是在根据科学实践以及知识在真实世界中的关系，争夺对科学的定义权。她在《诚实的见证者》中表达了"后继科学"的目标："关键是在这个世界中有所作为（make a difference），为了某些而不是其他生活方式铸造我们的命运。为了做到这一点，我们必须行动，必须受限制，必须被污染，而不可能先验和干净。"①

三　技科学的主体与客体

哈拉维在阐述情境知识时，并没有只专注于认识主体的局部视角与负责任的解释，她对情境知识中的主体与客体关系也做了详细阐

---

① Donna Haraway, *Modest_Witness@Second_Millennium. FemaleMan©_Meets_Oncomouse™. Feminism and Technoscience*, p. 36.

述。因为她不承认既定的主体与客体之分,不承认客体的被动与被表征之地位。她认为,科学知识的生产实践完全可视作一个异质性行动者互相作用的过程,所谓的主体与客体都是在这个过程中生成的。

(一)思想的共性与个性

哈拉维的"后继科学"与女性主义技科学都特别强调知识的主体与客体,如果严格根据哈拉维的思想,表述为"主客体"(subjectobject)应该更为恰当。哈拉维关于主客体的思想直接颠覆了我们对于科学是什么、如何做和何为目标的认识。她在这个问题上的见解与科学论领域的其他学者有相似之处,尤其是与拉图尔和皮克林的思想最为接近。他们三人对于科学和知识的主体与客体的本质之解释基本上没有太大区别,即人类与非人类行动者都是参与科学实践的力量,他/它们没有主客、高下之分,在历史性、时间性的科学实践中彼此相互纠缠、磋商、冲撞,促使科学知识产生,各种力量博弈的结果是生成我们所表述的主体与客体。

但是对女性主义、社会主义,甚至天主教的圣礼主义信奉导致哈拉维的思想中混有更多的伦理和政治维度,也使她更为关注世界如何构成、如何变化以及我们如何在其中更好地生活。这些视角在拉图尔与皮克林的分析中几乎不会见到,但对于哈拉维来说是极其重要的,因为它们可以避免她对科学与知识持悲观的态度,让她从政治活动中看到实现理想生活的希望。哈拉维非常厌恶"愚蠢"的相对主义,因为它恪守过于简单的意识形态教条,将自然文化世界的复杂性还原为简单化的嘲讽。生物学背景使她相信复杂性以及自然文化的物质-符号属性，再加上怀特海过程哲学阐发的"实在即过程"，这些因素共同影响哈拉维看待主体与客体的方式。她发现主体与客体同我们以往的认识大相径庭。

（二）多样性的主体

哈拉维认为，"主体"是从西方启蒙和殖民思想中继承来的，具有明显的白种、男性和第一世界的标志。西方主体的视角和知识本来也是局部的、特殊的和变化的，却硬硬地把整体化的思想强加给他人。西方把知识的客体理解为纯粹被动的实在。简单说，西方传统认为，主体利用文化资源研究自然客体。哈拉维却试图描述主客体与建构世界的自然文化之间的缠绕交织。

哈拉维反对后结构主义者"主体之死"的判断，并嘲弄地称这批人为"人文科学中的小男孩"。自由批评中一直有一股强劲的力量，要求表达"无声者"的声音，哈拉维认为，这种观念也过于简单。她指出，对学术批评来说，"从被压迫的地位看"很难操作。哈拉维进一步批评了那种自吹自擂的"来自经验"和"自我报告"（self-report）的声音。她指出，弗洛伊德和后结构主义已经告诉我们，"自我存在"（self-presence）是一种想象。那种认为我们的理性思想可以清楚地确知我们是谁，我们欲求何物的观点，处于霸权的中心地带。哈拉维不是把主体看作已死亡，而是看到主体的分裂性和多样性。"主体的多样性"指主体是一种地方性的网络，是被联结的身体、存在物。哈拉维把知识与世界看作物质－符号存在物的网络，这正好呼应了她所想象的赛博世界，在这里面没有什么是"独立的"和"自足的"，没有什么可以称作整体。

（三）积极的客体

在西方，客体一直被视为"无意义"和"非人"。哈拉维指出，这种观念可以一直追溯到亚里士多德以及白人资本主义父权制的演化史，正是其间根深蒂固的二元论把一切事物变成了占有和挪用的资源，知识的客体最终成为男性权力、男性行为和男性认识者的物质内容。在这种思维框架下，认为知识的客体也可以是力量（agent），也可以有许多活动的观点，在人类科学家看来就只能算作科学幻想，而不是科学事实。科学知识的客体，即自然，只能被看作文化工作的原材料。

哈拉维举例说，在女性主义理论中流行的性与性别的区分就塑造了知识的客体——性。"由于表征性别，所以性被资源化，我们可以对之加以控制。"[1] 客体是被对象化、抽象化的结果，它的活力和内涵都被忽略不计。《情境知识：女性主义中的科学问题与局部视角优势》一文突出了"具体"（embodiment）的重要性，反对在女性主义以及社会与文化分析中将之抹去。哈拉维认为，怀特海所说的"具体"（the concrete）是复杂的、积极的和独立的。但是专家认识者们从来不曾意识到这一点，他们在各知识领域都在采用"使用"的立场。哈拉维说：

> 行动者有许多种形式。描述一个"实在的"世界不能靠"发现"的逻辑，而应靠充斥着权力的社会关系对话。世界并不会为

---

[1] Donna Harawa, *Simians, Cyborgs, and Women: The Reinvention of Nature*, p. 198.

了支持主编码器（master coder）而不出声或消失踪影。世界的编码不是静止的，只等待被阅读的。世界不是教化的原材料……知识中的世界是一个积极主动的实际存在物。①

这种客体的主动性势必令惯常的知识主体感到吃惊和不安，因为他们只希望看到他们所限定好的一切状况。

哈拉维十分欣赏生态女性主义对世界的戏称——"机智的力量"（witty agent）或"狡猾的行动者"（wily actor），她则采用了"郊狼"（coyote）和"作乱精灵"（trickster）的隐喻。郊狼是北美西部原野上诡计多端的优秀"猎手"，甚至敢与猎人争夺猎物。"作乱精灵"则是民间传说中喜欢给人恶作剧的形象。在哈拉维这里，世界是活跃而聪慧的存在物，不是一声不吭、纹丝不动的客体。哈拉维说，如果认识者放弃"掌握"世界的欲望，而追求忠实地描述世界，那么他必然会这样评价世界。世界不是等待我们去表征和掌握的被动世界，而是我们去解释和相处的世界。她认为："我们不是控制着这个世界，而仅仅是生活其中，试图借助包括虚拟技术在内的一些修补性设备开展非纯洁的对话。"②

哈拉维关于主体与客体的思想很大程度上还受到她的学生卡蒂·金（Katie King）的启发。金主要从事女性主义与写作技术研究，她的博士论文提出，作为客体的诗歌在"艺术、商业与技术"的交互作用中产生。哈拉维解释道，金所说的"文学生产装置"（the

---

① Donna Harawa, *Simians, Cyborgs, and Women: The Reinvention of Nature*, p. 198.
② Donna Haraway, *The Haraway Reader*, New York: Routledge, 2004, p. 327.

apparatus of literary production）是文学（特别是诗歌）诞生的母体。同样，哈拉维认为，"身体生产装置"是知识生产的母体，"身体"指的是各种各样的身体以及科学知识客体。后结构主义在研究意义的开放性和渗透性时，赋予语言"独立的、有意图的行动者和作者"地位。在哈拉维看来，就像意义和诗歌那样，作为知识客体的身体是物质与符号生成的节点（node），在定义知识的那些复杂装置的交互作用中显现和活动。

就像金的诗歌一样，生物客体通过"生物学研究、写作、医学以及经济实践，还有虚拟技术"的共同作用得以塑造。我们不是"发现"而是"看到"客体是什么以及客体做了什么，而这些都是通过实时和实地的社会作用或"关联性"（relationality）[1]刻画的。哈拉维说："是绘图（mapping）的实践画出了边界，客体根本就不是预先存在的。客体是边界的产物。"[2]

哈拉维将科学实践中的伦理和政治维度提到一个相当的高度。她极其关注的问题是：为了谁的利益；对标记好的范畴和边界而言，谁在内部，谁在外部。她主张，客观性实际上没有封闭的、确定的和自我认同的边界。知识是一种实践，它不是在人类关于自然的观点背后寻找客观性，而是在任何一个表达层面发生情境性对话的过程。哈拉维说，对我们而言最大的挑战，就是怎样参与这种对话，而仍旧保持诚实和客观。

---

[1] 此词是哈拉维关于"伴生种"研究最核心的观点。
[2] Donna Harawa, *Simians, Cyborgs, and Women: The Reinvention of Nature*, p. 201.

第三节 当代生命科学与技术的情境知识

哈拉维 1997 年出版的《诚实的见证》是对新生物技术迅速进步的当下技科学的深度透视。在追随哈拉维的书写路途中，我们不仅处处可见无明确身份的赛博本体，还可以发现时刻从特定的局部视角观察和解释问题的情境知识的认识论。

关于哈拉维对技科学中"诚实的见证者"的观点前面已做分析，她通过批判传统的白种男性见证者形象，提出技科学需要的是"女性主义的诚实的见证者"。哈拉维以这种更加诚实的见证者自比，带着一双细致入微的发现的眼睛，深入技科学内部去体验科学技术与政治、经济、伦理的相遇，去解释她所经历的一切，从而为知识更民主、更客观、更自由的目标做出努力。那么，女性主义的诚实的见证者看到的是什么，与白种男性的见证者看到的有什么不同？哈拉维将女性主义见证者置于 20 世纪末世界生物技术的大背景下，借助了致癌鼠、保鲜番茄、胎儿等主要形象向我们道出她的见闻。

一 基因技术

进入"第二个千禧年"[①] 末（即 20 世纪末），人类基因组工程取得重大进展，相继完成了几种基因组测序，绘制了几种基因图谱，转基

---

① "千禧年"概念出自基督教教义，具有浓厚的宗教色彩，寓意会发生大灾难和大拯救。哈拉维采用此词来指代新生物技术给人类和社会带来的激烈争论和剧烈震撼。

因技术、克隆技术、基因治疗技术以迅雷般的速度突飞猛进。然而，每一项研究计划的制订、执行、申请专利以及成果商品化都带来世界范围内诸多政治反应、伦理争议和经济效应。围绕某项科学技术发明，整个社会中许多力量参与其中，表达（articulate）与斗争。

哈拉维带我们见证的第一项生物技术成果就是致癌鼠。1980年诞生的致癌鼠是哈佛大学研究的世界上第一例转基因动物，它通过在实验室小鼠体内植入人的致癌基因而获得。致癌鼠之所以会诞生在顶尖大学，与美国社会的体制有关。顶尖大学的生物技术研究受到联邦政府的优惠政策支持，得到大企业充足的资金保障，接受与其他科研机构的合作研究。但是1985年，哈佛大学在申请专利的过程中遇到重重困难，因为当时的专利法拒绝授予有生命体专利。此案一直闹到美国最高法院，在历经三年的争论后，终于以最高法院判决哈佛大学拥有致癌鼠专利告终。随即在1989年，国会修订了专利法，明确规定"任何新颖实用的工艺、机器、产品或物质过程，或者任何新颖实用的改进"都可被授予专利。① 此后，由于依赖生物技术的制药和化学工业出口带来的巨大利润，美国政府进一步放宽专利法，将原来规定的专利由国家所有或专家共同体所有改为允许私人拥有，这极大地刺激了大学生物系以及一些工业中的研究生的研究热情。哈佛大学获得专利后，将致癌鼠的销售权给予杜邦公司。杜邦公司是有着一百多年历史的美国最大的企业之一。杜邦以做炸药起家，后改做化学药品，后又转向材料科学，尤其是尼龙的发明奠定了该公司的垄断地位。杜邦也

---

① Donna Haraway, *Modest_Witness@Second_Millennium. FemaleMan©_Meets_Oncomouse™. Feminism and Technoscience*, p. 87.

参与了"曼哈顿计划"①并发现了钚元素,对美国核工业贡献巨大。获得致癌鼠销售权后,杜邦在《科学》杂志(1990)上为致癌鼠大做广告,称致癌鼠是"围捕癌症"的武器。杜邦看到致癌鼠的医学价值所在,因此标价较高,单只超过 75 美元,牟取暴利。一只小小的致癌鼠惊动了美国上下,上至国会、最高法院的立法和裁决,下至百姓的街谈巷议,成为美国 80 年代的"风云人物"。动物权利保护者和科学保守主义者指责科研人员人为使小白鼠致癌的残忍行为,谴责他们将人的身体健康置于动物肉体痛苦之上的极端自私本性。科学的激进拥护者则认为,科学技术的终极目的是人类的福祉,只要有益于人的健康,致癌鼠研究理所应当。可以说,异常激烈的伦理争论是致癌鼠研究带来的最引人注目的社会反响。另一个争议较大的问题就是致癌鼠的商业化是否可行。但相对隐蔽的哈佛大学与杜邦公司的利益结合以及杜邦公司作为商业巨鳄的精明行为,使致癌鼠的商业化成功实现。致癌鼠是实验室中人工劳动与自然结合的产物,而一旦被授予专利,就意味着被承认为人类发明。于是,致癌鼠在实验室以外的法庭、公众集合点、市场以及媒体等社会场点的穿行都被悄悄拭去。

致癌鼠只是基因技术的一个缩影,哈拉维还带领我们认识了另一种基因技术产品——基因改良食品(或称"转基因食品")。1994 年 5 月,美国食品与药品管理局最终核准卡尔基因工程有限公司生产的基因改良番茄——"保鲜番茄"投放市场。这种番茄的原理是将深海

---

① "曼哈顿计划",美国陆军部于 1942 年 6 月开始实施的利用核裂变反应来研制原子弹的计划。该计划历时三年,耗资 20 亿美元,于 1945 年 7 月 16 日成功地实施了世界上第一次核爆炸,并按计划制造出两颗实用的原子弹。

鲽鱼的基因移植到番茄身上，它的优点在于延长番茄的保质期，便于运输和贮藏。此消息一经传出，就在美国引起轩然大波。这个"怪物"究竟还是不是番茄呢？番茄的定义还可靠吗？鱼和番茄这两种风马牛不相及的东西如何走到了一起？当保鲜番茄敲开美国及欧洲的大门后，很快就有抗病毒南瓜、基因改良玉米以及拥有天蚕蛾基因的土豆这些稀奇古怪的外来客涌入公众的视线。这些转基因食品跨越了动物与植物的界限，既不是有性生殖的也不是单性繁衍的，而是人的手制造出来的。于是，哈拉维看到这种新型的转基因食品正是赛博的典型形象，因为它们难以划分范畴，没有本源，没有固定的身份。但是，正像乔治·迈尔逊所说，许多欧美的民众对这些外来客感到十分恐慌，他们开始捍卫古老的"大自然"，把这些转基因作物看作入侵自然的先遣队。[1]但是，基因技术推进的速度势如破竹，1997年克隆羊"多莉"的降生更是震动了整个世界。如果说人们对转基因作物的担忧还主要是关注其安全性的话，那么克隆技术则直逼人们的伦理底线，尤其是旋即开始的关于克隆人的争论，使人们对基因技术的恐惧达到顶点。在舆论的压力下，欧洲由允许转为禁止转基因食品销售，美国虽然继续生产和销售转基因食品，但也不得不面对频繁的指责，与问世时的宣传造势相比，转基因食品无奈开始走低调路线。

公众谴责生物技术公司无视他们的知情权，因为转基因技术有可能危害环境或伤害人的健康，而这些公司却一味宣传转基因技术的优点；转基因作物的推广会造成发展中国家劳动密集型农业吸纳劳动

---

[1] 〔英〕乔治·迈尔逊：《哈拉维与基因改良食品》，第47页。

力的能力大大下降，农民面临倒闭和破产的风险；转基因食品的主要消费者是发展中国家的穷人，他们因此也成为健康风险的承担者；跨国公司掌握转基因技术，因此会加重在粮食供应方面发展中国家对发达国家的依赖；有些基因产品的研发靠的是从土著民那里采集基因样本，这里就产生了侵犯土著民基因隐私的问题。

从致癌鼠到保鲜番茄，哈拉维带我们进入转基因技术，我们恍然觉悟，其间竟然纠缠着如此之多的藤蔓：发达国家对发展中国家的经济剥削关系、白人对土著民的掠夺行为、发展中国家社会阶层与产业结构的变化、跨国公司资本主义的扩张、隐瞒公众导致的践踏人权，当然还有转基因技术带来的粮食产量增加、食品种类丰富和营养结构平衡。我们更出乎意料地发现了生物技术公司花大价钱做的铺天盖地的转基因技术产品广告和广告中蛊惑性的语言；发现为了吸引更多的人才从事生物技术研究，生物技术公司不惜赞助遗传学教科书的编写和出版，只为作者在书中大书特书基因技术的知识和意义。于是，我们可以断定，基因绝不单单是科学家智力探索活动的结果，它连接了政治、经济、伦理、道德乃至艺术的节点，是这些因素交互作用、共同内爆的产物。

二 生育技术

在美国，由于与"人权"和"健康"这两个美国人最关心的问题直接相关，生育技术一直处于科学、技术、政治、宗教、家庭、阶级、种族与民族论争的网络中心。同时，由于生育技术与妇女这一特殊群体关系最直接,对生育技术的讨论也成为女性主义者发出声音的重要舞台。随着虚拟技术的进步,生育医学正在逐步实现虚拟化操作,这种新变化极大地丰富了关于生育技术的论题。哈拉维在这方面的工作包括指出胎儿在生育技术中被客体化的实质,并主张加强对生育技术的政治与伦理干预。

1965 年,瑞典生物医学摄影师林奈·尼尔森(Lennart Nilsson)在《生命》上刊登了一幅胎儿的经典照片,表现的是子宫液囊中 18 周大的生长中的"人"。所有看到这幅照片的人都认可照片中的形象就是胎儿,因此,哈拉维发现,这幅经过精细色彩处理的照片使胎儿的虚拟形象就像 DNA 的双螺旋结构一样,不仅是生命的指称,而且是物自体。于是,胎儿也像基因一样成为技科学的圣餐变体[1],即标记成为物本身。而实际上,尼尔森的照片集高级艺术、科学例证、研究工具和大众文化于一身,是科学,是艺术,还是创造。

妇科检查中的超声波技术展现的也是胎儿的虚拟形象,几乎世界上所有的孕妇都能通过超声仪器屏幕看到肉眼不可见的子宫中的胎儿。推而广之,我们还在计算机上、电视上、电影中看到这种胎儿的形象。于是,哈拉维指出,计算机、摄像机、电视、卫星、超声波技术和光纤技术等虚拟技术将作为生命本身的胎儿制造成公共客体,可以被技科学中的所有人共享。90 年代,贝尔电话公司有一则广告鼓励远程消费者们"伸手去触摸"。广告画面中的孕妇一边进行超声波检测腹中的胎儿,一边给丈夫打电话向他描述胎儿的样子。孕

---

[1] 基督教圣餐教义认为,圣餐仪式中的酒和面包只是外表特征,其实质变成了基督的血和肉。即酒和面包就是血和肉。

妇为丈夫解释屏幕上那看上去又灰又白又黑的一团——胎儿，在她的观看、触摸键盘和通话的过程中确立了她的技科学公民（技术主体）的地位。正像凯莉认为的那样，以计算机为媒介的虚拟技术产生了主体和客体。哈拉维也指出，生育技术与虚拟艺术在妇科检查中结合，计算机、超声图像和电话都成为主体与客体的生产装置。艺术史家琳达·耐德（Lynda Nead）说："虚拟感知属于艺术，与触觉感知不同……虚拟感知可以让我们实现连贯统一的自我的幻觉。"[1]但科学家们认为虚拟技术的产品是客观的实在，哈拉维认为这是因为他们"忘记"了虚拟生产的条件、装置和历史。这种"实在"本质上是虚拟的实在，只能在观看者和触摸者面前存在，不能像标准的实在那样真实地活动。按照哈拉维的话说，屏幕中的胎儿本质上是一种数据结构，是一种人工的生命形式，它的身体是碳和硅的混合物。

在生殖医学领域十分前沿的试管婴儿、胚胎评估、卵子捐献等生育技术遭到一些激进女性主义者的抵制，她们认为这是男性在利用技术变相地控制女性身体，这些技术剥夺了女性独具的生育能力。哈拉维则着重分析作为文化现象的生育技术，并把生育技术本身的政治性作为分析的焦点。她不只发现男性的利益约束着生育技术的形式，而且发现围绕生育技术的种族、阶级等政治问题与性别问题同样严重。

蕾娜·莱普调查了纽约城不同阶层、不同民族、不同语言和不同种族的人对胎儿遗传学诊断的态度差异。怀孕妇女、遗传学家、家庭

---

[1] Lynda Nead, *The Female Nude: Art, Obscenity and Sexuality*, New York: Routledge, 1992, p. 28.

成员、机器及临床用物质统统与胎儿遗传学诊断技术联系在一起。查理斯·贾森思发现在不孕不育治疗过程中和妇女身体有关的许多人与非人的力量被"招募"(enroll)[①]在一起,确定出治疗的主体与客体。美国政府出于保持"种族纯净"的目的,长期以来禁止白人妇女堕胎和强制有色妇女绝育,这种不公平的政治干预剥夺了白人和有色妇女的生育自由。克林顿总统就职后签署的第一份法令就是取消禁止公立医疗机构向病人提供堕胎信息以及允许用堕胎后的胎儿进行医学实验的法令。加利福尼亚州州长威尔逊废除了向"未注册"移民妇女提供孕中护理的州法案,此种公开排斥移民之举动引起民众的强烈抵制。于是,在美国,自由、正义与公民权在生物医学中凸显为最重要的因素。

由于美国的产科医师、妇科大夫和胚胎学家多数是男性,所以许多女性主义者表达了要自己学会利用妇科内窥镜[②],摆脱男性医生和助产士的权威判断,自由做出生育决策。但哈拉维认为,生育自由的意义靠妇科内窥镜和计算机终端的虚拟镜不能充分实现,因为技术本身起到的作用是有限的,而政治方面的改革或许更加重要,政治的强大力量(如制定法令)和伦理的导向作用(如公众的舆论)汇聚一起才能从根本上实现生育自由。

哈拉维还特别分析了"看不见的"婴儿——"死婴"的综合社会原因。不仅仅是医疗技术落后导致发展中国家婴儿死亡率居高不下,

---

① 此词由拉图尔在《行动中的科学》中使用。
② 即妇科腔镜,包括腹腔镜和宫腔镜,是一种新兴的微创妇科诊疗技术,其实质上是一种纤维光源内窥镜。

还有更深的原因。妇女进城务工承担繁重的劳动，舍弃婴儿无法哺乳；发展中国家和地区的妇女缺乏科学哺乳知识；发达国家向发展中国家倾销所谓"科学配方"婴幼儿奶粉；父亲更加乐于购买奶粉，因其没有哺育能力，所以买奶粉以显示其对婴儿的爱和维护其在家庭中的权威。哈拉维说，奶粉连接着孩子与父亲、丈夫与妻子、第一世界与第三世界、中心与边缘、资本与身体。

沙拉·富兰克林说："胎儿可以描述自然与科学的合作，所以胎儿可以被描述为赛博关系存在物。"① 事实上，胎儿连接的何止是自然与科学，还有技术、政治、经济、道德、种族，胎儿是这些线条交织的节点。哈拉维主张的女性主义对技科学的考察如同一个内窥镜，可以拓宽所有的小孔，以观察和参与同生育技术有关的所有物质－符号因素的运作，同时又以追求自由、正义和知识为目标。哈拉维关于胎儿与生育技术的见解正是建立在她对与生育技术相关的文化深刻认识的基础上，建立在她对技科学异质性要素内爆发现的基础上；她从女性主义视角出发，并融入后殖民主义及民主政治的视角，解释了异质性要素的内爆过程，得到她关于生育技术的"情境知识"。

三 生物学：一种政治话语

哈拉维认为，生物学之所以有趣，不是因为其在实证主义认识论

---

① Donna Haraway, *Modest_Witness@Second_Millennium. FemaleMan©_Meets_Oncomouse™. Feminism and Technoscience*, p. 174.

意义上超越历史实践，而是因为自然科学是当场的活生生的活动的一部分。生物学是一种政治话语，我们应该在每个实践层次介入它，包括技术的、符号学的、道德的、经济的和体制的层次。哈拉维声称她并没有放弃作为知识的生物学，而是去理解生物学规定的"自然"的历史特殊性和可靠性条件。

哈拉维梳理了生物学文化史的三个时期，认为在这三个不同阶段，生物学为"何为人类"提供了不同的范畴，它们分别是种族、人口和基因组。第一个时期，1900年至20世纪30年代。基于血缘的亲属关系和分类学是生物学研究的基础，种族被视作实在；竞争性的社会达尔文主义是生物学思想主流，承认只有最强和最适宜者才能生存，优生学在社会和科学中都很流行；等级制是生物学公开维护的理念。第二个时期，20世纪40至70年代。基于二战纳粹种族主义的教训，生物学承认人类起源之初拥有普遍的生活方式；新达尔文主义进化论综合强调人类的合作与适应性；基因取代血缘成为生物学多样性话语的依据，种族被斥为"坏科学"虚构的客体。第三个时期，1975年至20世纪90年代。社会生物学的新达尔文主义盛行，基因的利益最大化取代了个体和群体的选择；人类基因组计划开展，转基因产品诞生，基因医疗在进行临床实验；种族在器官移植和药品检测的医学话语中再次出现，例如，印第安人称美国人用南美印第安人的血液做疫苗的科研计划为"吸血鬼计划"（vampire project），并起诉他们的"自我"被盗取，圭米人抵制美国人用其本部族人的特殊细胞申请专利；生物技术更多地与环境、伦理和司法联系在一起；多元文化与网络观念在生物学中居于主导地位。

哈拉维详细对比了三个时期的生物学客体、范式、修辞，及与之相应的道德话语、伦理话语、经济话语、自然模式和政治法律文献等。她绘制的对比图表长达 12 页，为我们重新认识生物学打开了极其开阔的视野。图表的每一项就如同哈拉维思想的纤细触角，触及我们从未意识到的文化深处。我们可以看到，生物学是复杂的信念和实践的语言标记，它不是免于文化的普遍性的话语，文化、经济、技术的权力建构了什么被称作自然；生物学也不是每个人关于人、动植物的话语，它植根于特殊的历史、实践、语言和人群；生物学是一个物质-符号实践的复杂网络，在对民族、家庭、种族、物种、自然和人性的创造过程中形成。

哈拉维认为生物学隐藏在假定客观的科学方法背后，不仅是文化建构的，而且是门大政治学、大商业。"生物学不是身体本身，而是身体的话语。"[1] 她指出，生物学在她所谓的"新世界秩序"中，即生物学与政治和文化联盟中远不是中立的。生物学尽管在新科学发展的修辞中具有合法性，但是其仍与旧的政治权力结构结合，如父权制、种族主义、阶级主义、新殖民主义和同性恋恐惧。这些"联盟"是不可见的，因为生物学仍然独立于其他批评性话语，独立于政治与伦理学的质疑，这些质疑不仅包括了技术在生物学中的应用，还包括应该开展什么研究项目，谁应该负责开展，把这种权力移交给独立于政治

---

[1] Donna Haraway, *Modest_Witness@Second_Millennium. FemaleMan©_Meets_Oncomouse™. Feminism and Technoscience*, p. 217.

学的科学之后果是什么。

福柯提出的"生命政治学"(biopolitics)[①]模式决定了在公共生活中什么有价值,什么可以称得上公民。同样,生物学可以决定生命的机会——"死亡"的定义宣告了谁会生、谁会死,可以决定谁是公民、谁不是,这点我们不能否认。但哈拉维指出,我们不能因为生物学确定了"自然"的含义而对这种科学话语持敌对态度。我们要理解生物学话语如何形成和约束,它们的实践模式是什么。我们要学习如何与在这些领域中实践的人们保持联盟。我们不得不从事这项实践,并抵制其中许多人企图保持生物学纯洁性的意图。我们在实践生物学时不可能不承担责任,因为我们都来自不同的局部,有特殊的视角。我们要从生物学实践内部论争,在此过程中建立与实践的其他组分的联系。

总而言之,哈拉维分析了生物学被文化要素建构的实质,并指明了在这种情况下获得关于生物学的客观性知识的途径:积极参与生物学建构的过程,在这个过程中借助政治、伦理与道德的工具批判和约束生物学实践。应该说,这种建议有利于具有不同情境知识的人相互之间展开交流和批判,对于保证生物学实践中的公平、正义和自由会产生很好的效果。达到这种效果就意味着增强了哈拉维所追求的以民主为首要标志的"强客观性"。

[①] 福柯所指的"生命权力"形成于18世纪,它关注生命,关注作为生物过程的人体,将人体作为繁殖生命的基础。它根本的关心是生育、出生率和死亡率、健康、人口的寿命和质量。福柯称这种生命权力为人口的"生命政治学",它对人口进行积极的调节、干预和管理。

四 拜物教：阻碍情境知识的技科学通病

当代生物技术及生物学知识都是政治、经济、道德、伦理和艺术等交织纠缠的产物，是自然与文化要素内爆的结果。在哈拉维看来，这种生动的技科学实践体现了天主教圣餐礼蕴含的比喻实在论（figural realism）。比喻实在论是基督教神学的一派主张。该主张认为，基督教圣餐仪式中吃的面包和酒并不是感性的具体东西，由于神父魔术般的作用，面包和酒的存在物已被转化成基督的肉和血，虽然表面上看来面包还是面包，酒还是酒，但只是面包和酒的"偶性"，而没有实在性，实际上人们吃的已是基督的肉和血。根据比喻实在论，表现出来的物其实并不是物本身，其背后有着更深的本质，这种更深的本质才是这个物的实在。因此，我们所认识的基因、胎儿等科学对象并不是真实的基因、胎儿，在它们的背后实际存在的是随机的、物质的、符号的、修辞的、历史的、国际的干预实践与生活方式。

比喻实在论为生物技术与生物学知识在异质性要素中内爆而生提供了理论支持：内爆就是我们要追求的隐蔽的实在，具体的技术与知识则是那个物，我们不应停留在静止孤立的物的层面，而应回到产生这个物的动态联系的实践中。但是，技科学中的事实使我们忽略了这种要求。这个事实就是拜物教的思维。

按照哈拉维的分析，生物学本是身体的话语，但为什么在技科学中就表现为关于身体的知识呢？或者说，为什么生物学中的每一种物都被我们理解为永恒的物，成为我们的知识客体呢？哈拉维认为，根

第三章 情境知识：技科学中的客观性

本原因是拜物教在技科学中起作用。哈拉维选取基因为例，集中分析了基因这种物质-符号的杂合体如何在第二个千禧年末成为生命本身的肖像，活生生的主体如何变成了不死之物。她发现，"基因拜物教"是基因得以成为知识客体和纯粹物（things）的根源。

为了便于理解基因拜物教，哈拉维首先类比了地图的隐喻。绘制地图是人们禁锢存在物的基本手段，土地、人口和矿藏被固定化，人们可以凭地图进行交易、开采、保护和管理。绘图的实践充满着欲望、目的和价值，而地图本身却被认为是足以信赖的、非修辞的，由可靠的数字和数量来确保。地图被误解为免修辞、免隐喻的纯技术的表征，表征的是精确的实在存在的世界。地图是一种拜物教，它把过程变成容器里非修辞的、实在的、字面的物，因为物更加清晰、更易为人控制。地图给我们清晰、无污染的指涉性和合理性，而这些就是哈拉维戏称的"上帝的把戏"。

地图的实质是用物自体将关系和实践遮蔽，马克思主义对"商品拜物教"的论述就批判了这个错误。卢卡奇给出了商品结构的本质："它的基础是人与人之间的关系获得物的性质，从而获得一种'幽灵般的对象性'，这种对象性以其严格的、仿佛十全十美和合理的自律性掩盖着它的基本本质，即人与人之间关系的所有痕迹。"[1] 在资本主义的商品结构中"物化"（corporealization）产生，即人与人之间的关系表现为物与物之间的关系。卢卡奇还总结了历史性的物化造成了人之外存在第二个世界，由此导致了社会历史中普遍的二元对立，如主

---

[1] 〔匈〕卢卡奇：《历史与阶级意识》，杜章智等译，商务印书馆，1996，第143页。

体与客体、思维与存在。哈拉维认为,"分散的、异质的技科学工作过程中人与非人的交互作用"被物化,[①]产生物质的符号的身体或知识与实践的自然-技术客体,如分子、细胞、基因等,同时也使人成为一种特殊的主体——科学家。交互作用涉及体制、叙述、法律结构、不平等的人类劳动、技术实践及分析装置等,但这些因素统统被抹杀,只留下被我们视作技术产品的物。

生物学上通常所说的基因是携带有遗传信息的 DNA 或 RNA 序列,也称遗传因子,是控制生物性状的基本单位。在哈拉维这里,这种关于基因的公认的教科书观点是基因拜物教的体现。基因拜物教的基本观点表现为:基因是一种自在之物(thing-in-self),一种具有自身目的和自我指涉(self-referential)的实体,没有修辞的成分,属于纯物的领域,成为自我,与世界保持着距离。而事实上,生物技术公司通过教科书、广告和漫画极力宣传基因研究的价值和前景,不过是为了利用基因技术和产品持续地谋取巨额利润;科学家趋之若鹜地研究基因并推动世界范围内开展人类基因组计划,也不都是为追求基因那被极力夸大的意义,而是出于为研究者和研究机构争取科研资金的考虑。各国政府都对基因技术大力扶植,多数也是因为基因技术已成为衡量国家技术水平的时髦指标。

马克思、弗洛伊德和怀特海分别从经济学、精神分析和哲学三方面分析了物化/拜物教的荒唐本质。马克思指出:"商品形式把人们本

[①] Donna Haraway, *Modest_Witness@Second_Millennium. FemaleMan©_Meets_Oncomouse™. Feminism and Technoscience*, p. 141.

身劳动的社会性质反映成劳动产品本身的物的性质。"①这里暗含着只有人是真正的行动者,他们的社会关系被具体的商品形式遮蔽。弗洛伊德分析了恋物癖者把客体或身体的一部分用于满足欲望的做法。怀特海发现近代科学中的"误置具体性的谬误"(fallacy of misplaced concreteness),这是一种把抽象认为是具体的谬误,"把经验的丰富复杂性和动态过程还原为简单抽象,然后又把这种抽象误认为是具体的实在"。②基因像商品那样成为自身价值的来源,同时遮蔽了产生客体和价值的人类内部以及人与非人之间社会的技术的关系(哈拉维对马克思的"人的关系"进行了补充,丰富为人类内部以及人与非人之间,但其表述多为"人与非人"),此为基因拜物教错误之一;大分子被置换为可以更加充分地表征生物结构功能、发展、进化和再生产的单位,此为基因拜物教错误之二;把抽象当作具体,此为基因拜物教错误之三。基因拜物教沉溺于这种遮蔽、置换和替代,基因作为生命本身的保证者被假定为一种物自体,将人们吸引在生命本身物质化的幻梦中。

"科学把身体变成故事,又把故事变成身体;既产生被称为'实在'的东西,又产生对实在的证词。"③这是哈拉维对自然科学"误置具体性的谬误"之特征的清晰勾勒。物质与符号的交织、自然与文化的交融是技科学最突出的特征,然而"在广泛的认识论的、文化的、

---

① 《马克思恩格斯全集》第44卷,人民出版社,2001,第89页。
② 〔英〕阿尔弗雷德·诺思·怀特海:《过程与实在》,杨富斌译,中国城市出版社,2003,第10页。
③ Donna Haraway, *Modest_Witness@Second_Millennium.FemaleMan©_Meets_Oncomouse™. Feminism and Technoscience*, p. 179.

精神的和政治经济条件下，拜物教成为技科学实践的通常症状"。① 针对物化造成的自在之物的非理性和不可克服性以及思维形式和概念内容的完全脱节，卢卡奇提出了进入实践的解决方案，他认为只有进入实践才能从形式和内容两方面把握社会生活。同样，哈拉维主张，我们应该深入技科学的生动实践，观察或参与自然与文化的每一次内爆，这样我们才能正确认识知识的产生机制，还原知识的建构过程，从我们自身在实践中的定位出发提出我们关于某种知识的主张，并且有可能推进女性主义在技术民主与自由方面的目标。

小　结

此处解释"女性男人"这个关键的形象和隐喻更有利于清晰地揭示哈拉维的技科学思想特征。"女性男人"是《诚实的见证者》中塑造的一个未来人形象，这个形象源自乔安娜的科幻小说《女性男人》。② 这部充满革命斗志的小说，表达了乔安娜对女性在父权制社会二等阶层地位的拒斥与反叛，更饱含着她对未来美好生活的期待与

---

① Donna Haraway, *Modest_Witness@Second_Millennium. FemaleMan©_Meets_Oncomouse™. Feminism and Technoscience*, p. 143.
② *FemaleMan* 是美国新浪潮科幻小说的经典之作。小说讲述了四位来自不同时空的女性的故事。珍妮是生活在过去世界的传统女性的典型，屈从于父权制的禁锢；乔安娜是生活在现代的大学教授，不满父权制压迫，努力抗争；杰尔是生活在未来女人帮的女杀手，女人帮用暴力与男性邻邦征战不断；杰妮特来自遥远的未来乌托邦世界威尔勒威，那里男性早已消亡，女性过着和谐而充满人性的生活。杰尔和杰妮特肩负各自使命来到现代世界，她们反抗性别侵略的思想深深影响了乔安娜，激励她走上了自我解放之路。

希冀。[1]

哈拉维引用"女性男人"的形象一方面是与旧的性别范畴告别,另一方面是用他/她代表技科学内部物质与符号、自然与文化的纠结内爆状态。单一的性别,不论男性还是女性,都会造成单一的话语;技科学实践中单一的参与力量及其所在的局部世界如果不与周围其他世界发生关系,科学技术成果就不能产生和应用。简单说,"女性男人"是对纯粹科学的否定,主张科学显现于异质性要素交互作用之中。技科学就是一个巨大无比的赛博,任何彼此之间对立的、亲密的、陌生的、熟悉的力量都有可能杂合在一起。

波义耳式的科学知识的见证者并不"诚实",因为他们将自己局部的视角作为普遍的知识,没有对自己的局部视角做负责任的解释;他们片面突出了实验中的物质实在性,掩盖了历史的随机性;他们以掌握事实为名将自己标榜为认识的主体,将自然和世界作为沉默的对象。归根结底,知识在他们那里,不过是对自然的静态表征。这就决定了科学知识不可能具有真正意义上的客观性。哈拉维反其道而行之,提出了局部视角与负责任的情境知识;要求同时坚持物质实在性与历史随机性;认可主体的多样性与客体的积极性,主张主体与客体在科学知识的生产实践中形成。简而言之,哈拉维将知识看作一个动态的历史过程,我们不能表征,而只能对之加以描述、表达和解释。这种同样动态的操作可以最大限度地保证知识的客观性。能做到这些要求的人才是真正诚实的见证者。

---

[1] 利春蓉:《颠覆男权文化,重塑女性自我——美国作家乔安娜·拉斯〈雌性男人〉的女性透视》,《前沿》2006年第8期。

第四章
伴生种：生活世界中的关系

经过哈拉维对自然/文化二元论在科学、本体论以及认识论领域的批判,自然与文化的边界已经彻底模糊,物质与符号混杂纠缠。但是有一个问题随即凸显:既然自然与文化不是二元对立,那么二者究竟是一种什么关系?同时,哈拉维对自然/文化二元论的彻底解构被许多反对者批评为社会建构论或反实在论。为了澄清自己的非社会建构论与非反实在论立场,哈拉维也需要提出她在自然与文化关系上的哲学观点。上述两方面因素促使哈拉维开始着力思考重建自然与文化的关系问题。她的工作转向对日常生活中的伴生种"关系"研究。

第一节 从赛博到伴生种

赛博是自然与文化的杂合体,这已经表明哈拉维对自然与文化不偏不倚、不做两极选择的混合本体论立场。但是这种混合本体论给人一种静止的刻板印象,缺少时间与历史的生动,无法展示自然与文化混合的过程。而且赛博毕竟既是实在,又是虚构,是想象的形象,因此可能与日常生活有一定的差距,故这种混合本体论被认为过于理想化。哈拉维在近年的思考中更加注重从我们身处的日常生活中探寻自然与文化的关系。她提出用"伴生种"(重点分析的是人与动物)作为技科学研究的新对象,并从中揭示比赛博更加真实、动态的自然与文化的关系。

一 有关动物的思考

人与动物的关系,是哲学的一个基本问题,人与动物的差异一直强烈吸引着人类的兴趣。人类正是在与动物的对照中,确立了自身的独特性,但是人类因何而比动物独特却仁者见仁、智者见智。黑格尔传统和尼采传统在这个问题上鲜明对立。后现代思想家巴塔耶、德勒兹、德里达在这两个传统的启示下,对人和动物的关系做了更加激进的表达。

黑格尔认为,人是在与自然动物的分离过程中慢慢奠定的。他对这种分离高度评价,认为是"知性的力量和工作,知性是一切势力中最惊人和伟大的,或者可以说是绝对的势力"。[1]简单说,人与动物的根本区别,在于人有理性和思想,而动物则没有。动物的活动不论多么精巧,均无目的性,都是不自觉的,是在本能的驱使下消极地适应自然界;而人的实践活动具有自觉的能动性,是在意识、愿望支配下对自然界的积极改造,表现了特有的目的性。

尼采批判了形而上学把意识和心灵视作人的本质,他说:"我完完全全是身体,此外无有,灵魂不过是身体上某部分的称呼。"[2]尼采用动物性和身体取代了理性在形而上学中的位置。人首先是一个身体和

---

[1] 〔德〕黑格尔:《精神现象学》上卷,贺麟、王玖兴译,商务印书馆,1997,第21页。
[2] 〔德〕尼采:《权力意志》,孙周兴译,商务印书馆,2007,第37页。

第四章　伴生种：生活世界中的关系

动物的存在，理性只是这个身体的附属品。尼采把作为冲动、激情之整体的权力意志视为一切存在者的基本属性。

乔治·巴塔耶认为，动物性像理性一样，是人类无法丢弃的。虽然动物性被人性否定，但是它反复生长、无法根除，所以人处于动物性与人性相互冲突与撕裂的境地。巴塔耶率先对尼采发现身体做出回应，他厌恶理性，努力暴露人的非理性，他对色情的研究探讨了理性是如何逐渐排斥掉动物性的。

巴塔耶保留了人的动物性，但也保留了意识的领地。而德勒兹则提出身体纯粹是欲望本身，是一部巨大的欲望机器，是一股活跃升腾的生产性力量。于是，意识被彻底驱逐出身体。

在德勒兹与瓜塔里那里，"生成动物"（becoming animal）是与家养宠物和有属性的动物相区分的。家养宠物具有俄狄浦斯情结，遵循父子亲缘关系，追求相同性；有属性的动物被划分了抽象的序列，所以强调对立与差异；而"生成动物"是"帮伙"，它们不理会父子关系与边界藩篱，它们通过"传染"而形成、发展与变化。"生成并不是两种关系之间的对立，也不是相像性、模仿，或认同。"[1] "生成动物"通过战争、灾难、传染等繁殖，融入了家庭制度、国家机器与战争机器。"生成动物"批判了人和动物的二元论，将人和动物从主体与客体的位置上同时拉下，将他们置于一种流变中的链接。"生成动物"坚持人和动物的本体处于过程之中，过程中有价值、权力与欲望。"生成动物"表明德勒兹和瓜塔里主张生成优先于存在，运动优

---

[1] 〔法〕吉尔·德勒兹、费利克斯·瓜塔里：《游牧思想》，陈永国编译，吉林人民出版社，2003，第169页。

先于静止。在他们看来，流动、变化与关系远比永恒、稳定和统一更为真实。

德里达在一次演说中讲述了他与他的小黑猫的故事。一天早晨，德里达在浴室里洗完澡一丝不挂，小黑猫跑到浴室直勾勾地盯着他看，他平生第一次意识到原来动物也在"注视"（glare at）人，而不是只被人看。在一刹那间，赤身裸体的德里达竟然因为小猫的注视而产生强烈的羞耻感。德里达对"动物"一词进行了反思。他认为，这只是人类指定的一个称谓，人类赋予自身力量和权威，为其他动物命名。一旦意识到这一点，那么"世界"、"历史"、"生命"以及"人类"这些概念的合法性就令人质疑了。人类用单数形式的"动物"一词概括多样性的物种，擦去了人与动物的共存（being with）。集中化养殖、大规模肉类加工与消费、基因实验以及人工授精等使动物进一步沦落为大规模生产与繁殖的消费对象。人类对动物施加了机械的、化学的、基因工程的和工业化的有组织的暴力行为，将动物全方位地征服与掌控。而所有这些只为实现一种动物——"人"的利益。亚里士多德以来的哲学家都以动物没有语言而否认动物的回应（respond）能力，动物充其量只有恐惧、受难等反应。而德里达却从小黑猫那注视自己、无从捉摸的眼神中意识到，我们应该思考什么是"回应"，"回应"与"反应"有什么区别。

不管是黑格尔的绝对理念中心，还是尼采的权力意志本质，或者巴塔耶的对动物性与人性的并举，他们的思想都是以关注人为根本出发点的。相比之下德勒兹与德里达的思想则摒弃了人类中心论。就像这些后现代大师一样，哈拉维反对将人区别于动物，专注于对人与动物之间关系的思考,把人与动物置于伴生种的同伴关系中。她好奇的是人与动物共同建构、互相回应的日常实践。

哈拉维肯定了德勒兹与瓜塔里"生成动物"思想所体现的非继承性生成与传染的主张,赞同"生成"是对父子关系(起源关系)的否定。但她发现,德勒兹与瓜塔里对"生成动物"的论述流露出对世俗的、日常动物的不屑一顾与不感兴趣。他们对狗本身(如形体)的优美与可爱视而不见,对个体动物与家养宠物等所谓"俄狄浦斯"动物深恶痛绝。哈拉维认为德勒兹与瓜塔里在反俄狄浦斯与反资本主义的同时,暴露出对日常肉体的恐惧、对动物的冷淡、对女性与年老的厌恶。

哈拉维认为德里达已经意识到动物对人的回应这个关键的问题,与其他哲学家相比是一个难得的进步,但是他就此止步,没有进一步思考一种参与性活动,哪怕试图多了解一些猫的生物学知识,更不用说是真正地"回望"(look back)那只猫了。哈拉维认为,德里达错过了一次可能的"邀请",一种进入另一个世界的可能性。德里达对动物遭受的痛苦表达了悲悯之情(pity),但是哈拉维指出,人与动物一起工作和玩耍(play)是比怜悯更加有意义的回应。日常的实践更能反映人与动物的相互回应。作为哲学家的德里达在对猫的注视产生好奇之后却不懂如何实践这种好奇心,所以她宁愿德里达只是一个浴室里的普通男人,或许他就懂得如何实践了。

二 伴生种与以往研究:继承与完善

哈拉维从发表《赛博宣言》到 2003 年的《伴生种宣言:狗、人与重要的他者性》，再到2008年新作《当物种相遇时》，已历时20余年。我们也许会好奇哈拉维转入对动物的研究，狗与人的故事为何成为她科学文化研究的又一阵地？她既往在赛博理论、客观性研究以及女性主义等方面的工作对她而言是否还重要？然而，细细研读这些作品之后，这些疑虑就自然打消。"伴生种"研究揭示的主旨与哈拉维已有的思想相较，具有内在的一致性与继承性，即当人类遇到差异时，不要寻求对对方加以驯服、消灭或资源化。当然，伴生种研究与以往研究相比又是进一步的完善，即探讨如何在差异之间建立恰当的关系。

围绕赛博研究，哈拉维提出了在知识实践和生活中，"我们的亲属（kin）是谁"的问题。在接下来对技科学的研究中，她进一步指出，我们的亲属不仅是机器，以及有机体－机器系统，还包括真实的以及神话和科幻中想象的形象。这些亲属包括转基因专利生物致癌鼠，哈拉维称之为"技科学的后启蒙形象"；乔娜·拉斯科幻小说中性别混乱的女性男人，她/他弥合了两个世界之间的空间；中世纪欧洲传说中的吸血鬼，批判了科学的种族主义历史。总的说来，在引入伴生种以前，赛博已经扩展为物质－符号存在物（material-semiotic entity）。哈拉维将这些存在物（如种子、芯片、基因、胎儿、数据库等）称为"技科学身体的干细胞"，它们都是"主体与自然和人工客体内爆的产物"。无论是赛博还是物质－符号存在物，都在告诉我们应该如何认识差异，强调的是接受和正视差异。接受的下一步就是如何对待差异了，于是哈拉维创造了"伴生种"这个概念，作为阐述"我们如何做"的理论工具。

第四章 伴生种：生活世界中的关系

至于为什么对动物具有如此强烈的偏好，哈拉维在 2003 年接受约瑟夫·施耐德访问时说，动物目前已经被推向最紧迫的政治活动的前台，动物问题已经关乎人类繁荣甚至政治福利，与动物相关的经济活动、健康与饮食、劳动过程等，哪一个都至关重要。而且与动物有关的市民政治（civic politics）[①]已受到人们普遍重视和参与，有的民族和区域政治也牵涉到动物。所以，人类对动物的关注必须提上重要的政治日程。

哈拉维转向伴生种还有一个原因，这就是她特别强调的历史情境。赛博是 20 世纪 80 年代中期里根政府"星球大战计划"催生的产物，所以具有鲜明政治喻义的赛博在当时对女性主义有较强的政治吸引力。但是在告别冷战的新世纪，包括政治在内的诸多线条穿梭缠绕，商业、伦理、道德、艺术等我们日常生活随时随地接触的东西都参与了知识，增加了女性主义必须面对的世界的复杂性。赛博主要是打破有机体与机器之间的界限，所以难以担负对更加庞大与复杂的自然文化的解释。因此，哈拉维说："赛博隐喻不能穷尽技科学中本体论舞蹈的所有主题。实际上，我现在把赛博看作在更大的、更奇异的伴生种家庭中较低等的姐妹。"[②]所以，单单就能解释的问题来讲，伴生种与赛博相比具有更大的包容性。

在 1992 年的文章《他者世俗的对话、地球人的主题、地方性术语》中，哈拉维就已经对她十年后关于人与动物之关系的研究进行了

[①] 如关于公园建立与管理的规定，关于人们利用公共空间的规定，市议会的工作以及卫生部门的工作等。

[②] Don Ihde and Evan Slinger, *Chasing Technoscience: Matrix for Materiality*, p. 63.

尝试。在文中，她对人类学家罗伯特·杨（Robert Young）的思想进行了分析。哈拉维首先肯定了杨关于"人在自然中的位置"之分析的技科学思想，但她又指出，杨把"人"和"人的实践"作为万物的尺度是错误的，因为这忽视了人们与之共同生存的许多类型的"他者"。她又考察了芭芭拉·诺茨基（Barbara Noske）对人与动物的研究。哈拉维发现，诺茨基抨击了动物在西方历史与文化中的客体地位，并类比分析了马克思主义中的劳动者地位、女性主义批评中的妇女地位以及在科学和其他写作中的种族客体化。哈拉维赞同地指出，动物不需要被定义为人类话语中的客体。"动物没有理由在人类的话语中被视作次等的人，动物不应被东方化。"[①] 她说，如果人们想要建立和谐的生活方式，就必须与动物对话。"动物不是次等的人，它们只是在其他世界，我们不能将我们世界的标准生搬硬套到它们的他者世界性（otherworldliness）上去，我们必须尊重它们的世界。"[②] 哈拉维还肯定了诺茨基几方面的主张。她不是只专注于人类驯化动物，而是揭示了人与动物之历史性的动态关系。诺茨基阐释了"动物产业复杂性"（animal industrial complex），表明动物已经完全成为人类技术设计的产物。这就开启了人们关于遗传工程中人类开创性活动以及主体性的讨论。哈拉维说，在伦理关系的核心地带，我们应如何指称激进的他者性（otherness），这个问题不仅仅是人类的问题，而是内在于地球

[①] Donna Haraway, "Otherworldly Conversations, Terran Topics, Local Terms," *Science as Culture*, 3.1, 1992, p. 87.

[②] Donna Haraway, "Otherworldly Conversations, Terran Topics, Local Terms," *Science as Culture*, 3.1, 1992, p. 87.

第四章 伴生种：生活世界中的关系

上的生活故事。① 诺茨基反对将动物视作机械装置的产物，特别强调动物的社会性（sociality）。她甚至发出了这样的疑问："我们能从与动物的交流中学到什么？"简而言之，人与动物的"对话"作为诺茨基特别重视的"实践"，在哈拉维眼里极具价值。

我们可以把哈拉维对狗与人的研究看作人种学（Ethnography）。一个坚持研究技科学的人一定会使自己全身心地浸入其中，浸入物质-符号实践，将道德的、政治的、技术的与认识论的分析结合起来。哈拉维不仅发现了狗与人的复杂关系，发现了高度重视这些关系的团体，她自己还身体力行地与两只爱犬——卡恩与罗兰德长期生活与训练。按照她自己的说法，"我跟狗在一起感到无比快乐"。② 哈拉维对狗与人的人种学研究并不是要作为研究者认同被研究者的身份，或者表达它们的声音，也不是仅仅为了给动物权利做辩护，而是在面对我们所研究的差异的东西时质问我们的"自我"与我们的知识。哈拉维说："当我们面对严重的不一致性时我们就遇到了危险，因为这些不一致挑战了以往的稳定、约定或分类……人种学是一种实践与理论关注模式，一种思考与解释的方式。"③

哈拉维在 2003 年写作《伴生种宣言：狗、人与重要的他者性》

---

① Donna Haraway, "Ecce Homo, Ain't (Ar'n't) I a Woman, and Inappropriate/d Others: the Human in a Posthumanist Landscape," in Joan Scott and Judith Butler, eds., *Feminists Theorize the Political*, New York: Routledge, 1992, pp. 87-101.
② Donna Haraway, *The Companion Species Manifesto: Dogs, People, and Significant Otherness*, Chicago: Prickly Paradigm Press, 2003, p. 4.
③ Donna Haraway, *Modest_Witness@Second_Millennium. FemaleMan©_Meets_Oncomouse™. Feminism and Technoscience*, p. 191.

（以下简称《伴生种宣言》）时依旧乐于试验新的写作方式，其中有许多她与驯狗圈内朋友的往来电子邮件、她的心得笔记，也有严肃而传统的历史报告。狗与人的共同进化（co-evolution）、共同生活（co-habitation）、共同建构（co-constitution）是二者关系的特征。在《赛博宣言》中，"关系"被定位为最小的技科学分析单位。《伴生种宣言》同《赛博宣言》一样，都是关于如何想象和体现不可还原的差异之间的关系，关于如何思考与处理亲属关系，这种亲属关系不是依赖血缘与俄狄浦斯家庭，而是她所谓的"重要的他者"之间局部的亲合。这两部宣言都表明了在差异的关系情境中，我们如何重思与重写知识和历史，实现局部的、共享的、随机的真理，这些真理建立在反对自然与文化、自然物与人工物分离的基础之上。[1]哈拉维认为，种族、阶级、性别、物种、同伴、有机体、技术等都是在实时的认识与活动中形成的，一旦情境发生改变，就会遭到挑战。在当今美国甚至世界范围内宠物文化流行的时代，对人与狗的研究必然处于新的情境中，种族、阶级、物种等这些文化要素不可避免地会发生改变。

在2008年的《当物种相遇时》中，哈拉维将物种的共同生存、共同繁荣作为"亲属"之间应追求的目标，提倡伴生种彼此间的回应、尊重、信任、真诚、关怀。她希望我们通过重视狗与人的关系，思考与"重要的他者"建立起新的伦理学和政治学，同时探索如何在与伴生种的日常生活中思考知识问题，重建自然与文化的关系。

---

[1] Joseph Schneider, *Donna Haraway: Live Theory*, New York: Continuum International Publishing Group, 2005, p. 80.

三 何为伴生种

使用自己的词语言说,一直是哈拉维写作坚持的原则。她对"赛博"一词的开创性使用无可争议地取得了成功。她提出的"情境知识""衍射""自然文化""物质-符号存在物"等概念也使她的思想刻意与其他科学论者保持着距离。学者高宣扬说:"哲学家的任务是创造各种概念世界。"[①]德勒兹也认为,哲学家必须是"创造者"。"伴生种"是哈拉维历经长期研究而创造的词语,应该说,这个词的分量很重,打开了差异之间的"关系"这个新领域。

哈拉维对伴生种(companion species)的词形构成及含义进行了阐释。"companion"来自拉丁语 *cum panis*,意为"一起吃面包",所以同桌就餐者即为同伴。companion 的名词含义渐渐发展为"人或动物的同伴"、"有共同兴趣爱好的人"以及"成双成对的物品",companion 的动词含义是"陪伴""与之交往"。species 源自拉丁语 *specere*,意为"在物的根部",引申为"看""视作"。species 现在指拥有相同特征的一群个体,即物种、种类。species 的字面含义的确联结了亲属和同类,但是围绕"物种"是实实在在的有机体存在物,还是只是为了分类便利所采用的手段而展开的广泛争论,在生物学内部一直没有定论。哈拉维显然是赞同后一种主张的。在她看来,物种是"自我"与"他者"划分的产物,"散发出种族与性别的

[①] 高宣扬:《当代法国思想五十年》(下),中国人民大学出版社,2005,第 626 页。

臭气"。①哈拉维看到了"物种"身上写着的四个大而刺眼的字:"他者走开"。她把 companion 放在 species 前面,构成"作为同伴的物种"之意,就是希望物种之间能够共同生活。

"伴生动物"(companion animal)是美国英语中近些年才出现的一个名称,其产生与兽医学校的"医学和精神社会工作"有关。这个词语真正进入"技文化"(technoculture)是由学术体制接纳兽医学校才实现的。而且"伴生动物"是技科学专业知识与后工业时代人们饲养宠物的实践相结合的产物。"伴生动物"可以是马、狗、猫、鸡等许多种实验室动物、宠物,以及工作犬、服务犬,还有作为"跨种运动"(人和动物一起参与的运动)之运动员的动物。哈拉维创造的"伴生种"比"伴生动物"的范畴更广,包容更多异质性。例如,水稻、蜜蜂、鲜花、机器都为人类而生存(因为它们的果实为人类食用,花朵为人类欣赏,产品为人类使用),人类也为它们而生存(人类不断改造自然,创造人工物);社会团体、公司、政府、大学、媒体……数不清的伴生种都和人类同在,人类也是它们的伴生种。可见,伴生种是"互相"的,所以,我们在看待任何存在物时,一定不要忽略了他/她/它的伴生种。

哈拉维指出,"伴生种"涉及四个关键词:共同建构、界限、复杂性以及非纯洁性。"共同建构"是相对于人类对动物的单方面规定与建构而言的,后者恰是辩护了物种合法性的生物学的实质。"界限"是"物种"遵守的基本原则,但在伴生种这里,界限已经在动摇和模

---

① Donna Haraway, *When Species Meet,* Minneapolis: University Of Minnesota Press, 2008, p. 18.

糊。"复杂性"是因为伴生种间无数物质－符号之线的纠缠、自然与文化的内爆,在现代美国"犬文化"中,自然科学知识、繁荣的商业文化、活跃的欲望以及爱交织在一起。"非纯洁性"是指虽然这种复杂的物质－符号交织之线被简单地抽象为某些存在物,但是这些存在物本质上已不再纯洁。

第二节 人与狗

早期人类就已经驯服野生狗为家畜。此后在人类漫长的历史中,狗成为人类一种重要的生活工具。狗在人类的眼中跟其他动物一样,是可以随意支配与使用的对象,不论是食用、农用还是看护用。不管狗与人的关系多么密切,它们都是另一个世界中的皮毛兽,只是我们占有的资源。但事实上,进化史与日常生活经验表明,狗并不是人类眼中被动的客体,它与人一直处于互动与共生的关系中。人与动物的二元划分是传统哲学中文化与自然隔绝的重要表现。哈拉维试图通过考察人与狗的关系,思考如何在自然文化的杂合体中处理人与动物的关系、自我与他者的关系,并推及所有异质性力量之间的关系。

一 负载价值的狗

哈拉维指出,狗在美国既是商品也是商品的消费者,这就涉及三种价值:使用价值、交换价值和相遇价值(encounter value)。她表示,跨物种(cross-species)的相遇价值即真实的存在(lively being)之间的混杂关系,包括了商业与意识、进化与生物工程以及伦理与使用在内。哈拉维对不同生物物种主体的相遇很感兴趣,她试图在特殊的历史情境内较为清晰地刻画物种相遇时的关系。

(一)市场中的相遇

据统计,到2006年,美国有690万个家庭饲养各种宠物,关于狗的食品、营养、玩具、器材和医疗的消费数字呈大幅攀升之势,反映了全球伴生动物产业的迅速膨胀。国际经济组织曾专门做了一份关于世界宠物食品进出口以及零售情况的报告,并特别关注了疯牛病、口蹄疫、贸易禁运、劳动争议、军事冲突及恐怖主义活动对此项贸易的影响。与之相较,哈拉维认为,马克思的经典理论从使用价值与交换价值分析宠物食品,忽略了把宠物食品置于屠宰、鸡笼、食肉及人类医学等多物种(multispecies)的网络。哈拉维指出,宠物食品还会引起宠物的关节和尿道疾病、牙石、肥胖症,饲主甚至要为宠物选择科学配方的、增强免疫力的营养食品。

宠物健康也是当今美国的一项朝阳产业。多数饲主都会尽最大努力为心爱宠物的健康投资和消费。2006年,美国人在宠物健康护理上就花费了940万美元。而哈拉维却在这个问题上发起了质问:饲主是否有权力决定宠物的生与死?在宠物健康上投入多少金钱是合适的?既然有许多慈善事业等着人们奉献爱心,那么在一只宠物身上一年花费1400美元是否有违社会公正?同样是挚爱宠物的人,有的有经济能力为宠物提供兽医体检、训练教育、卫生防疫,有的则无能为力,这又该如何比较？① 与之相应，宠物健康保险也大行其道。宠物没有被当作普通的家庭财产，它们的保价也远远高于饲主当初购买它们的价格。宠物仿佛真正成为家庭成员了。

还有很多其他的宠物文化消费。如野营用的宠物睡袋、服装、动物用家具、玩具和动物照管服务等。225 美元一件的宠物雨衣、114 美元一只的宠物项圈在《纽约时报》上刊登广告；宠物住宿的旅馆遍地开花，有的一晚的住宿费高达 85 美元。关于伴生动物的图书销量不错，专门刊登犬文学与犬艺术的杂志也开始出现。

（二）工作中的相遇

在带我们认识了负载价值的宠物犬之后，哈拉维又转向创造价值的工作犬。她指出，牧羊犬等工作犬是农场资本储备的一部分，它们作为劳动者所创造的价值超过了它们在农场经济系统中所得到的回报，即创造了剩余价值。所以人类劳动只是可变资本②的一部分，而不是全部。伴生种丰富了可变资本的内容。由此，她认为，马克思关于人类劳动的思想没有逃脱劳动的人类目的论，即制造人本身，在马克思那里根本没有伴生种以及伴生种之间的相互感应。在她看来，马克思还是秉承了人类的例外论（exceptionism）。虽然关于人类例外论的反思并不是新问题，但哈拉维是通过当代美国人与狗的关系来思考

---

① Donna Haraway, *When Species Meet*, p. 50.
② 根据《资本论》，"可变资本"指资本家用于购买劳动力的那一部分资本。劳动力在使用过程中，不仅能够创造出补偿劳动力价值的价值，而且能创造出剩余价值，使资本增值。

它，还是独辟蹊径的。

但是狗的生产与再生产都不是自我控制的，所以它们不是人类的奴隶或拿工资的劳动者，而且它们用爪子劳动而不是用手，所以它们的劳动不能被与人类的劳动同等对待和分析。狗在机场从事安全检查工作，嗅探毒品与炸药，清理飞机跑道上的鸽房；在有人癫痫发作时可以发出警报，导盲，帮助听力有障碍和腿部残疾的人，辅助人类的精神治疗，参加恶劣环境下的救援。所有这些工作都要求狗与人共同训练，而且训练中不可避免地经常进行主体换位。

（三）监狱中的相遇

如同福柯对监狱的关注，哈拉维为我们描绘了人与狗在监狱这个特殊场点的相遇。在伊拉克，狗被用来恐吓监狱中的在押政治犯，这个相遇塑造了谁是敌人和谁是拷问者。这场相遇背后隐藏着当代帝国主义战争的经济效益，于是狗以可变资本的形式生产了价值。狗在美国监狱中还充当着被收容者、学生和同伴的角色。从四处收容的狗被带到监狱，囚犯们被要求一人负责训练一只狗，以便它们出去能从事各行各业的工作。训练的技术和方法都十分严酷，甚至采用军事化训练和惩罚，而且为了达到高度的驯服性，狗经常被执行禁闭。犯人通过训练狗可以体会自由的感觉和被尊重的尊严，他们可以向狗教授他们所具有的服从性和工作技术，可以把狗作为自己的倾诉对象和工作同事。

（四）狗的生命权力

狗被用于血友病研究，成为研究人类疾病的替代品和技术工具。

第四章 伴生种：生活世界中的关系

哈拉维认为，我们首先应该把狗看作标准的病人，然后才能看作科学研究的标本；实验室人员首先应该关爱狗，然后才能作为研究者。由于癌症是狗和人的头号杀手，所以"国家癌症协会"在宠物狗身上进行药物试验。或许药物对狗将有益，但是人类没有对狗提供哪怕最低的用药安全保证，而且饲主还要为活组织检查支付昂贵的费用。但是研究者们根本不会考虑动物的安全权利以及饲主的经济负担。福柯对"生命权力"的分析，使我们理解了身体在机器装置中被汲取，在心理学装置中被爱抚，在教学过程中被管理。哈拉维指出，她认识到，现代所有的主体都是这种境遇，而并非只有人如此，狗也是如此。20世纪50年代，"禁止不拴皮带的犬上街"的法令清楚地限定了多物种的公民平等权（civic common）。因此，哈拉维批评福柯忘记了狗也处于"技术生命权力"（technobiopower）的领域内。为了揭示这种"技术生命权力"，她甚至认为自己有必要写一部《狗窝的诞生》（*The Birth of Kennel*）[1]。哈拉维记述了震撼她的一次经历。当她带爱犬去看兽医时，遇到一只后腿溃疡的阿富汗猎犬，而这只犬患病的原因竟是主人长期在外赚钱，它在家一天数小时进行不适宜狗的活动导致了身体的多处伤痕。医生给这只可怜的犬开了"百忧解"[2]，这深深地激怒了哈拉维。她从心里谴责此犬的主人，为什么不多花点时间陪自己的狗玩耍，非要采用化学药品或强制措施呢？

总之，狗已经成为工业与贸易系统的可变资本，宠物食品、产品、服务、农业经济以及医学生物学都充分表明了这一点。狗的角色

---

[1] 与福柯的《临床医学的诞生》相对。
[2] Prozac，一种治疗精神抑郁的药物。

是多样化的（病人、工作者、技术、家庭成员），并不是其他行动者行动的被动原材料，也不是在去历史的自然中一成不变。狗和人在经济、政治与军事交织的线条中存在并发生着关系，互为主体和客体。狗和人在自然文化中成为彼此适应的伙伴。用哈拉维的话说："实际的相遇制造了存在。"①

二 分担痛苦：实验室动物与人

一位非洲裔科学家巴巴·约瑟夫在用豚鼠做舌蝇叮咬实验时，看到豚鼠的痛状而良心受到谴责。他在实验之余，将自己的胳膊伸入舌蝇箱内，并说："引起别人的痛苦是邪恶的，但是如果我分担了这种痛苦，上帝就会饶恕我。"② 这个案例引发了哈拉维关于如何对待实验室动物的思考。她提出，我们有责任缓和实验室动物所遭受的痛苦，因为它们是实验室的行动者。哈拉维并不像动物保护主义者那样坚决反对实验室使用动物，她认为，使用动物是不可避免的，但是我们绝不能忘记关心它们，分担它们的痛苦。

正像哈拉维对"德里达与猫"的分析那样，她认为人与动物之间是彼此回应的（responsive），而且回应能力逐渐增强就能产生对对方的责任。责任并不为人所专有，动物也像人一样具有责任。"责任是存在物之间互动的一种关系。"③ 实验室的人与动物互为主体，也互为

---

① Donna Haraway, *When Species Meet*, p. 67.
② Donna Haraway, *When Species Meet*, p. 69.
③ Donna Haraway, *When Species Meet*, p. 71.

客体。哈拉维说，如果这种物质－符号的关联被打破，那么实验室必然会出现客体化和压迫。她认为，生物内部共享的存在体现为生活幸福、繁荣、在政治和伦理方面文明而高尚。哈拉维指出，从实现人类的福祉角度来看，实验室用动物研究是必需的，也是有益的，但是人们不能因此对动物所遭受的痛苦熟视无睹、漠不关心。那么在历史性的情境实践中，"负责任地分担痛苦"究竟是什么含义呢？哈拉维认为，"分担"的意义要从认识论和实践两方面来分析。

巴巴·约瑟夫把实验室动物看作受害者，这种观点在伦理上是需要的，但是哈拉维认为这不是真正的"分担"，动物也不需要被看作受害者。她主张动物是非自由的人类同伴，是"重要的他者"（significant other），人类跟它们在活生生的局部差异的世界中发生关系。在与人合作的过程中，动物有一定的自由度，这就使得在实验室精密的计算之外还有其他可能性。

哈拉维指出，马克思主义女性主义者中有相当一部分人对社会、文化与人的范畴充满好感，而对自然、生物学以及人与其他生物的建构关系则不屑一顾，这主要与他们对马克思的"劳动"概念的机械追随有关。[①] 而另一批马克思主义女性主义者则对弱小的、毛茸茸的和肉嘟嘟的各种动物充满了亲近，哈拉维本人就属于这个群体。她认为实验室动物由于处于非自由和被侵犯的地位，被杀死和弄伤都是自身无权选择的，所以它们与人类远非对等。哈拉维并不是要科学家们放弃杀死和弄伤动物的行为，而是希望他们能够为动物提供起码的临终

---

① 简单说，劳动就是人类创造价值的活动。

或致伤时的舒适，维护动物的正义。在哈拉维看来，巴巴·约瑟夫所谓的"邪恶"就等同于"有罪"的含义。她指出，科学家要具备精确计算之外的道德敏感性（moral sensibility），即要能够对实验中究竟发生了什么有清醒认识，并通过认识论、情感和技术工作对实验室里的复杂性做出回应。

哈拉维再次关注到技科学的经典形象——致癌鼠。她指出，致癌鼠代替人类身体充当实验模型，反复遭受肉体上的极度痛苦，以保证人类姐妹有存活的可能。因此，我们不能认为致癌鼠在"牺牲"自己，我们对它应心存亏欠。毕竟"致癌鼠是我的姐妹，不论是雌是雄，它是我的姐妹"。[1]她强调，动物也有面部表情，它们是某物也是某人。哈拉维反对把"理性"（reason）和"牺牲"看得很高尚，她认为，我们并没有充足的理由使用动物做实验，不过是在冒险做邪恶的事情，只因为这些事情在世俗意义上讲是行善的。就动物和人的工具性关系而言，有些需要终止，有些则要加以维持，但是在这种不平等的使用关系中，人和动物的互相回应是必不可少的。哈拉维特别强调，分担痛苦并没有一般性的统一原则，关键是人们要身体力行，注意防范把不平等性（inequality）作为我们习以为常的东西。哈拉维焦虑地表示，对所有工作者而言，实验室中多物种的劳动实践如何能够更少悲伤，更少痛苦，更多自由？

杀死动物是实验室最常见的行为。人们把杀死动物看作天经地义，道貌岸然些的就用"牺牲"等溢美之词描述动物，以为他们的谋

---

[1] Donna Haraway, *When Species Meet*, p. 76.

杀行为寻求合理性。哈拉维说，人类规定除了人以外的任何生命都可以被杀，但这种杀不属于谋杀。这种规定一旦应用到种族主义环境下，就会为种族屠杀提供辩护，即杀死与本族人不同的异类是合法的，算不得谋杀。于是，执行杀戮的首要前提就是只看到差异，看不到相同，只看到"自我"，看不到"他者"。哈拉维指出，将世界上的生命划分为可杀死的与不可杀死的两类，是一种可怕的二元论，因为它完全忽视了许多生命的存活都要依赖其他生命的身体。以实验室动物为代表的"重要的他者"不仅是客体，还是主体，不仅做出反应（react），还做出回应（respond），人类没有权利杀死它们。但是哈拉维并不赞同素食主义，也不要求终止动物实验，她呼吁女性主义者尊重实验室内以及实验室外人与动物的共同劳动，并向他们表达敬意。哈拉维说，如果我们不能正确地面对杀戮，就不能文明地生存。

从实践方面讲，只要人类肯设身处地为动物着想，其实很多动物的痛苦都可以有效避免或减轻。比如，寻找一种实验方案，尽可能减少需使用动物的数量；实验室尽量聘请一名生物行为专家，训练动物和实验人员；尽可能给动物营造接近自然的、较舒适的生活条件。

总的说来，哈拉维认为，人类学会分担其他动物的痛苦是一个伦理问题、一个实践问题，也是一个本体论上开放的问题。① 她指出，如果要巴巴·约瑟夫希望的宽恕实现，就需要他在计算之外学会爱，学会思考、记住并表达出动物身体与其他身体的活动。

"不可侵犯的动物权利"与"人类福祉更加重要"的二选一选择

---

① Donna Haraway, *When Species Meet*, p. 84.

是哈拉维所极力反对的。她认为，女性主义者的任务绝不是选择，而是表达（articulate）。选择实质上就是要借助"计算"解决这个两难。哈拉维认为，女性主义者没有必要在这个选择上浪费精力。因为在她看来，女性主义者根本没有能力决定公众话语，他们无从选择，充其量只是使用了理性主义者的选择性语言。他们需要用自己的语言表达，而不应被理性主义二分法的枷锁限制。哈拉维进一步指出，即使是"计算"也涉及为谁计算、为什么计算、由谁计算。所以，计算根本就不是可靠的方式。女性主义者唯有表达，唯有行动。哈拉维十分赞赏伊莎贝拉·斯汀格思（Isabelle Stengers）的"宇宙政治学"（cosmopolitics）。斯汀格思指出，宇宙是由多样性的存在物构成的，它们在实践中结合，在结合发生之前没人知晓会发生什么。哈拉维说，伴生种就遵守这种宇宙政治学，他们表达彼此之间所发生之事，理解相遇时对方"凝视"的含义。哈拉维说，这就是"分担痛苦"之本意。

三 爱与知识的实践

当哈拉维的视线移到狗与知识上时，她选择了澳大利亚牧羊犬。美国的澳大利亚牧羊犬有着悠久的历史，在这段历史中，性别、种族、政治之线交错纵横。美国西部地区在被资本主义污染以前，由于羊饲养量大，以女性为主要劳动力的纺织业比较兴盛。由于加利福尼亚淘金热、内战以及战后的"西进运动"，澳大利亚羊及牧羊犬从澳大利亚出发，到了美国东部，又最终来到美国西部。早在内战以前，美国兵就因为印第安人抵制饲养欧洲种的羊而射杀了印第安人多数的羊。1930 年，美国政府又借解决旱灾之机，扑杀了许多印第安种羊。[①]于是，澳大利亚羊成为美国的主要羊种，澳大利亚牧羊犬也随之在美国生根安家。哈拉维认为，追随狗的历史可以使我们更加世俗，更加深入历史的网络。而且在了解这些历史的基础上，我们才能在今天做出回应。这些回应包括拥护农业生态放牧，反对大工厂系统的肉质加工和纤维生产，积极为野生和家养的动物恢复生态系统，关注本土经济和争夺土地的政治斗争，更深刻地理解人类种族、民族与阶级的生命政治学。

哈拉维对专门研究澳大利亚牧羊犬的女遗传学专家 C.A. 夏普（C.A.Sharp）进行了专访。夏普原本是个养狗的普通饲主，但是细心的她发现了澳大利亚牧羊犬容易患一种眼异常症（CEA），为了弄清原因，她自学遗传学知识，并最终发现了此症的致病基因。但是她的发现非但没有受到重视，反而遭到嘲讽，因为权威人士认为狗没有眼异常症。夏普竭尽全力地为她的发现能为人们接受做出努力。她主动与几位专业的遗传学家合作，在杂志上做广告，出版研究成果，建立"犬眼异常症登记平台"网站，甚至对狗患眼疾的饲主表示同情以获取他们的亲近。经过七八年的努力，夏普的知识最终为遗传学家们认可，她的"犬眼异常症登记平台"获得了许多饲主的欢迎和重视，他们纷纷为自己的爱犬做眼睛检测。而且该致病基因检测成熟后立即投放市场，给夏普等人带来了可观的收益。

约翰·阿姆斯特朗（John Armstrong）博士于 1997 年开始主持

[①] 而事实上，研究表明，印第安种羊在维护生态环境方面比欧洲种羊更有优势，例如，吃更少的草，饮更少的水，对维持水土资源更加有益。

"犬类遗传学讨论小组",并创办了一个"犬类生物多样性网站",直至他2001年逝世,他的工作从未间断过。饲主可以从他的网站免费获得遗传学方面的知识,接触关于保护濒临灭绝的犬类的项目;饲主间可以互动和回应,进行民主讨论;尤其是有专家志愿者在线解答饲主的提问,进行有针对性的指导。哈拉维从中认识到利用网络、利用知识表达对动物的关爱,激发人们集体的责任,是很好的方式。

夏普的曲折故事以及阿姆斯特朗满腔热忱的工作让我们体会到他们对伴生种爱的实践,即与伴生种有关的制造、传播和学习知识的实践。这些爱与知识的实践展现了专家与业余爱好者工作的联结,知识与情感的联结,知识与商业的联结,伴生种与技术的联结。狗的遗传学话语暗含着种族与物种的话语,科学文化暴露出根深蒂固的起源故事,[①] 分子生物技术被应用于维持生物多样性和物种保护,网络交流塑造了犬世界的同盟与争论,流行文化与商业实践混杂在这个世界中。哈拉维总结说,所谓"爱"就是世俗,就是与"重要的他者"发生关联,在地方和全球性的集合网络中表达他者。[②]

四 "繁荣"的生命伦理

生态女性主义者克莉丝·秋谟(Chris Cuomo)指出,生态女性主义核心的伦理起点是"确保个体、物种与共同体的繁荣

[①] 人们盲目追求纯种的狗,为此采取的一些配种方法、优生技术或生物技术等,就如同人类为追求种族的纯净而控制人的生命权力一样。

[②] Donna Haraway, *When Species Meet*, p. 97.

（flourishing）与安康（well-being）"。哈拉维认为，"繁荣"同样是技文化的犬世界中人与动物的核心价值。但是目前的生命伦理学[①]导向并不利于这种价值的实现。生命伦理学遵守将社会与科学、文化与自然相区分的二元论前提，并且坚定地站在社会一边，而将科学与技术视作洪水猛兽。这种二分法恰恰阻碍我们去发现技文化中究竟发生了什么，也阻碍我们去思考如何实现伴生种的共同繁荣。

哈拉维从宠物狗克隆和犬类遗传多样性的实践与话语入手，本着尊重动物与尊重技术的双重态度，考察"繁荣"的生命伦理学。生命伦理学对各物种的有性与无性生殖表现出强烈的关注，尤其是动物克隆。但是哈拉维认为，动物的生殖研究必然要调动动物的子宫、实验人员、医生、冷冻箱的胚胎、干细胞收集、基因组数据库，必须获得商业支持，并难免引起生命伦理学的焦虑。对克隆的态度不能是避之唯恐不及，而应看到其本身也有人性化的方面。她说，对繁荣伦理而言，最关键的就是富于同情心的行为。1998年德克萨斯三位年轻的研究人员得到大笔资助开展"Missyplicity 计划"，即对一只名为 Missy 的杂种狗进行克隆。该小组发布了一则广告，大意为：你不必再为自己的爱犬死去心碎不已，只要你现在保留爱犬的 DNA，你就有机会克隆爱犬，在新的身体中延续它的生命。路易斯安那的拉萨罗恩生物技术公司也提供细胞冷冻业务。他们的广告也很有感染力，呼吁人们"存储宝贵动物的遗传学生命"。当然，哈拉维也指出，追逐金钱与生

[①] 生命伦理学是根据道德价值与原则对生命科学和卫生保健领域内的人类行为进行系统研究的学科，诞生于20世纪70年代。主要研究生物医学和行为研究中的道德问题，环境与人口中的道德问题，动物实验和植物保护中的道德问题，以及人类生殖、生育控制、遗传、优生、死亡、安乐死、器官移植等方面的道德问题。

产知识从来就是不矛盾的，反而总是相伴而行。克隆宠物狗开始宣传时的报价达20多万美元；而且，为防止恶意行为，对克隆技术的监管也是必要的。

人们非常重视对人的遗传多样性保护，但是对动物的遗传多样性关注严重不足，越来越多的动物濒临灭绝。动物遗传疾病登记网站在1990年就创办了，但是很少有饲主登记，所以该网站并没能发挥出控制动物遗传病的功能。不像人的遗传多样性那样，狗的遗传多样性研究在2000年仍然只获得了少得可怜的资助。阿姆斯特朗创建的"犬类生物多样性网站"的首页上有四条醒目的链接，分别是：①"雄犬生育"，讲述的是滥用"种狗"配种造成的遗传疾病蔓延的恶果；②"特殊生存计划"，在该部分，饲主可以与动物园和濒临灭绝物种保护组织联系；③"野生的表亲"，启发人们思考纯种以及濒临灭绝的物种的问题；④"遗传疾病"，讲的是近亲繁殖以及过度配种导致的双常染色体隐性所引起的遗传病。[1]饲主在网站上阅读基本的知识，与其他饲主交流，向专家请教，向动物园和有关组织求助，必然会改变自己某些方面的思想以及行为方式。一旦饲主的观念及行为方式发生变化，就意味着狗的处境和生活方式会相应发生良性改变。哈拉维指出，这个网站联结了一份长长的伴生种名单，包括了生物、组织和技术种类："世界自然保护联盟"的专家，他们负责评定动物是否濒临灭绝；有关的动物园，它们的科学家、管理员和官员；有关动物血统的数据库以及遗传学分析；政府；国际组织；濒临灭绝的动物。"犬

---

[1] Donna Haraway, *When Species Meet*, p. 116.

类生物多样性"网站联结的所有伴生种共享一个中心目标,即生物与人的共同繁荣。

第三节　关系实在

哈拉维讲述的人与狗、人与动物的故事直接向我们展示了被视为"他者"的自然对象的主体性、活泼性,与人的交互作用以及对人的改变与建构。哈拉维通过这些平凡的日常故事,表明了主体与客体、"自我"与"他者"、人与动物的等级制与压迫的二分法应予废除。技科学中所有的人与非人参与者都有自己的价值、贡献与责任,不可忽视或突出任何一方。我们认识技科学必须以这些行动者复杂的相互关系为基础。

一　关系:根绝自然与文化的分裂

(一)终极实在:自然或社会

一切科学研究的首要前提就是承认自然是客观存在的物质世界,独立于人的主观意愿。爱因斯坦说:"相信一个离开知觉主体而独立的外在世界,是一切自然科学的基础。"[①] 科学实在论认为,人们关于这个自在世界的真实客观的描述只有一种,即我们的观念与客观实在相

[①] 《爱因斯坦文集》第1卷,许良英、李宝恒、赵中立等编译,商务印书馆,1977,第213页。

符合的科学理论。科学实在论断言科学理论与客观实在之间存在一一对应的关系。休谟就把认识主体的观念视为对象的摹本,认为"我们关于对象的观念与对象的实际存在的符合就是一种真理"。[1]总之,在科学实在论看来,人类所能做的不过是去"发现"真理、"发现"自然,科学理论是人对自然的精确表征的结果。"被观察者"决定着"观察者"的结论。现象学、实用主义、历史主义(库恩、费耶阿本德、劳丹)从不同的角度对真理符合论进行了批驳。罗蒂彻底打破了"自然之镜"的隐喻,否认了表象自然之镜的心灵实体,也就否认了心中的表象(representation,此词等同于科学哲学中的"表征"一词)与对象的一一对应。于是,知识不再被看作自我对于外部世界的准确表象,而是相对于不同的语境与信念之网。

SSK 的社会建构论打着"崇尚科学"的招牌,对科学知识进行了实证性的社会研究。SSK 明确宣称:"科学是一种解释性的事业,在科学研究的过程中,自然世界的性质是社会地建构起来的。"[2]社会建构论认为,科学知识是科学家谈判与妥协的结果,是一种政治权力的产品;科学知识的内容根本上是由社会因素决定的,自然基本不起什么作用。社会建构论对科学知识进行社会的因果说明,将真理符合论的科学实在论的基础——"自然"逐出了科学知识的内容,代之以社会因素的主导。社会建构论取消了对认识对象的关注,转向对认识主体——"人"的强调,这实质上取消了认识论。社会建构论不仅消解了科学

---

[1] 〔英〕D. 休谟:《人性论》下册,关文运译,商务印书馆,1983,第457页。
[2] Micheal Mulkay, *Science and the Sociology of Knowledge,* London: George Allen and Unwin, 1979, p. 95.

"内部"与"外部"的分界问题，而且将外部的社会与心理因素作为决定性因素，这就违背了它所标榜的"对称性"原则，由科学实在论以自然为核心的不对称走向以社会为核心的新的不对称。于是，科学实在论与社会建构论的核心分歧在于，自然还是社会，是决定科学知识的实在。

在哈拉维看来，这两种实在论——自然实在与社会实在，都违背了自然与文化纠缠内爆的技科学事实。在她看来，单纯的自然或单纯的文化都不能构成实在，实在是自然与文化共同塑造的。认识者与被认识者都无法起决定作用，产生意义的装置是所谓的主体与客体的互动关系。在这种互动中，概念、意义和分界得以确定。总之，技科学中的实在是各种力量（行动者）互动关系的结果。因此，我们认识技科学必须从认识这些关系切入。哈拉维还特别突出了关系中的伦理与政治学，即强调了关系中作为"物"的一方的意义，以及人类应该如何正确对待这些所谓的"世界的客体"。哈拉维对关系的研究不再建立在资本主义技术发展、帝国主义军事战略、种族政策等宏观的文化层面，而是进入人类与动物共处的微观的日常生活。在人与动物的关系中，哈拉维发现了客体的力量，正如她所说："承认客体力量是避免错误知识的唯一途径。"[1]

（二）人—狗敏捷训练

人与狗的互动关系在犬敏捷训练中表现得更为日常、更为鲜明。

---

[1] Evelyn Fox Keller and Helen E. Longino, eds., *Feminism and Science,* Oxford: Oxford University Press, 1996, p. 259.

哈拉维在与朋友的一些邮件中详细记述了她与爱犬（一只是澳大利亚-中国混种雄犬罗兰德，一只是澳大利亚雌牧羊犬卡恩）相濡以沫的刻苦训练。按她的话说，训练中有欢笑，有眼泪，有工作，有游戏。哈拉维与罗兰德和卡恩共同体验失败与成功、坚强与软弱。训练历时数年，多达数千小时，哈拉维与两位同伴在其中进行着物质-符号的交流。年过六旬的哈拉维始终与爱犬一起奔跑在训练场。在多次艰难的训练间隙，疲惫的她与罗兰德和卡恩进行眼神交流、语言"讨论"以及心灵沟通，双方获得了更深的默契和更好的配合。卡恩最终摘得了"全美犬敏捷赛联盟"的"最敏捷犬"桂冠，罗兰德也有出色的表现。

我们有必要认识一下什么是犬敏捷赛，这将有助于我们理解人与狗的互动关系。犬敏捷赛要求饲主和狗共同策划，狗根据饲主的手势，在一个1000—1500平方公尺的场地，于一定时间内，以波浪形行走方式走过栏杆，越过跳栏及轮胎，通过隧道，通过5尺高6寸宽的空中支撑物，走过摇摆的跷跷板，爬过A型高墙，最终到达终点。这是一项合计有10—15项不同形式障碍的综合活动，具有挑战性及娱乐性。犬敏捷赛的主要目的是以固定的障碍与规则，测试饲主与狗之间的默契、主人的领导力，还有狗的服从度、速度以及敏捷度。训练中，狗发出指示时，饲主（指导者）的身体必须朝向正确的行进方向。若回头转向狗的方向，狗就不会朝向应前进的方向走，造成混乱与错误。狗不会判断体力消耗程度，因此饲主必须适当掌控，一旦狗体力透支将难以进行后续的项目。可见，训练对饲主的领导能力和决策能力要求很高。从事犬敏捷训练时，最重要的一点就是让狗觉得训

第四章 伴生种：生活世界中的关系

练是件快乐的事。饲主也要和狗一样，抱着乐在其中的心情，一起进行训练。若狗对于强制命令或连续失败感到生气，训练就难以取得效果。所以，饲主除了做相应的训练之外，还要正确地指导狗克服心理障碍，并且不吝惜对狗的成功表现给予赞美。除此之外，饲主不能以自己满足与否来结束训练，而要征求狗的感受，否则，随意终止训练会给狗造成不正确的记忆。可以看出，犬敏捷赛与训练的确是人与狗进行互动、交流、配合以及培养感情的极好场合。

看看哈拉维的切身体会。她感觉，敏捷训练的双方（狗与人）都是各自物种内的成年体，尤其前者并不是长着一身皮毛的"小孩子"（child）。从事敏捷训练的是一个特定的妇女和一只特定的狗，并不是抽象的人和动物，他们之间没有任何沟堑，他们只是要并肩作战的伙伴。与另一个生物物种一起训练是很有趣味的，人和狗的感觉都是如此。在每天的训练结束时，训练者都能学到他在此训练之前不懂的东西，能更好地认识自己、搭档以及世界。在哈拉维看来，训练的含义就是，与某人一起练习，生成一些意想不到的、新颖自由的、功能与计算之外的、不是机械单调重复的东西。[1]哈拉维说，训练固然需要计算、方法、规训与科学，但更重要的是打开一些还不明确却存在的可能性。所以训练是基于差异的，不是根据分类学进行驯服。比利时精神哲学家戴斯普利特（Despret）研究了这项实践，发现动物和人变得越来越亲近、越来越协调，越来越喜欢对方，彼此之间越来越以礼相待，越来越有创造性，越来越容易有意想不到的好成绩。

---

[1] Donna Haraway, *When Species Meet*, p. 223.

哈拉维指出，动物从来不使用人称代词"who"，而是使用"which"、"that"与"it"。即便有些宠物有自己的名字，这也并不意味着它们即被当作某人，具有应有的权利，而只是表明它们被家庭成员们"拟人化"。狗与人的训练将参与者植入一个复杂的工具性关系与权力结构中。当我们了解了这种驯养过程后，就不会简单地把狗与人的关系看作手段与目的的关系。也正是在这种训练中，人称代词"who"对动物而言才变得有意义，才摆脱了西方的、人类中心的桎梏。

在敏捷赛中，有些装置上涂有一块红色的区域，叫作"接触区"（contact zone），是狗在跳跃时身体允许接触的地方。哈拉维由此引申到动物与人在训练中的接触，不同种族、性别、阶级的人之间的接触。这种接触是相互依赖，是你中有我、我中有你的关系。哈拉维这种思考也有相应的生物学背景。发育中的胚胎的细胞和组织交互作用，通过化学物质的交换促成对方的生长。生态发育生物学也认为，有机体如果不与其他有机体发生互动，就不能正常发展。总之，接触区是活动发生的地方，是交互作用发生的地方，主体在这里发生改变。

哈拉维认为，在训练中，人类不是发号施令的操作者（handler），只不过是跨物种的成人团队中的成员。在训练中，技术、计算和方法是必不可少的，但这些都不是"回应"。哈拉维指出，人要对狗的行为做出回应，就必须学会提出这样一种本体论的问题：你是谁？我们是谁？既然我们在一起，那么我们要生成什么？她说，"回应"就是面对面地处于纠缠关系的接触区，回应是理解主体的制造，回应是开放的。她举例说，马和骑马人是彼此适应协调的。骑马人的姿态和动作要适合马，骑马人的身体还因骑马而发生变化。在这里，谁是影响者、谁是被影响者不再有清晰的答案，马和骑马人互为运动的因果。同样，在训练和玩耍中，人与狗既不是"一"的关系，即一个中心下的整体，也不是"二"的关系，即互不相干的两种物，而是互为"重要的他者"。

哈拉维建议我们起初要把狗看作"陌生人"，只有这样才能避免受到起源故事与假设的熏染，[①] 然后"尊重你的狗，信任你的狗，回应你的狗，爱你的狗"。[②] 哈拉维提出的这些对饲主的要求实际上就是她对女性主义者的希望，就是她所认为的女性主义者对差异的"他者"应持的态度。在具体的历史情境中，尊重、理解、回应"他者"，要能解释"他者"。这些同样也是哈拉维所希望的科学论研究者对待技科学中的异质性要素的态度。科学论研究者必然是负有责任的，必然要解释行动者的行动，尤其是非人类行动者的行动。

（三）关系的哲学

哈拉维仍然坚持了实在论，只不过这种实在是关系的实在。关于世界的本原问题，自古希腊就有两种对立的观点：一种是以原子论为代表的自然哲学，把物质实体作为世界的本原、万物的始基；一种是以柏拉图为代表的理念论哲学，把精神实体视为万物的本质。它们都

---

① 如物种的划分，他者的低劣。
② 哈拉维指出，伴生种之间的爱不是纯洁的、无条件的，因为这种爱在自然文化的实践中联结起我们。

把自己认定的实体看作先于其他事物独立存在的,并把对方的本原看作自己本原的产物或属性。[1]这两种截然对立的学说的本质都是实体实在论。实体实在论是此后的自然与文化二分的重要理论根源。不论是SSK之前的自然实在论还是SSK的社会实在论都将静态的自然或社会看作本体。后SSK的实践转向开辟了自然与社会交融的局面,将自然与社会的混合体视作本体,哈拉维的赛博也是自然与文化的杂合体。但是,即便是自然与文化的混合本体也仍然遮蔽了科学活动的动态过程,无法给予我们"操作"的直观印象。哈拉维意识到赛博形象过于静止化的弊端,为了对技科学实践中的力量纠缠进行生动刻画,她转向对日常生活中人—狗关系的考察,并从中做出哲学思考。

哈拉维在对人—狗关系的考察中提出一个我们从来不会去想的问题:当我们与狗相遇时,狗是谁?她指出:"我们都不知道如何看待狗是什么,如何倾听狗对我们的倾诉,不是以血缘关系,而是以面对面的关系,在一种他者性的联结中。"[2]这就表明伴生种很重要的一点还是针对"自我"/"他者"、主体/客体二分法的批判。"他者"和客体不是我们所规定的那样被动,仅仅作为我们的资源或对象。"他者"和客体是与我们完全平等的,也有对我们的回应和表达,也能改变我们。对"他者"和客体主动性与积极性的刻画,即承认非人类在技科学实践中的行动者地位。伴生种启示我们放弃将非人行动者与力量"拟人化"的传统做法。

---

[1] 罗嘉昌:《从物质实体到关系实在》,中国社会科学出版社,1996,第5页。
[2] Donna Haraway, *The Companion Species Manifesto: Dogs, People, and Significant Otherness,* Chicago: Prickly Paradigm Press, 2003, p. 45.

第四章 伴生种：生活世界中的关系

人与狗不是预先就存在的力量，而是在相互关系中才存在的力量，所以，人与狗也不是预先就存在的范畴，而是在相互的关系中确定下来的范畴。因此，只有人与狗的关系是实在的，在关系之外谈论人与狗都没有意义。人与狗不仅在认识论上讲是不可分的，在本体论上讲也是不可分的。但人与非人并不是简单的混合本体，而是在关系中历时性地相互作用，征用物质并制造意义。哈拉维说："伴生种是关系本体论的一个形象，在其中，历史内容是物质的、意义的、过程的、突现的与建构的。"①

伴生种并不预设"物种"的范畴，他／它们可以是人工物、有机体、技术、人等。伴生种无所不包地容纳了技科学中的一切参与者，承认每种力量的作用，关注每种力量的效果。在社会建构论那里，"人"是被无限放大的科学实践力量，主体间的活动（谈判、说服）似乎完全确定了知识，非人力量被扫到黑暗的角落。而伴生种不仅平反了非人力量之于科学实践的意义，而且突出了非人力量对于人的建构与塑造。哈拉维说："在过去或者现在，人类不是'发明'了自然或文化，而是所有的参与者在一种怀特海式的'共生'（concrescence）中突现。伴生种在互动中成型。他们不只是互相改变，他们共同建构彼此，至少也是局部的建构。"②

哈拉维指出："关注一种话语突现的条件，并不等于把它的价值还原为意识形态的继子女（stepchild）地位。恰恰相反，我为多样性话

---

① Don Ihde and Evan Slinger, *Chasing Technoscience: Matrix for Materiality*, p. 69.
② Don Ihde and Evan Slinger, *Chasing Technoscience: Matrix for Materiality*, p.69.

语道德的、政治的、文化的与科学的不可还原的复杂性所驱使……"①可以看出，哈拉维对社会建构论的社会因果解释，尤其是意识形态化的简单解释持批评态度，因为它们将技科学的复杂性简化处理，掩盖了技科学中伴生种纠缠互动的动态关系。由此，她认为，伴生种研究需要"交叉分析"（intersectional analysis）科学实践中的"本体论的舞蹈"（ontological choreography）。

将"关系"作为技科学的实在，还是将"实体"作为技科学的实在，至关重要的区别就在于是否承认世界的生动性、多样性。实体，或是自然或是社会，它们对知识的解释都是"单调乏味的说明"。在科学实在论与社会建构论那里，行动者的异质性、活泼性都荡然无存，只有冷冰冰的自然或社会的法则；而关系联结了形色各异的世界，其间的力量不停地消长、斗争、协调。实体是静止的，而关系是历史性的，构成局部性、地方性、偶然性的情境。科学知识产生于关系，产生于情境。哈拉维提醒我们，要学会思考不同世界的生动性和力量，根据多物种与多知识的原则思考和参与生活世界。

此外，伴生种的互动关系表达了哈拉维对女性主义致力于批判的自由主义的批评。哈拉维说："互相包含的伴生种是一个严肃的女性主义问题，处于发展中的西方女性主义努力的核心，胜过重拾自由主义以及把利益最大化、限制和独立的自我作为自由的原型。"② 如果一定要提"自由化"，哈拉维对此词的解释是，自始至终都保持物质与符号的参与、肉体与意义的参与。

---

① Don Ihde and Evan Slinger, *Chasing Technoscience: Matrix for Materiality*, p.72.
② Don Ihde and Evan Slinger, *Chasing Technoscience: Matrix for Materiality*, p.70.

第四章 伴生种：生活世界中的关系

哈拉维自言，她对伴生种的关系思考主要源自怀特海的过程哲学。怀特海明确地反对传统西方哲学的实体实在论观点，认为构成世界的最终的基本单位既不是亚里士多德哲学意义上的"第一实体"，也不是笛卡尔哲学意义上的"实体"，更不是什么绝对的"精神实体"。怀特海过程哲学的主要思想是：宇宙处于永恒的创造进化过程中，构成宇宙的不是原初的物质或客观的物质实体，而是由性质和关系构成的有机体，有机体的活动过程是由构成有机体的各元素之间具有内在联系的持续创造的过程。《伴生种宣言：狗、人与重要的他者性》的一个标题就是"摄入"（prehensions）。"摄入"是过程哲学的一个核心概念。怀特海说，实际存在物（actual entity）与宇宙中的每一项都有某种完全而确定的联系。这种确定的联系，就是它对那一项的摄入。实际存在物是某种正在被摄入的事物，实际存在物由于彼此摄入而相互关涉，实际存在物的这种共在事实叫作"联结"。"那些直接的现实经验的终极事实就是这些实际存在物、摄入和联结。对我们的经验来说，所有其他一切都是派生的抽象物。"[1] 怀特海把实际存在物看作一个过程。在他看来，实际存在物是变动不居的，它处于不断流变的世界之中。"实际存在物是一个过程，这里存在着从状态到状态的生长，存在着整合与再整合的过程。"[2] 哈拉维的"物质-符号存在物"与"伴生种"就类似怀特海的"实际存在物"，它们联结、共生[3] 并相互关系，它们不断地变动、建构与生成。怀特海将过程作为

---

① 〔英〕阿尔弗雷德·诺思·怀特海：《过程与实在》，第33页。
② 〔英〕阿尔弗雷德·诺思·怀特海：《过程与实在》，第517页。
③ 怀特海把"共生"描述为"合生摄入"（concrescence of prehensions），共生意味着一种"实际的过程"。

实在，类似的，哈拉维把关系作为实在。传统认识论把主客体的区分作为认识发生的前提，但是怀特海用"摄入"否定了这种二分法。与认识活动必先有认识者的传统观点相反，怀特海指出，执行摄入功能者，即主体，是摄入活动的产物。他同时否认了客体是认识活动的自在对象，主张"客体也是在认识的过程中生成的，是与主体现实地发生关系的客观对象，或者说是主体的认识活动所指向的对象"。① 主体与客体是在实际存在物的相互作用中生成的，在认识活动发生之前，根本无所谓主体与客体。哈拉维在认识的主客体关系上的观点与怀特海基本一致，即主体与客体是认识活动的结果而不是前提。

哈拉维对伴生种关系的分析特别突出了伦理与政治的维度：人类对实验室动物的态度，对家养宠物的态度，对克隆动物的反应，政府关于养犬的相关法令，资本主义发展与狗的历史，禽流感造成的国家紧张关系与经济禁运……哈拉维说："在异质性的整体的科学中（不只是在社会科学中），不论隐蔽还是公开地坚持伦理与政治学为客观性提供基础这个推论，都承认了世界的客体的'力量'或'行动者'地位。"② 也就是说，对关系实在的分析旨在归还客体主动性的本真面目，废除无视客体力量的旧观念，给予所有参与技科学的行动者的行动同等认可，并加以解释。

哈拉维从科学、本体、认识论中的自然/文化二元论批判进入日常生活，反思自然与文化的关系究竟如何。相较于前面的批判性工作，这种反思更多地体现了一种哲学的探求。这种哲学探求很大

---

① 杨富斌：《怀特海过程哲学思想述评》，《国外社会科学》2003 年第 4 期。
② Evelyn Fox Keller and Helen E. Longino, eds. , *Feminism and Science*, p. 259.

程度上契合了当代哲学的"生活转向"。分析哲学进入以生活形式为语境的"语用学";科学哲学转向对科学知识与社会情境之关系的探讨;福柯从知识的形成中释放出知识的权力话语和生活底蕴;胡塞尔指出科学世界不能脱离"生活世界"这个意义基础;后期维特根斯坦的"语言游戏"理论认为要从生活中追求语言的意义;哈贝马斯主张语言以"交往行为"为基础,进而以生活世界为基础。这些哲学家无一例外希望把抽象的理性植入具体的社会语境。哈拉维"回到生活世界"也是坚持马克思社会历史实践观的必然趋向。马克思深刻指出:"至于说生活有它的一种基础,科学有它的另一种基础——这根本就是谎言。"[1] 这表明,马克思认为生活世界与科学具有统一的基础,因此对科学的追问必将回到以实践为基础的生活世界。

二 衍射:一种历史生成论的技科学研究方法

(一)反射与衍射:表征与重述

哈拉维对技科学实践的考察,对关系实在的揭示,借助了一种她称之为"衍射"(diffraction)的方法。这种方法在《诚实的见证者》中已经有所体现,在伴生种研究中更加突出,技科学中政治、经济、技术、道德的交织,各种行动者的交互作用都在衍射中生动展现。

首先,何谓"衍射"?这要与反射(reflection)对比来谈。镜子会反射,是我们的常识。用镜子照,就是提供一种精确的形象或表

---

[1] 《马克思恩格斯全集》第42卷,人民出版社,1979,第128页。

征，忠实地复制被照的东西。"镜子"通常被用作表征主义的隐喻。例如，科学实在论者认为，科学知识精确反映了自然实在，而建构主义者则认为知识是对文化的反映。客体、表征和主体的三方关系，牢牢植于现代性的话语中。波遇到障碍物时呈现的重叠、弯曲和扩散的现象就是衍射。相干波在空间某处相遇后，因位相不同，相互之间产生干涉作用，引起相互加强或减弱的物理现象。有一个经典的衍射实验：当光通过缝隙时，通过的光线被分散。在缝隙的另一侧放一个记录屏，可以在屏幕上看到光线通过的记录。用哈拉维的话说，这个记录展示了光线通过缝隙时的历史。

虽然都是光学现象，反射隐喻的是反映（reflection）的与相同性（sameness）的主题。哈拉维对反射产生了疑问："拷贝真的是原件的拷贝吗？反射或替代的形象真的有如原件那样好吗？"[①] 而衍射由差异的图样（pattern）标记，与反射正好相对。哈拉维指出，建立在反射基础上的表征只是在号称追求真实的世界，但是根本无法实现客观性目标，无法躲避实在论与相对主义之间的选择。"'衍射'，作为差异生产的模式，对我们急需的工作而言或许是比反身性更有用的隐喻。"[②] "衍射图样是关于异质性的历史，而不是起源的历史。"[③] 实质上，衍射是在追踪行动者的行动踪迹，类似于一种人种学考察。

技科学中的行动者、伴生种在政治、经济、心理、道德之线的穿

---

① Donna Haraway, *How Like a Leaf: An Interview with Thyrza Nichols Goodeve*, p. 102.
② Donna Haraway, *Modest_Witness@Second_Millennium. FemaleMan©_Meets_Oncomouse™. Feminism and Technoscience*, p. 34.
③ Donna Haraway, *How Like a Leaf: An Interview with Thyrza Nichols Goodeve*, p. 101.

引中交互作用，制造意义，显现出行动者的身体与生活的轨迹。衍射具体的操作方式就是"重述"（redescribe），"重述某物，使之变得比看起来更加丰富。"[1] 衍射图样的多样性与丰富性，代表了技科学实践的错综复杂。对于这个动态的关系过程的重述，揭开了自然与文化交互作用的内爆状态。内爆是高度特殊的建构，一直在随着内部组分的相互作用而变化。这种变化也不是从此时到彼时、从此地到彼地的发生，而是瞬时突现的。人与非人是异质性力量，但不是单独的个体，而是彼此关联（relate）的，被物质与符号技术促成结盟。通过衍射，我们发现，自然与文化、主体与客体、自然与人工、实在与模拟等一系列二分的现代性范畴不再有效。哈拉维指出："我对衍射图样记录互动、干涉、强化与差异的历史的方式很感兴趣。在这个意义上说，衍射是一种制造意义的、描述的、绘图的、心理的、精神的与政治的技术。"[2]

衍射有效地摆脱了表征主义和符号化的困境，同时将政治与价值自然地融入对科学生产实践的思考。这个方法的价值基于对真实生活世界的追求，显现出历史生成论的特征。

（二）回到生活世界

不同的物质－符号实践产生不同的对世界的物质重构，即不同的衍射图样。衍射用操作性（performative）描述代替表征主义，关注焦点由描述与实在的对应转向物质的实践、活动（doing）和行为。这

---

[1] Donna Haraway, *How Like a Leaf: An Interview with Thyrza Nichols Goodeve*, p. 108.
[2] Donna Haraway, *How Like a Leaf: An Interview with Thyrza Nichols Goodeve*, p. 102.

种研究主题的重大转变势必带来一个重要的本体论问题：如何看待物质。哈拉维指出，物质必须在物质－符号实践中、在相互作用中来理解。物质与符号在相互作用的动力学中相互暗含，任何一方都没有本体论或认识论上的优先，一方不能解释另一方，一方也不能还原为另一方，在缺少一方的前提下，没有一方能够被表达或进行表达。物质在相互作用中生成，它不是物（thing）而是活动，是对力量的凝结。衍射的操作性揭示出经验的复杂性和动态过程，用真实的生活世界取代了简单抽象的理论。

衍射图样依赖于装置的细节，任何一个参数的改变都会导致衍射图样的根本不同。可见，衍射是异质性要素的栖居地，并强调用差异的眼光去看待所有物质－符号实践。强调差异不等于把差异看作物的本质，因为技科学中没有任何存在（being）具有独立特性且存在于其他存在之外。衍射恰恰观照差异的"关系"本质。哈拉维指出："关系是技科学最小的可能的分析单位。"[1] 在关系中不存在拥有独立边界和特性的主体与客体，而只有力量的相互作用，而且，这种关系不是静态的，而是一种制定边界的活动。在对人与狗关系的研究中，异质性关系成为中心问题。哈拉维指出，在异质性关系中，我们无法区分自我与他者，而只能追问谁和什么在关系中突现。

近代西方科学一直试图在经验世界背后寻找永恒的规律，这就将时间完全遮蔽，直到现代物理学才出现重新复活时间的趋势。时间与历史的缺失势必影响科学的真实本质，造成表征主义的霸权。而衍射

---

[1] Donna Haraway, *The Companion Species Manifesto: Dogs, People, and Significant Otherness*, p. 20.

将科学看作在时间和历史中生成的,在历史和时间中发现及探索科学的文化扩展过程,从而彻底摈弃表征语言框架。

衍射图样记录的光线轨迹揭示了时间的产生和空间的不固定,丢掉了身份与表征的形而上学,完全是关于历史的。哈拉维认为,知识生产实践的主体与客体不是预先就存在的,而是在生活的物质-符号实践中瞬时突现的。认识不是人类意义上的智力活动,非人类也是认识实践的积极参与者,能对物质符号因素的相互作用做出不同的反应和解释。人、机器、动物、法律、制度、国家、技术产品在实时(real time)的科学的生活世界中相互联系、相互作用,使科学知识在这一过程中突现出来,这就刻画了生活世界中本体的历史生成。衍射对技科学以及自然文化实践的操作性理解挑战了把物质性固定化,或者把物质性看作人类力量的结果的观点。衍射中的因果关系发生了根本性改变。文化研究和建构主义的外部决定论及实在论的内部决定论都不再有意义,自由意志(free will)也失去可能,原因和结果只在物质与符号(自然与文化)的交互作用中突现出来。瞬时的偶然突现是内在历史性的标志。衍射给我们最具价值的启示之一就是反对只在科学的本体论意义上认识世界,而应在历史与时间中把握科学与世界。

小 结

人与狗的回应与互动寓意哈拉维所认为的自然与文化的恰当关系,也使自然或文化的决定论成为无意义。历史生成的关系使实在与建构的争论成为多余。哈拉维提出的关系实在论是对终极实在论的超越，将我们的关注点由自然或文化引向生动丰富的日常生活实践。因此，我们参与技科学必须以认识和把握日常生活中的自然与文化之复杂关系为前提。只有如此，我们才有可能获得多样性的、具有人文精神的科学。

再者，哈拉维的思考显现了后殖民主义的人文关怀。人与狗的关系其实是哈拉维所期望的"自我"与"他者"之间的理想关系，是她所向往的人与人之间保持差异、消除等级的理想状态。在她所谓的伴生种的亲密关系中，没有哪一方是对象，是资源，是无生气的。她对动物形象的解放，即是对处于同样地位的女性、有色人种、第三世界人民的解放。但哈拉维并不倾向于主张劣势群体具有优势群体没有的优势，她认为，互为伴生种的所有人类彼此之间存在复杂的变动关系。这些关系是我们应该关注的，人类的分歧并不足以使他们形成对抗的集团。

第五章

哈拉维女性主义技科学思想评价

前文较为详细地解读了哈拉维的女性主义技科学思想内容。哈拉维四个阶段的技科学思想不是彼此独立，也不是简单重复，而是同时体现了前后相贯的一致性和前后相异的革新性。我们可以分析其中的"变"与"不变"来深化对哈拉维女性主义技科学思想的认识。

哈拉维思想中始终不变的是历史生成的主张。哈拉维对物质－符号实践的全面观照，对偶然性、情境性和多元性的清醒认识，以及她对技科学研究方法的探索，使她的历史生成论具有既高于一般女性主义科学论（社会建构）层次，又有别于主流科学论的特征。哈拉维始终高扬追求民主、自由、两性平等、种族／物种平等的旗帜，坚持女性主义的政治诉求。而且这种政治诉求在技科学中是预设性的，而不是在文化批判中提出的。这是哈拉维与一般女性主义的共性，也是其与主流科学论最显著的区别。哈拉维的研究始终以生命科学为场点，无论是灵长学、免疫学、赛博、基因技术、生育技术，还是狗。哈拉维的专业训练及她对生物学的偏爱使她在这一领域树立了文化研究的典范。

在前三个阶段中，以赛博研究为分水岭，哈拉维的技科学思想及女性主义主张发生了重要转变。灵长学研究致力于研究科学生成过程中的性别负载，强调性别对科学生成的重要导向性，此阶段哈拉维的女性主义思想还没有脱离一般女性主义科学论者的藩篱，过于突出性别对于科学的意义使哈拉维不能完全摆脱社会建构的色彩，不能完全跳出自然／文化二元论的窠臼。赛博理论是哈拉维思想最具震撼力和最富魅力的部分。赛博最重要的意义就在于以一种差异与破碎身份的新本体粉碎了任何本质、任何基础、任何本源、任何分类。哈拉维赋予赛博"后性别"的特征，解构了女性主义者的理论支撑点——性别。性别本质的消解标志着哈拉维女性主义思想的重要转折。赛博提出了一种自然与文化的混合本体，塑造了一种新的科学对象。我们的科学对象不再是呆滞沉默的自然，而是由异质性要素杂合而生。在赛博理论提出后，哈拉维进入对认识论的文化批判与建构。这种文化批判与建构以分析科学知识的"内爆"过程为显著特征，揭示了异质性要素在科学知识产生过程中的相互作用。当然，在这些异质性要素中，哈拉维格外突出政治、道德与伦理要素的建构性意义。淡化性别的生成性作用，突出政治、道德与伦理的生成性作用，这一点既是哈拉维女性主义思想的新特征，又是她技科学思想的新走向。

总的说来，前三个阶段的研究集中在科学世界的视域，以批判自然／文化二分法为中心工作，而到第四个阶段，哈拉维的研究视域与中心都发生了显著变化。哈拉维转而关注我们如何在日常生活中建立与"他者"的亲属关系，这相较于她前面的解构性工作而言具有鲜明的重构性色彩。哈拉维不再围绕科学知识赖以产生的科学世界，而是进入我们的日常生活世界，去看自然与文化究竟是怎样一种关系或状态。她在研究中采用了"衍射"的方法，重述日常生活实践中与科学和知识相关的所有活动和关系，丰富了我们对科学与知识的进一步理解。哈拉维在伴生种研究中提出的关系实在论是她对自然与文化关系深入思考的理论成果,是对实在论与社会建构之争的超越。

第一节 哈拉维女性主义技科学思想的方法特征

哈拉维历史生成论的科学观与主流科学论的实践科学观就专注于科学实践研究而言是一致的,但是哈拉维采用了与主流科学论者相比标新立异的方法来表述自己的思想、建立自己的理论。

哈拉维本人对"方法论"(methodology)一词非常敏感,所以往往将她的方法论称作"工作方式"(ways of working)。哈拉维厌弃方法论的原因并不难理解。方法论是对方法的理论化,原本可以有多种表现形式的方法被统一为一种特定的标准。早在培根的《新工具》和笛卡尔的《方法论》就开始了对科学方法的一般说明。逻辑实证主义主张普遍的、非历史的方法,将物理学方法作为科学方法的典范。科学方法在逻辑实证主义那里成为客观性的重要标志,也成为科学权威的最佳证据。因此,捍卫科学就必须求助于可以普遍说明的方法和标准。查尔默斯指出:"放弃一种普遍的方法或者标准,必然牵涉到一种对科学的激进怀疑主义。"[1] 费耶阿本德"反对方法"的无政府主义无疑是对逻辑实证主义方法论的当头棒喝,但是其彻底的相对主义思想

---

[1] 〔澳〕艾伦·查尔默斯:《科学及其编造》,蒋劲松译,上海世纪出版集团,2007,第6页。

将科学推向与神话和宗教等同的地位，反科学主义的成果呈现出反科学的强烈倾向。女性主义如同所有其他后实证主义科学论研究一样，对帮助中产阶级白人男性压迫女性的科学方法激烈反对，并提出所谓的"女性主义方法"。① 哈拉维与这些女性主义者不同，她否认科学存在一套方法标准，否认任何群体拥有该群体的特殊方法，认为方法的使用必须根据使用者所处的情境。根据哈拉维的"情境知识"，方法应该是多元化的方法和一定历史情境中的方法。正是基于这种批判科学方法论的主张，哈拉维在技科学研究中刻意采用了一些被传统科学哲学排斥的非标准的方法（如隐喻），并创造了一些前所未有的新方法（如超文本、衍射）。

一 修辞学方法

通读哈拉维的作品后，我们可以发现，哈拉维在作品中经常涉及"比喻"（figuration）这种修辞格和方法。所弗里斯认为，这个概念是哈拉维的技科学研究方法之核心。在哈拉维眼里，技科学中"比喻"无处不在。她指出，"比喻"概念"深深植根于西方基督教实在论符号学的沃土中"。基督教比喻实在论集中体现在从犹太人《圣经》经文中揭示耶稣基督之故事的基督教实践。基督教会将旧约视作新约的预表（prefigurating），即尽管许多事件只有在新约中才真正发生，才有寓言，才可理解，但是仿佛它们在旧约中就已被描述。所以说，在

---

① 例如，哈丁反对女性主义方法论，但总结了一些女性主义方法，如定性研究、访谈等。

第五章 哈拉维女性主义技科学思想评价 | 281

基督教实在论的语境中，旧约可以简单视作对新约的比喻，而新约成全了（fulfill）旧约。旧约与新约之间的这种预表与成全的关系使现世意义与永恒意义之间产生了一种联系。旧约与新约之关系启发了人们对比喻义的重视，而圣餐礼将面包和酒与基督之肉身和血液等同的观点，强化了比喻义与字面义的密不可分。哈拉维指出，生活与世界存在于芯片、基因、种子、胎儿、数据库、炸弹、种族、大脑、生态系统等科学对象中。这份清单中的技科学"干细胞"由内爆的整个实践世界构成。但它们作为被抽象化的客体，不仅置换了有机体，而且置换了生产生动性（liveliness）的人和非人。因此，哈拉维说，芯片、种子或基因既有字面义也有比喻义。字面义就是它们作为自然－技术客体的意义，比喻义就是在它们被静止化、对象化的背后真实发生的实践。例如，基因在生命科学中被称为"生命信息的载体"，但哈拉维认为，基因是"关系领域的一个节点"，是"一种物质－符号存在物"。在哈拉维看来，我们一直热衷于认识字面义，即与这些自然－技术相关的科学知识，却忽视了比喻义，即解释这些科学知识生产过程的物质活动。

可以"基因图谱"为例，考察哈拉维对生命科学中的"比喻"的分析。哈拉维使用"具体化"（reification）一词描述基因绘图中一种观念或概念转化为一种客体的物化过程。在哈拉维看来，具体化"把物质的、偶然的、人类的和非人类的活性变成地图本身，因此，人们错把地图和具体化的实体当作广袤真实的世界"。[1] 换句话说，"具体

---

[1] Donna Haraway, *Modest_Witness@Second_Millennium. FemaleMan©_Meets_Oncomouse™. Feminism and Technoscience*, p. 135.

化"将基因图谱的符号内容推向前台,而将产生基因图谱的物质过程悄然抹杀。S. 富兰克林(S. Franklin)研究了生命和自然如何转变为特殊形式的物质和仪器,而这些仪器又如何变成了生命自身(life self)。哈拉维认为,基因图谱是这种情况最典型的体现:它既是工具/仪器,又是所指。生命转化为图谱后又转化为生命自身,物质的生物学转化为遗传意指(signification)后又转化为身体。这一连两个转化的过程通过应用表征而实现。哈拉维进一步指出,基因图谱宣告了一种固定实体——基因的产生,它成为人们崇拜的对象,被想象为力量的所有者并被接受为自然的物。正是由于这种对身体的狂热崇拜,身体的物质性和社会内涵被从概念领域驱逐出去。

出生于天主教家庭的哈拉维生活在象征意义的、以比喻描述的世界中,在那里,符号与肉体(flesh)深刻地联结在一起。于是,她提出,"语词和语言与肉体的关系要比与观念的关系密切得多"。[1]这里"肉体"的含义就是哈拉维经常使用的一个词"物质性",可见,哈拉维关于"比喻"的观念实际上主张的是技科学中物质性与符号学的结合。

哈拉维将科学对象看作"比喻",挖掘出被意义掩盖的物质-符号过程,这可以说是哈拉维独特的思考方式或视角。需要进一步关注的是她自己的写作也大量采用了"比喻"这种方法,而且她使用的"比喻"基本上都是"隐喻"(metaphor)。[2]哈拉维曾经坦言:"我离

---

[1] Donna Haraway, *How Like a Leaf: An Interview with Thyrza Nichols Goodeve*, p. 86.
[2] 《剑桥哲学辞典》(1999)指出,隐喻首先作为一种言语修辞格或一种比喻修辞而存在,同时指出,"隐喻被认为并不是与认知无涉的一种装饰,它们对于我们的话语的认知意义有所贡献"。

开隐喻根本就无法思考。"

伊万·塞林格（Evan Selinger）指出，在跨学科的背景下，隐喻对于传播复杂的概念具有特别重要的意义。一个好的隐喻能有效普及抽象而专业的概念，也能向门外汉展示科学实践的程序和构成。哈拉维充分考虑到她的读者几乎都是跨学科的读者，他们一般都不是自然科学方面的专家，无法理解科学世界（包括科学的组织规范、实践规则和行为标准），因此，她特别突出使用隐喻辅助分析。一方面，类似皮克林、拉图尔等实践转向的哲学家对科学实践的分析，哈拉维也赞同地采用过"力量""行动者""舞蹈"等隐喻，并提出了"内爆"这个她自创的技科学隐喻。另一方面，哈拉维围绕批判自然/文化二分的错误，提出了一系列标新立异的隐喻。如非静止非沉默的世界——"作乱精灵""郊狼"，逾越自然/文化边界的杂合体——灵长类、赛博、致癌鼠、伴生种、女性男人、吸血鬼，情境知识的切入点——视觉、反射与衍射的光学隐喻。与皮克林等人相比，哈拉维自创的隐喻不是集中于对科学实践程序的描述，而主要是帮助我们反思人类是什么、自然是什么以及人类如何与共存的他者建立关系，还有向我们建议如何从事技科学研究等问题。

《诚实的见证者@第二个千禧年：女性男人©遇到致癌鼠™：女性主义与技科学》的书名是哈拉维运用隐喻的典型。用古迪福的话说，"@""©""™"三个标志胜过任何其他的后现代主义语词，或任何其他的现代性范畴去标记20世纪晚期与现代性早期的体制性差异。哈拉维自己也表示："我给读者一个E-mail地址……是为了将一切事物置于网络之中。"E-mail对我们每个人而言都再熟悉不过，在我们的日常生活中十分重要，是 20 世纪晚期技科学中的一种交流模式。"@"暗含了十分复杂的关系网络，包括本体论、经济、历史和技术在内的网络。

在哈拉维的诸多隐喻中，生物学隐喻的比例最大。古迪福甚至认为，生物学不仅是哈拉维工作的主题，而且是她的方法论。哈拉维认为，生物学中的隐喻并不只是突出指称关系的隐喻，更为重要的是这类隐喻为我们接近非字面义的世界提供了最为丰富的资源。用哈拉维的话说："我想吸引读者关注事实与虚构、物质性与符号性以及客体与修辞的共时性。"[①] 灵长类、致癌鼠、基因、胎儿、狗、免疫系统等隐喻都是生物学隐喻的范例。以狗为例，狗在哈拉维这里的比喻义是和我们有着密切关系的异质性的重要"他者"，同时狗的背后交织着市民政治、国际贸易、国际政治、宠物产业、生物工程等线条。胎儿也不仅寓意未成形的人类，围绕胎儿，我们无法回避地要面对虚拟技术、妇女权利运动、种族歧视法案、不平等贸易方式。还有一种叫作 Mixotricha Paradoxa 的微生物，它与其他五种存在物独特的共生方式引发我们关于个体性与集体性、"一"与"多"概念的思考。

语言分析哲学认为，规范的描述性语言必须是字面的、稳定的、单义的，多义和歧义将使严密的逻辑关系无法成立。因此科学语言被限制在字面义、无修辞和可证实的层面，隐喻被排除在科学语言之外。但是随着科学理论实体和知识形态呈现越来越浓的修辞学特征，最近几十年，隐喻引起了玛丽·海西（M. Hess）等科学哲学家的关注和研究，推动隐喻逐渐在科学研究中占据方法论地位。哈拉维在技科

---

① Donna Haraway, *How Like a Leaf: An Interview with Thyrza Nichols Goodeve*, pp. 82-83.

学研究中使用隐喻不同于在科学语言中使用隐喻,但是她的直接用意在于挑战传统科学哲学普遍性的方法论,同时也是在实践她所主张的科学与文学、科学与审美有机结合的赛博理念。

二 生物学载体

如果我们总览一下,很容易发现哈拉维的研究基本上都是以生物学(灵长学、免疫学、遗传学等)为基础的,几乎不涉及更加严密和抽象的数学、物理、化学等自然科学。哈拉维认为,生物学总是与政治学和符号学实践纠缠在一起,绝对不能用单纯的表征性语言替代物质实践的过程。而且生物学与文学、人类学和历史学跨学科联系在一起。实际上,青睐生物学是女性主义科学论者从事科学论研究的突出特征。大抵有两个主要原因可以解释这种情况:①女性主义对于"生理决定论"的强烈反对和激烈驳斥离不开围绕生物学和生理学的论争;②生物学与其他自然科学相比,是唯一允许"性别"存在的科学,是关注人、关注生命的科学,而女性的权利和生命的权利正是女性主义者为之奋斗的目标。但是,哈拉维依赖生物学的原因还不止于此。哈拉维曾经指出,核物理学是支持冷战世界的科学,转基因学则是支持"新世界秩序"的科学。此观点的依据是:核物理等将人严格排斥在外的科学,遵循着二元对立、非此即彼的思维定式,而冷战思维最鲜明的特征就是霸权和对峙,所以从核物理等自然科学中我们更多得到的是反面的、需要批判的启示;而以转基因学为代表的生物学把人及其他生物作为主要研究对象,生物体之间以及生物体内部存在错综复杂的关系，许多生物体都是相辅相成、交互作用。所以，生物学比任何其他科学更适合倡导异质性要素之间的亲合关系的主旨。

三　符号学工具

符号学是关于符号或关于物如何有意义的理论或科学。符号学源于语言学，关注的是物和语词（能指）以及意义（所指）的关系。埃德加（Edgar）和塞奇威克（Sedgwick）认为，符号学是文化批评可借使用的最有效的理论工具。哈拉维常常采用符号学的研究方式，专注于分析产生科学对象的实践活动以及科学对象的意义。

哈拉维数次指出，狗是隐喻，也不是隐喻，它们是物质－符号存在物。这是因为，我们说"狗是狗"并不意味着我们把"狗"这个范畴作为自明的或字面义的，而是意味着我们把狗看作具体的、物质的或肉体的物，而且是拥有意义的物。可见，物质（物的物性）与符号紧密结合在一起。

哈拉维特别强调，物并不只是它们所指称的意义，它们是具体的真实的物。尽管哈拉维也说"狗是狗"，但是她指出，"狗是许多种存在物"，而且"狗的本体论事实上是非常庞大的"。哈拉维多次表示："在故事以外的世界中我们无立锥之地……客体是冻结的故事。"[1]哈拉维用"物质－符号"这个术语表示"故事"之意，来讨论"基因"等特殊的知识客体。用所弗里斯的话说就是追踪"它（基因）如何形成

---

[1] Donna Haraway, *How Like a Leaf: An Interview with Thyrza Nichols Goodeve*, p. 107.

了现在的意义,它经过了什么物质活动,或者我们用它进行了什么物质活动"。① 在哈拉维看来,这种追踪必然会发现许多行动者、身体、实践、客体、活动场域和世界。所以,她说:"基因不再是一个物……相反,'基因'这个术语指称的是一系列持续活动的节点,在这些活动中,许多人与非人的行动者相遇"。② "物质-符号"作为哈拉维技科学的核心概念之一,代表了自然文化(natureculture)之意,其重要意义在于更正由西方文化根深蒂固的二元论所造成的对科学对象"误置具体性"(怀特海语)的认识。这种认识源于"人与世界之间存在糟糕的割裂"。③ 在这种前提下,我们对世界的表征性科学语言难免患上"贫血症"。于是,哈拉维说:"意义既是肉体的又是语言的,绝不只是语言的。"④

四 从"反身性"到"衍射"

"衍射"是哈拉维主张的技科学研究方法,她之所以提出这个方法,是因为直接受到"反身性"问题的启发。"反身性"问题是当代科学论中最富挑战性的难题之一。它使"强纲领"社会建构主义陷入"自反的困境",而随后的实践建构进路虽然放弃了抽象的"利益",

---

① Z. Sofoulis, "Cyberquake: Haraway's Manifesto Prefiguring Cyberculture: An Intellectual History," in Darren Tofts, Annemarie Jonson and Alessio Cavallaro, eds., *Prefiguring Cyberculture: An Intellectual History,* Cambridge: MIT Press, 2002, p. 88.
② Donna Haraway, *Modest_Witness@Second_Millennium. FemaleMan©_Meets_Oncomouse™. Feminism and Technoscience,* p. 142.
③ Donna Haraway, *How Like a Leaf: An Interview with Thyrza Nichols Goodeve,* p. 107.
④ Donna Haraway, *How Like a Leaf: An Interview with Thyrza Nichols Goodeve,* p. 107.

但由于符号化与表征主义的局限,始终难以摆脱反身性困境。

布鲁尔在《知识与社会意象》中最早把"反身性"作为"强纲领"的最后一条理论原则。反身性原则要求对科学的社会学解释必须能够应用于社会学自身。社会建构主义以利益作为事实的参照系,因此必然质疑理性主义,也就必然面临自我反驳的反身性问题。库克拉(Kukla)指出:"所有事实都是社会建构这种说法,由于其普遍性,显然也是适合自身的:如果所有的事实都是建构的,那么元事实自身也是被建构的。更进一步说,元事实的元事实必然也是建构的,如此循环。看来强的建构主义导致了一种无穷的循环。"[①] 社会建构主义对反身性问题做出了不同回应,并引起内部争议。正是由于社会建构主义只强调社会因素才造成这种困境,于是,一些人开始把目光转向实践,研究实践建构中的反身性问题,反身性由社会建构走向实践建构。

在《科学实践中的表征》中,林奇与伍尔伽主张,要理解科学,必须研究它的表征实践。他们指出,文本、修辞与话语的实践建构科学知识,根据这个陈述的反身性逻辑,可以得出结论:我们同样利用了符号学的表征实践建构了我们关于科学的认识。对实践建构研究而言,这就引入了"一般的反身性问题",即质询什么实践构成我们对世界的描述。就像科学家通过实践建构事实一样,声称掌握科学的真理性认识的社会学家们建构了他们描述的指称物。拉图尔坦率地说:"我们关于生物学实验室中建构事实的说明与科学家自己的说明相比,

---

① Andre Kukla, *Social Constructivism and the Philosophy of Science*, London and New York: Routledge, 2000, p. 69.

既不比他们的好，也不比他们的差。……从根本上说，我们的描述无非是虚构。"[1] 因此，如果声称实践建构知识，就要承认我们对科学的描绘也是建构的。实践建构一方面要考虑科学如何表征世界，另一方面还要考虑它自身如何表征科学。正是基于这一点，伍尔伽和阿什莫（Ashmore）说："在科学的社会研究中，相对主义－建构主义视角下一步自然要发展为对反身性的研究。"[2] 当然，这种反身性研究具有更强烈的符号化与表征主义特征。

实践建构围绕自身的实践开展了"新文学形式"的创作以及故事的编造，但是其表征主义弊端也不可回避地暴露出来。首先，实践建构把科学实践中的各种异质性因素符号化，视为具有同等力量的行动者（actant——拉图尔语），因此，其反身性研究忽略了生活世界，漠视科学实践中的性别、阶级、种族、民族、宗教等社会因素。尽管实践建构通过对特殊实验室实践的考察得出了追踪"制造中的科学"（science-in-the-making）的结论，但是它们大都把诸如性别等社会变量看作确定的社会范畴，这就意味着它们没有意识到"制造中的性别"和其他通过技科学实践建构的社会变量。用哈拉维的话说，建构主义反身性过多地采用了"语言游戏"和"指称戏耍"的形式，这就造成了建构主义对语言的"屈服"。她指出，过于强调符号，必然造成对物质的重视不足，将抽象理论视作高于实际生活违背了客观性的

---

[1] 〔法〕布鲁诺·拉图尔、史蒂夫·伍尔伽：《实验室生活》，张伯霖、刁小英译，东方出版社，2004，第253页。

[2] Steve Woolgar and Malcolm Ashmore, "The Next Step: An Introduction to the Reflexive Project," in Steve Woolgar eds. , *Knowledge and Reflexivity: New Frontiers in the Sociology of Knowledge,* London: Sage, 1988, p. 7.

基本精神。可见，建构主义抛弃了客观性，但哈拉维极力寻求为其存留根基。所以，哈拉维说："我越是接近激进建构主义纲领的描述和一个特殊的后现代主义版本，就越是感到不安。"① 其次，反身性的目标是对称性地反思和描述研究者在建构中的工具性角色，所以实践建构的反身性研究还维持着认识者与被认识者之间的认识论的分裂。尽管反身性本来是为解决科学实践中的"自我不可见"（self-invisible）的指责而做出的使"自我可见"（self-visible）的努力，但是不管是可见还是不可见都有一个前提，即自我跟客体是相对的。

针对建构主义反身性研究的表征主义弊病，哈拉维修正性的探索主要包含两点改进：一是在承认历史随机性的同时强化对科学实践物质性的突出，即坚持物质-符号的技科学实践；二是摒弃认识者与认识对象的分离，将认识者的特殊性纳入认识过程。哈拉维的修正方案体现为"情境知识"的主张。声称局部客观性的"情境知识"由于既坚持了认识的情境性和历史性，又坚持了认识的物质基础，同时要求认识者"负责任地"解释和相互交流批评，实现了哈拉维所追求的女性主义客观性的目标。因此，"情境知识"既贯彻了反身性的宗旨，又凭鲜明的"操作性"特征克服了建构主义反身性的表征主义弊病。

"情境知识"虽然坚持了反身性的承诺，但是由于强化了反身性来源的定位，具有很强的政治色彩。"衍射"是在"情境知识"的基

---

① Donna Haraway, "The Promises of Monsters: Reproductive Politics for Inappropriate/d Others," in Larry Grossberg, Cary Nelson and Paula Treichler, eds., *Cultural Studies,* New York: Routledge, 1992, p. 185.

础上提出的技科学研究方法，但抹去了"情境知识"过浓的政治色彩。"衍射"简单说是对技科学物质－符号实践的重述，这种重述不是对实在的简单描摹和直接反映，也不是对符号的技巧性使用，而是一种操作性描述，与表征性的语言相对应，将隐藏在客体背后的丰富的实践活动展现出来。如果说表征性的描述将原本生动丰富的、人与非人力量等异质性要素参与的科学活动做了简单化的处理，表现为静态的、主客分离的语言，那么"衍射"就是重新揭示科学活动过程的生动丰富性，获得各异质性要素相互作用的"图样"（关系），表现为动态的、主客互动的操作性描述。总之，"衍射"最重要的意义在于突出了科学实践的物质性，纠正了反身性研究中过分偏重语言和符号的弊病，同时将历史与时间维度引入科学。

五 "超文本"写作

哈拉维不同时期的文本策略呈现很大的变化。她不再利用科学史中的长长案例表达观点，她的经验数据来自科学家专业杂志上的技科学广告、漫画和林恩·兰朵夫的绘画，或者来自她与爱犬的敏捷训练的体验。哈拉维主要运用了"超文本"（hypertext）的文本策略。超文本是电子技术，允许读者在信息中无序地穿梭，它是世界宽带网的核心技术。哈拉维在《赛博宣言》中指出，妇女无可避免地要参与技术。因此，她有意采用"超文本"这个源自信息技术的术语之特征进行写作。

根据超文本超级链接的特点，哈拉维用超文本链接了许多非同寻常的形象。"诚实的见证者"是早期科学的理想主体,"女性男人"是后现代科幻中的形象,"致癌鼠"是自然与当代技科学的杂合体。这些分别是理想的、想象的、物质的形象,在传统的科学与技术描述中不可能同时存在。但是哈拉维将它们数字化,重新编码,使它们共处于她链接的网络中。哈拉维还做了许多其他的链接,在当代生物科学和技术文化中链接了生物技术、广告、绘画、生物学表征、博物馆中的进化论与遗传学、传媒和大众文化以及发展中世界的妇女地位和公共卫生问题中美国有色妇女的地位。同时,哈拉维借助超文本的方法实现在广告、电影、绘画、科幻小说等多种文化批评载体之间的跳转。例如,哈拉维本来正在分析一段科学史,有可能戛然而止摆出令人捧腹的商业漫画;本来是在讲述科幻小说,有可能跟出一段诗歌。

超文本的写作方式一方面将技科学实践中内爆的异质性要素之线交织起来,将无比丰富与活泼的技科学实践映入读者眼帘,冲破了读者的认识和想象的限度;另一方面帮助哈拉维同时驾驭多种文化批评工具,实现了哈拉维将科学与艺术、文学、审美相结合的意图。

六 翻绳儿:跨学科的科学论研究

"翻绳儿"(cat's cradle)游戏是哈拉维提出的理解科学实践和从事科学论研究的理想方法。说其"理想",是相对于建构主义者[①]提出

[①] "战争/斗争隐喻"是拉图尔在《行动中的科学》中主要采用的一个隐喻,他将技科学的本质看作"战争/斗争"。哈拉维不赞同这种隐喻,所以这里的"建构主义者"主要就是指拉图尔。

的更具对抗性的"斗争"和"战争"隐喻而言的。

"翻绳儿"是一种手指用线打结的游戏。一个人用一双手可以打出几种样式的结来,然后传给其他人,其他的手/其他的人在前面人打的结的基础上增添并集合所有的结。在"翻绳儿"游戏中,一个人纵使会翻再多的花样也是有限的,只有通过传递给别人,由别人增加新的手法,才能增强花样的复杂性。游戏中既有个人的工作又有集体的集合,"既是地方的又是全局的,既是分散的又是纠结的"。[①] 更重要的是,在游戏中没有"胜利者",也没有最后的得分,"目标只是更加有趣和开放式终结"。[②] 哈拉维明确表示,"翻绳儿"实质上主张一种与拉图尔在《行动中的科学》中提出的论争、斗争和战争的隐喻相对立的,看待与研究科学的方式。她并不是说所有的科学工作都是和谐的集体工作,但是她认为,尽管有一些技科学实践的确存在争论和磋商,论争与斗争的隐喻仍然言过其实。哈拉维希望从事科学工作的科学家们改变相互之间以个人为中心的、论争的、斗争与冲突的实践方式,更加注重交流与合作。

"翻绳儿"也是对科学论自身发展的方法论探索。在哈拉维看来,制造花样和打结的乐趣,以及猜测什么手法翻出什么结来的乐趣,实际上代表了一种"具体的分析技巧"。她认为,科学论者应该从女性主义研究和文化批评中学到更多,反之亦然。可见,"翻绳儿"为将科学论、反种族主义女性主义理论和文化研究之线交织起来提供了可

---

① Donna Haraway, "A Game of Cat's Cradle: Science Studies, Feminist Theory, Cultural Studies," *Configurations*, 2.1, 1994, p. 70.
② Donna Haraway, *Modest_Witness@Second_Millennium. FemaleMan©_Meets_Oncomouse™. Feminism and Technoscience,* p. 268.

能。哈拉维在技科学研究中一直在运用"翻绳儿"的跨学科研究方法。她本人就热衷于借鉴她的同事、学生和同行的思想，如桑多瓦尔的"对立意识"、卡蒂·金的诗歌研究、巴特勒和乔安娜的女性主义科幻小说、兰朵夫的绘画等。"翻绳儿"实际上是鼓励技科学的研究者们在他们关于知识、权力和主体性的研究中更加注重女性主义、反种族主义以及多元文化主义的跨学科的相关研究。

第二节　哈拉维女性主义技科学思想的定位

一个人的思想只有放在他所处的学科领域和时代背景下才能显现出其价值，这种价值也才可获得无可辩驳的说服力。作为一名女性主义者、科学史家与文化批评家，哈拉维必须回到她的思想发源地——女性主义、拓展地——科学论，以及对她有重要影响的后现代文化中，我们才能对她的思想合理定位。

一　女性主义科学与技术研究[①]中的哈拉维

哈拉维在界定自己的身份时首先承认自己是一位女性主义者，然

---

① "女性主义科学与技术研究"（Feminist Science & Technology Studies）始于20世纪70年代，主要包括对科学史、科学哲学以及技术哲学的研究。"女性主义科学与技术研究"是女性主义学术研究中比较通用的说法，哈拉维本人也多采用这种说法，而较少使用"女性主义科学技术论"。当然，也有很多女性主义者及以外的人使用"女性主义科学技术论"的表述。

后才是科学史家。因此,她的技科学思想理应最鲜明地具有女性主义的特征。那么哈拉维的女性主义与其他女性主义有何不同?换句话说,哈拉维的女性主义在女性主义中的地位和意义如何?这项工作我们以把哈拉维与具代表性的其他女性主义者做对比的方式开展。

(一)多元文化批判价值中立

20世纪上半叶,逻辑实证主义在西方科学哲学界占据统治地位。直到五六十年代,波普的"证伪"理论、汉森的"观察渗透"理论、奎因的"整体论科学观"、库恩的"范式"理论以及费耶阿本德的"反对方法"陆续挑战了逻辑实证主义。然而在科学哲学之外的领域以及主流的科学观中,逻辑实证主义的地位仍然不可动摇。逻辑实证主义认为,科学理论是由基本的经验命题构成的逻辑体系。科学是建立在事实逻辑基础上的客观知识,它不受社会价值的影响,也无善恶之分,是价值中立的。科学家对自然的追问是超然的,不带任何感情与价值色彩,科学家借"上帝之眼"看世界。这就保证实现逻辑实证主义标榜的"价值无涉"的客观性。

库恩的范式理论指出,科学家的兴趣、价值观、语言习惯、社会心理等因素往往影响科学活动,科学共同体拥有的许多信念往往是非理性的。他甚至认为,科学是"以价值为基础的事业"。[①] 历史主义的批判将社会、文化、历史、心理因素纳入科学,为其他反主流科学观的力量树立了榜样。于是,人们认识到科学无法超越价值

---

① 〔美〕库恩:《必要的张力》,第286页。

因素，无法摆脱社会与文化情境，科学甚至被认为是一个"相当偏私的参与者，他使某些社会、政治和经济力量合法化而使另一些力量非法"。[1]

女性主义科学观在一定程度上也受到了历史主义的影响，而且对库恩进行了符合女性主义需要的解读。女性主义认为科学及技术并不是价值无涉的，科学中渗透着根深蒂固的性别偏见，技术的设计与使用与男性画下了等号。弗吉尼亚·伍尔夫说："科学似乎是没有性别的，但事实上，科学是个男人，是个父亲，同时也是受污染的。"[2] 女性主义者的研究表明，科学和技术已经被男性、白人、异性恋者以及统治阶级利用，这些在文化中占统治地位的人通过科学理论与技术的应用加强了对妇女的控制，科学与技术已成为性别歧视、种族歧视、异性恋和阶级剥削的帮凶。女性主义者由此断言，科学的捍卫者所言的"纯科学"，绝非价值中立。女性主义在这一点上甚至比库恩走得更远，他们认为，价值中立非但不是客观性的保障，反而是客观性的最大障碍。

女性主义者首先从科学史中揭示所谓的"男性密码"。比较著名的案例就是麦茜特、哈丁以及凯勒对弗朗西斯·培根所谓的"厌女症"的论述。麦茜特发现了培根的"强暴"隐喻，近代科学把自然视为等待强暴的女性，对女巫的拷打就象征着对自然的审讯。哈丁赞同

---

[1] 〔美〕大卫·雷·格里芬：《后现代科学——科学魅力的再现》，马季芳译，中央编译出版社，2004，第12页。

[2] 转引自 Hilary Rose, "Beyond Masculinist Realities: A Feminist Epistemology for the Science," Ruth Bleier, eds., *Feminist Approaches to Science,* New York: Pergamon Press.1986, p. 59。

地指出，培根用赤裸裸的性想象来解释作为探索自然的实验方法的关键特征。凯勒更是抓住培根说过的"使自然成为你的奴隶"这句话不放。于是，培根著作中的"强暴、拷打与性"经过这几位重要女性主义者的大肆宣扬，在多数女性主义者那里成为科学著作对女性诽谤性隐喻的明证。女性主义者对达尔文的生物进化论也极端敌视。他们认为，这个理论将男女在生理上的差异转化为意识形态上的永恒等级差异。达尔文及其后继的进化论者被女性主义者视为社会沙文主义者。然而，女性主义对科学史的考察并没有充分的说服力。因为，他们只是抓住科学史文献中的只言片语然后做片面地理解与夸大，或由于缺乏自然科学知识而难以正确认识科学史。

然而，这丝毫不影响女性主义者的研究热情，他们"勇敢地"进入对当代科学内容的考察，继续寻求男性的"密码"。法国精神分析女性主义者露丝·伊里伽莱（Luce Irigaray）曾说："科学总是选择或排斥那些由有关研究学者的性别所决定的东西。"[①] 英语文学家海莉斯（Hayles）认为流体力学蕴含男性至上主义的特征与价值，女性完全可以建立不同的流体力学模式。然而海莉斯对"线性"与"非线性"概念的分析只是为了迎合男性的压制与征服和女性的解放的含义，从科学常识上讲是充满错误的。马丽琳·康贝尔与拉戴尔·康贝尔甚至仅凭她们厌恶的数学中的语言表述形式，而认定数学中也充斥着性的意识形态，从而声称要发展一种更高级的女性主义数学。女性主义关于精子和卵子在受精过程中扮演的角色的激进争论影响面比较广。女性

---

① Alan Sokal and Jean Bircmont, *Fashion Nonsense,* New York: Picador USA, 1998, p. 106.

主义者反对"害羞的卵子与勇猛的精子"的发育生物学表述，他们试图为卵子的主动性翻案。围绕此问题产生了不少论著，但是女性主义者的论证并不令人信服，因为实验可以清楚地展示受精过程，精子与卵子何者主动、何者被动只是表述语言的问题，于受精过程毫无影响。

总的说来，多数女性主义者对科学史与科学内容的研究过分依赖隐喻和想象的语言，脱离了科学的逻辑内容与历史情境，这也成为女性主义科学与技术研究招致批评和轻视的根本原因。因此，即便是有些女性主义的批评者承认科学中女性从业者少、居于劣势等性别偏见的客观情况存在，他们也断然拒绝科学内容与性别有任何瓜葛，甚至轻蔑地称这种女性主义的研究为"时髦的胡说"。这就表明，女性主义试图进入科学内部的努力困难重重。

相比之下，哈拉维的策略更高一筹。她首先用"技科学"概念打通了科学"内部"与"外部"的界限，这就为她自由地出入科学内外提供了保证。大多数女性主义者集中于批判科学中的男性中心主义，揭示性别偏见对科学知识的影响。她们发现，科学家在确立科研课题、选择概念框架、设计实施方案时总是忽略女性的利益与价值。哈拉维赞同科学中存在男性中心主义，但她反对把性别看作既定的范畴，而认为性别是在科学活动过程中被建构的产物。如科学家根据雄性与雌性灵长类的动物行为学判断人类男性与女性应有的特征，灵长学以其雄性统治、支配、占有雌性的科学理论辩护了人类社会男性对女性统治、支配与占有的合理性。

哈拉维坚决回避这样一种看法，即对性别的理解可以独立于种族和阶级政治。她的灵长学史研究表明，灵长学在建构"自然"、建构性别之时，深深受到了当时种族政治与殖民主义政治的影响。于是，她提出，种族、阶级、民族等文化要素都参与了科学知识的建构。例如，免疫系统理论中的防御"他者"对"自我"的入侵为种族歧视与排斥增加了佐证。科学家或土著民的性别、种族、阶级与民族特征在灵长学研究中格外突出。男性科学家占据着出版资源，女性科学家比男性科学家更能够与灵长类建立起亲密的关系，白种科学家在研究中拥有无可争议的领导权，为研究做出贡献的"下层人"的工作在研究成果中都被抹去。在哈拉维的科学史研究中，有基于种族与性别的劳动分工的实验室研究或野外考察，有科学家对动物的残忍杀戮，有响应政治、军事需要而被提出的科学理论，有牺牲第三世界国家利益的动物出口贸易，有践踏非洲国家主权的武装入侵，有为转移阶级矛盾而强化的科学宣传，有科学理论对异性恋与家庭模式的照搬，有限制有色人种从事科研的教育体制，有排斥移民的非正义的福利政策……哈拉维发现，不只是性别偏见，种族歧视、阶级压迫、民族利益等多元文化要素与性别一样在科学中起作用，男人与女人、白种人与有色人种、资产阶级/中产阶级与无产阶级、发达国家与落后国家、人与动物、西方文化与东方文化等拥有明显等级标记的对立范畴在科学中随处可见。正如著名黑人女性主义理论家贝尔·胡克斯（Bell Hooks）所说："种族歧视、性别歧视和阶级偏见，虽然在理论上可分，但在实际上不可分。这些压迫中的任何一种都不能提前消灭，不会在与之相关的其他压迫形式灭亡之前消失。"[1] 因此，哈拉维的批判矛头同时指

---

[1] Bell Hooks, *Yearning: Race, Gender and Cultural Politics,* Boston: South End Press, 1990, p. 59.

向多个方位。

　　相较于那些追寻科学的"男性密码"的女性主义研究，哈拉维的视野更加开阔，在她看来，科学产生于多元文化的"工具箱"中。哈拉维之所以将科学中的文化维度扩展到性别以外的种族、阶级、民族等方面，最主要是因为她采用了文化批评的视角与后殖民主义的理论。文化本身十分宽泛，"伯明翰学派"称文化为"一种整体生活方式"，后殖民主义则是关于文化差异的理论。其次是因为她对生命科学史进行了长期的翔实考察，而不是浮光掠影地寻找可供女性主义批判之用的性别偏见的证据。另外，她对二元论框架下的等级对立有更深刻的认识，男女两性的对立只是其中之一。

　　作为后现代思潮的孪生姐妹，女性主义与后殖民主义有着千丝万缕的关系。它们共同关注在统治结构中被边缘化的"他者"，自觉维护他们的利益，并以颠覆性别的、文化的、种族的等级秩序为己任，并肩与父权制及殖民主义的共同根基——二元论作战。在很大程度上，这两种理论是互相支持和推动的，哈拉维就将此二者紧密地结合在一起，以强化她所关注的科学中的"差异"问题分析。后殖民主义批判西方中心主义的种族等级制，女性主义讨伐男性中心主义的性别等级制，哈拉维则指出，种族、性别、阶级的等级制在科学中心照不宣地相互结盟，排斥妇女和有色人种。在哈拉维看来，人类将自然客体化、对象化的"主人做派"与萨义德所反对的西方对东方进行宰制的"东方主义"如出一辙。身份和认同是哈拉维与后殖民主义共同批判的对象，因为正是它们使"自我/他者"的二元论堂而皇之地统治了整个文化。后殖民主义宣扬的杂合性、异质性、多元性也为哈拉维所采纳。情境知识主张任何地方性的、局部的见解都有资格表达和解释，这无异于将科学的大门毫无保留地敞开，所有种族、民族和性别的人都有权利提出自己的知识方案。情境知识不啻为后殖民主义批评在知识领域的理想，当然，后殖民主义科学批判中的一些矫枉过正的"非洲中心主义"以及"黑人科学""土著科学"等带有伪科学性质的主张的激进程度已经超出了情境知识的限度。哈丁曾对后殖民主义与女性主义的结合评价道："后殖民主义和女性主义可以被有效地视为由社会关系以及有关社会关系的思考方式的变化（即话语的变化）开辟出来的思考空间。在这种空间范围内，可能提出新颖的问题，可能表达和争论新颖的未来可能性。"[①]

总之，哈拉维的女性主义矛头对科学的考察并没有局限在科学中的女性问题上，也没有停留在对科学的性别中心主义的批判上，而是从各个角度深入分析科学中随处存在的不平等现象。她将后殖民主义与女性主义结合起来，更深刻地揭示了社会、文化与历史语境对科学知识的建构，以及科学知识与它们的互动。

（二）开放的女性主义客观性

女性主义揭露了科学文化中的男性至上主义、白人至上主义与帝国主义，将标榜价值中立与"真理符合论"的客观性概念抛入故纸堆。他们试图创造一个新的"客观性"概念，即一个负载价值、情感、背景假设以及社会公正的"客观性"概念。女性主义认为，客观

[①] 〔美〕桑德拉·哈丁：《科学的文化多元性》，第22页。

性首要的任务是服务于公正而非真理,如果女性及女性的经验和价值被系统地排除于科学领域之外,那么科学就不是客观的和社会公正的,相反是加强社会控制的工具。不少女性主义者也不否认科学的终极目标是寻求客观知识,但他们认为,必须对这种寻求过程加以批判性审查,以防止这个过程被形形色色的霸权污染。

女性主义认识论分支庞杂,理论众多,不成体系,因此,将哈拉维的客观性思想放在整个女性主义客观性研究中比较困难。女性主义立场论对客观性的思考在女性主义认识论中举足轻重,其主张在相当程度上已成为女性主义知识范式的代表。所以,我们拟就哈拉维的客观性思想与立场论的客观性主张做对比性考察,从中析出哈拉维客观性思想的特点与意义。

立场论领袖哈丁提出了关于客观性的"强纲领"——"强客观性"。"强客观性"指出,知识无法割断自身的社会文化脉络,也无法脱离认识者所处的社会位置,这些脉络与位置既可能推进也可能限制知识的生产,所以应该清楚地把认识者的价值、信念与所生产的知识联系起来,表明这些文化要素与知识的结构性特征。也就是说,不仅要批判性地考察科学知识与科学理论,还要考察科学共同体的背景假设、辅助假设、研究所在的文化情境,如此才可能达成更大的客观性。简而言之,"强客观性要求把知识的主体和客体置于同一位置,都要展开因果性的批判"。①

---

① Sandra Handing, "Rethinking Standpoint Epistemology: 'What Is Strong Objectivity?'" in Linda Nicholson, eds., *Feminist Epistemologies*, NewYork and London: Routledge, 1993, p. 69.

第五章 哈拉维女性主义技科学思想评价

哈拉维提出的"情境知识"是女性主义对客观性的一种解释。情境知识这种具体的客观性学说,表达了哈拉维期望实现的人们看待与理解世界的方式。情境知识最显著的特点就是局部视角。哈拉维认为,局部视角具有无与伦比的认识优势,是客观性的保证。不同的人有不同的看的方式与认识定位,所以不存在谁是科学的"局外人"的问题。由此,观察的统一标准被消解掉了。哈拉维说:"分裂(splitting)而非存在,是女性主义科学知识认识论的优势形象。"[①] 这里的"分裂"指的是主体本身的多元性以及主体之间的多元性。同一个主体由于可以有多种定位,就可以有多种视角;不同的主体更是由于定位的差异而有多元化视角。每一种视角都有自己合法的地位,但是每种视角又不能自以为是,必须与其他视角进行批评与监督。哈拉维指出:"同一性,包括自我认同,并不能产生科学,批评性的定位才会产生客观性。"[②] 情境知识的第二个显著特点就是主张一种负责任的科学。多元的主体要根据自己的定位解释看到及参与的实践,不同的视角以及不同的理论之间要展开批评与自我批评。哈拉维甚至称理性知识为"正在进行的批评性的解释过程"。她把这种负责任的、批评性的解释视为客观性的基础。总的说来,情境知识承认不同认识者的不同定位,以及由此定位引起的不同知识,但是它要求对这些差异的定位与知识进行批评性考察和解释,同时要求促进这些不同定位之间与不同知识之间的联系,这样方能实现关于世界的更客观而充分的知识。可以看出,情境知识着重强调了客

[①] Donna Haraway, *Simians, Cyborgs, and Women: The Reinvention of Nature*, p. 191.

[②] Donna Haraway, *Simians, Cyborgs, and Women: The Reinvention of Nature*, p. 193.

观性的实现途径问题。

不论是哈丁主张的对认识者的社会文化负载的反身性考察，还是哈拉维要求的局部视角的批评性解释，都是对解构以后的客观性的重构方案。可以看出，哈拉维与哈丁的客观性方案都不是本体意义上的客观性，而是操作意义上的客观性。这种客观性是本体论、认识论与价值论的统一。

情境知识及"强客观性"都强调对知识生产过程的考察，并不是只关注最终的知识产品与科学理论。也就是说，它们同时进入了"发现的与境"与"辩护的与境"。除此两种方案外，凯勒的"动态的客观性"、朗基诺的"情境主义"也都在一定程度上强调了研究主体和对象之间的互动关系、主体的具体历史性及研究过程的情境性、女性日常生活和经验立场（定位）对于知识构成的不可替代性。因此，重视女性日常生活、日常经验和日常语言的"情境性"，成为女性主义知识范式的标志。同样是主张"情境性"，哈拉维比其他女性主义者贯彻得更彻底。她主张不只科学是情境性地由政治、经济、道德、伦理等文化要素塑造，而且这些文化要素（特别是女性主义者固守的"性别"分析工具）本身就是情境性地变动的。换句话说，建构科学的文化要素本身就是被建构的。这也是为什么哈拉维能比其他女性主义者更超脱社会建构论。

女性主义既是一种学术思潮，也是一种政治运动。虽然女性主义学术研究整体上比较脱离女性主义政治运动，但学术研究的使命始终是实现女性与男性的平等及妇女的解放。情境知识与"强客观性"都试图"通过改变性别不平等的知识结构，将妇女经验、意识、现实和利益纳入知识范畴之内,恢复妇女在历史上的'可见性',并最终摆脱从属和被压迫的社会处境"。[①]情境知识与"强客观性"都把建立更加民主、更加自由、更加公正、更加多样性的"后继科学"作为自己的理想目标。二者对"后继科学"的诉求还是典型的启蒙思想的产物,从这个意义上讲,女性主义后现代的激进的认识论还是没有跳出现代性的框架。由此,我们可以将情境知识及"强客观性"看作表现为女性主义认识论的政治策略,所以女性主义认识论具有鲜明的政治化色彩。但是,这也造成了一些反对者攻击的口实,即女性主义混淆了学术与政治、科学与意识形态。

情境知识与"强客观性"都认识到知识与权力密切相关,但是二者对这种相关性的反应不尽相同。"强客观性"指出,作为"地方性"知识之一种的欧洲科学之所以在世界范围内获得成功,成为知识的典范,根本原因在于男性权力在文化中的强势以及帝国主义权力在欧洲以外地区的扩张。于是,"强客观性"提出了制止"有权就有理"的方案,即揭露欧洲科学被建构为权威的真相,暴露欧洲科学技术的局限。情境知识承认所有局部视角,而不去计较这种视角归属何种定位。也就是说,情境知识承认局部视角中的权力因素,不要求将其驱逐出知识。哈拉维曾表示,我们不是要逃避,而恰恰是要学会阅读知识中的权力之网。西方科学本质上是局部知识,不应自然地优于其他知识,所以情境知识与"强客观性"都否认了西方科学的中心地位。但是,情境知识保留了知识与视角之间的批评

[①] 章梅芳、刘兵主编《性别与科学读本》,上海交通大学出版社,2008,第83页。

和解释，也就是说，不同的知识不是绝对平等的，它们之间肯定有更合理的关系。情境知识没有因为西方科学中的权力因素而主张放弃科学，而是增加了对科学的批评性审查，这种审查可以使科学具有更强的客观性。

情境知识与"强客观性"的主旨都是反对一种科学、一种真理、一种知识，主张多元论。但在贯彻多元论的彻底性上二者程度不同。哈拉维相信，任何一种独特的、有理有据的、负责的声音都是有价值的，所以，情境知识持一种彻底的多元论。"强客观性"由最初的推崇女性的边缘认识的优越性发展为承认包括穷人、有色人种、第三世界人民等在内的边缘群体的边缘认识的优越性，在一定程度上克服了本质主义与整体论的弊端。扩展后的边缘群体似乎显示了一种多元性，但这种边缘认识论还是坚持一种顽固的身份政治。也就是说，"强客观性"主张的是边缘人的真理与知识，这就无疑是用另一种真理的权威取代科学的权威。需要说明的是，情境知识并不是友善兼容的多元文化论，因为用哈拉维的话说，"许多知识的确立需要来自全球和地方的人们的组织、表达和斗争"，① 知识总依赖于权力的支持或限制。那么是不是情境知识就意味着相对主义的无差别的知识呢？哈拉维说，虽然情境知识造成了众多特殊性和差异性的故事，但这些故事中总有某种是比较好的，具有更强的客观性。

情境知识与"强客观性"因为承认知识的情境性与地方性知识的合理性，必然遭到相对主义的批评。相对主义是任何建构论者都不得

---

① Donna Haraway, *Simians, Cyborgs, and Women: The Reinvention of Nature*, p. 193.

不面对的指责。哈丁的策略是声称"强客观性"属于文化与历史相对主义,而区别于判断相对主义。判断相对主义即知识论的相对主义,主张所有的判断都同样好,这无疑是荒谬的说法。历史相对主义认为科学相对于具体的历史情境,而且历史情境只是知识的必要条件,并不是不容批判的。哈拉维也预见到这个困境,因此在情境知识的阐述中,她开门见山地划清了与相对主义的界限。她批评相对主义的虚无主义与犬儒主义①实质。她强调情境知识关注科学实践的物质化活动,承认物质性力量的行动者地位与主动性,表明每种局部知识都建立在具体的物质基础(如身体与实验仪器)之上。可见,物质的真实性是哈拉维坚持的原则。这就涉及一个问题:同时坚持建构论与物质真实性有无可能?既是又不是,这对任何理论主张而言都十分危险。哈拉维把自己这种冒险的举动称为"走钢丝"。

至少,我们在此可以认识到,纵使情境知识与其他女性主义认识论无法回避的相对主义质疑是它们需要应对的最大难题,但它们依然相信:一方面,文化要素直接影响科学问题、自然概念、假说、方法以及科学理论的选择;另一方面,自然亦参与这个过程。总之,科学主张可以既是经验上可靠的,也是历史时代的一部分。

总之,哈拉维的客观性思想放弃了争论不休的关于客观性标准的讨论,关注客观性实现的操作性程序;坚持科学实践中的物质真实性和历史随机性;辩证地看待科学的经验证实性和历史情境性;以认识论的探索辅助女性主义政治策略的实现;将身份政治拒之门外。相比

---

① 哈拉维用"犬儒主义"批评相对主义在政治上的胆怯。

主流的女性主义认识论，哈拉维的客观性方案既保留了充分的女性主义特征，又显示了冷静、"理性"和开放的态度。

（三）彻底批判和超越二元论

二元论是现代性的重要基石，也是西方认识模式的重要基础。二元论将世界划分为对立和分离的两大块：文化/自然、主体/客体、男人/女人、精神/肉体。这些对立范畴中的两项不是平等的，前一项总比后一项优越。女性主义认为，二元论深深地渗透在西方文化中，科学是文化的一部分，因而必然受到二元论的毒害，必然浸透着这些不平等的划分。意识到这个女性受压迫的哲学根源，女性主义对二元论展开批判。

女性主义认为，认识上的二元论与西方文化中男女两性的性别两分法存在对应关系。在通常的理解中，文化、精神、理性、客观、勇敢、主动与男性相联系，而自然、肉体、感性、主观、柔弱、被动与女性相联系。[1]这种约定俗成的关联导致文化中形成了所谓的"男性气质"与"女性气质"，并成为评判与约束男女两性行为和道德的隐形标准。"男性气质"与"女性气质"的区分具有明显的等级制与统治的逻辑。凡是属于"男性气质"的范畴，都符合主流社会的价值标准，都应肯定和发扬；凡是属于"女性气质"的范畴，都是需要批判和超越的。女性主义指出，性别是社会结构与制度的产物，女性是男性为把自身确立为"自我"而规定的"他者"，所以"男性气质"与

---

[1] 其他还有诸如将冲动、坚强、线性与男性联系，将耐心、脆弱、非线性与女性联系的看法。

"女性气质"中包含的诸多二分法根本没有资格作为规律或法则。这些二分法实际上是两性二分的忠实帮凶,强化着男性对女性的权力,维持着父权制的秩序稳定。这些二分法长期浸染社会文化的各个层面,并构成了特定的社会政治与实践。科学作为一种社会体制,不可避免地体现着这些二分法与两性二分的勾结。男性和女性不同的气质以及生理特征导致的智力、能力与思维认知方式的差异,使女性被认为不适于从事科学研究。男性科学家占绝大多数,并处于权威地位;女性则相对缺席,那些勉强跻身科学领域的女性也不得不面对重重障碍和种种不公正待遇。女性主义认为,在科学领域,男性挥舞着二元论的武器,成功统治着女性。女性主义就是要将隐匿在科学中的二元论思维揭发出来,揭露女性在科学中受压迫的根源,并为那些被贴上"女性"标签并被驱逐出科学的价值重新确立合法性。凯勒在为女生物学家麦克林托克作的传记[①]中,突出了麦克林托克与她所研究的植物之间的感情交流与沟通,表明女性拥有优于男性的独特感知力。麦茜特揭示了科学自起源之日起,就具有性别建构的性质。苏珊·波尔多(Susan Bordo)与劳埃德(Lloyd)分析了建构合理性与客观性时的男性隐喻。朗基诺与尼尔森(Nelson)等则认为,男性的价值与政治学进入了科学推理的过程。

然而,在哈拉维看来,批判科学中的二元论并没有达到女性主义所期望的铲除等级与对立之根源的目的,原因是,女性主义对二元论的批判存在一个严重的"盲区",即疏忽了性/性别的二分。她

---

① 中文本为《情有独钟》,赵台安、赵振尧译,三联书店,1987。

发现，这种区分在马克思与恩格斯那里就已经有了萌芽。马克思在《德意志意识形态》中将劳动的性别分工自然化，并在《1844年手稿》中将男人与女人的关系作为人与人之间最自然的关系。恩格斯在《家庭、私有制和国家的起源》中则通过对生产与再生产的分析将妇女所受的压迫理论化。哈拉维说，马克思、恩格斯都没有对妇女的性与妇女的劳动做历史化的分析。真正将性与性别相区分的观念始于波伏娃的一句格言："女人并非天生就是女人。"这句格言开启了女性主义思潮的第二波，将"性别"推向女性主义最核心的概念。此后的女性主义将"女性气质"与"男性气质"的社会政治意义同女性与男性恒定的生物学特性区分开来。由此创造的"性别理论"通过对性和性别的界定，提出性别最终导致社会性别歧视，从而动摇了顽固不化的"性（生理性别）决定一切"的传统观念。女性主义从此开始关注塑造了男女不同气质的社会政治配置。哈拉维说："提出性别概念是为了在多样性的斗争领域与性差异的自然化分庭抗礼。"① 然而，波伏娃为妇女指出的成为男人那样的"完整之人"的自由之途是，女性拒绝与身体以及与自然的联系。因为，只有超越自然与肉体，女性才能进入男人所在的高尚的精神领域，才能弃绝不良的"女性气质"。哈拉维认为，波伏娃轻视身体与自然的观点无异于再次退入二元论的窠臼。

斯托勒（Stoller）首先提出"性别身份"（gender identity）概念，性别身份是保证人的主体可能性的一种财产。此概念把性与生物学相

---

① Donna Haraway, *Simians, Cyborgs, and Women: The Reinvention of Nature*, p. 131.

连，性别与文化相连，确立了生物学与文化区分的框架。哈拉维指出，性别理论研究热潮的兴起强化了这种"性别身份"，表现为女性主义在政治和认识论上都急于将女性从自然的地位中"救出"，将她们放入文化中，作为被建构或自我建构的社会主体。因此，他们根本不认为有对自然与性进行历史与文化分析的必要。相反，女性主义者对与自然和性有关的科学与技术，尤其是生物学与医学展开了猛烈批评，提出社会性别高于生理性别。哈拉维对这种将性/性别二分的做法感到忧虑。因为，她看到女性主义者制造了一个新的"自我"，并且这个"自我"总是与性别相联系。她说："连贯的内在的自我概念，无论是实现的（文化的），还是天生的（生物学的），对女性主义生产与确保复杂力量和责任而言都是不需要的，事实上是禁止的。"① 考沃德（Coward）也曾类似地指出："连贯的主体是一种幻觉，个人与集体的身份都是动态的持续建构的。"凯勒也曾表示，"女性与性别之间的等式是一个逻辑错误"，或者说根本就是个"纰漏"，这种做法不亚于把有色人种与种族等同的错误。当然，哈拉维也肯定了一些女性主义者试图弥合性/性别二分的努力：南希·哈特索克强调了妇女活动的身体维度；麦金农指出妇女的"性客体"地位；劳瑞提斯（Lauretis）指出，性别离不开历史、实践以及意义与经验的交叠；乔多罗（Chodorow）和凯勒提出了不同版本的"客体关系理论"；琼·斯科特（Joan W.Scott）将性别作为一种社会关系考察，指出"像任何一种社会关系一样，它的形成涉及社会文化的各个部分；对它的

---

① Donna Haraway, *Simians, Cyborgs, and Women: The Reinvention of Nature*, p. 135.

考察必须是具体的、历史的,而不能是超越社会历史的、本质主义的"。[1]

哈拉维深刻地指出,"性别身份"的危险后果就是导致"女性主义种族主义"(feminism racism)。"性别身份"所依据的社会文化表现都是白人女性所独具的,根本不适用于有色妇女及第三世界妇女,因而这种"身份"是欧洲民族中心主义与帝国主义的。哈拉维认为,一种女性的理论或实践不能为性差异的与跨文化的所有女性共享。但是,反对大写的连贯的主体并不等于主张"主体之死",而是要为"他者"留出空间,主张差异的、突现的与对抗的主体。

哈拉维认为,性别确立了女性身份的范式,因此,持性别理论的女性主义者矫枉过正,陷入了自己所批判的二元论框架。于是,她开始思考如何既达到批判二元论的目的,又避免被二元论捕获。她的策略就是制造或想象一种超越二元论的形象——赛博。

赛博是一种社会的实在,这从人与动物、有机体与机器以及物理与非物理世界的边界消失可以证明。生活中诸多凝结了技术与自然的人工物都是赛博,无论是病人、实验动物还是转基因食品。赛博最显著的特征就是身份的断裂,他/她同时跨越原本泾渭分明的领域,从而无法获得清晰的身份界定。然而我们的文化是建立在"命名"和"分类"基础上的,身份是我们用以辨别和对待"自我"与"他者"的工具。因此,赛博给予我们最大的冲击就是:以往我们用以理解自然的概念系统都应摒弃,制定这套概念系统的文化权威已失去其优越

---

[1] Joan W. Scott, *Gender and Politics of History,* New York: Columbia University Press, 1988, p. 42.

性。我们应该发问：动物、人、男性、女性、机器、自然的概念发生了怎样的变化？赛博理论作为一种差异的理论对非此即彼的二元论概念系统发起了最有力的挑战。

赛博的杂合体特征针对的是女性主义身份政治排除异己的原则，主张多样性与复杂性。身份政治简单地把男女之间的性别对立看作要批判的对象，而且在其拥护者看来，女性的经验与处境自然地一致，女性自然地是一个需要解放的整体。但事实上，女性有不同的阶级、种族、民族、性倾向、职业、年龄及教育程度，她们之间的差异不胜枚举，她们的需求、兴趣、遭受的压迫及价值都有很大不同。正像哈拉维指出的那样，所谓的"女性本质"根本就不存在，女性主义内部具有高度的复杂性和差异性。"代表妇女言说"从来都是女性主义标榜的口号，但是大量的妇女被排斥在"妇女"之外，只因为她们与欧美的女性主义者有不同的种族、民族、阶级。早在1848年，觉醒的黑人妇女索朱娜·特鲁斯（Sojourner Truth）就在纽约塞讷卡会议上质问所有在场的女性主义者："我不是一个女人吗？"但是在时隔一个半世纪后的今天，尤其是赛博科学已深刻改变人的身份的今天，女性主义者们还在固守身份政治，这无疑造成女性主义运动的羁绊。女性主义的赛博政治学可以避免女性主义内部由身份划分而导致的统治与等级制的不良倾向，间接支持了有色人种女性主义与第三世界女性主义在女性主义运动中的重要位置。当然，对女性主义而言，超越二元论固然有重要的解放意义，但也伴生了制约解放的因子。如果男女的界限都不存在了，那么女性运动的意义又何在呢？"如果不留下任何自我或主体来从事解放活动或被解放——没有任何自我解放的主体对她本身以及她自己和其他妇女的权利加以肯定,那么女性主义的整个计划即妇女解放的计划,不就完全失去意义了吗?"[1]

(四)女性主义技术哲学新论

技术是否负载价值这个技术哲学的根本问题也进入哈拉维的视野,作为一名女性主义者,她的观点是明确的,即技术负载价值。她对这个问题的认识主要表现在两个方面:一是技术与性别的相互建构,二是技术的伦理负载。

女性主义的技术研究在技术研究及女性主义科学研究的基础上产生。它最初关心的问题是"技术中的女性",即发掘历史上及当今有重大技术贡献的被埋没的女性。后来又萌生许多对"女性与技术"的研究,即考察与女性直接相关的技术问题。在社会性别理论的影响下,女性主义技术研究的兴趣点发生了重大变化:性别和技术之间有什么关系?技术是否具有与生俱来的男性气质?技术的设计、生产和使用采用了什么样的性别假设?技术是否参与对妇女的压迫,或是否在妇女解放运动中发挥作用?当下医学技术、工业技术和信息技术的重大进展对妇女地位的改善而言是威胁,还是机会?这些问题成为女性主义技术研究领域的中心问题。

女性主义技术研究共同认可一个信念:男性气质与技术之间存在一种意识形态的联系。但是它们对这种信念的反应不同。生态女性主义用技术说明男性对自然与妇女的主导与控制,认定了技术的父权

---

[1] 〔美〕冯俊等:《后现代主义哲学演讲录》,陈喜贵等译,商务印书馆,2003,第125页。

制性质，因此，对技术持一种绝望的拒斥态度，主张开发"对妇女友好"的技术。自由女性主义认为，刻板的社会角色和约定俗成的社会观念造成了妇女在技术领域落后于男性，但他们的方案是要求女性改变刻板的性别角色，适应技术，因为他们认为男性气质是不可以挑战的，男性是标准，而妇女只能采用男性的方式参与技术。建构主义者则从历史文化入手分析了女性与技术疏远的过程。他们认为资本主义工业的兴起带来的公共与私人场所的分离，以及制造业脱离家庭是女性被排斥在技术之外的根本原因。此后，技术都按照男性的权力与技术创造，某些技术甚至直接成为社会性别的代表。[1] 简而言之，技术的社会建构论认为，技术由性别社会关系所建构，不考虑性别就无法认识技术。

针对生态女性主义对技术退避三舍的消极态度，哈拉维已经用"我宁愿做赛博，不愿做女神"予以强烈批判和嘲讽。自由女性主义那种改良性的建议，不能从根本上解决女性在技术方面受到的性别压迫。建构主义把技术揭示为一种文化的存在物，这显然与哈拉维一致，但是建构论缺少了一环对女性主义运动而言更具现实指导性的分析，即变化中的技术对性别的意义。哈拉维意识到，在社会性别与技术之间存在一种循环的相互塑造的关系。她通过对赛博本体与形象的研究指出，科学技术具有创造新意义和新存在物，以及制造新世界的伟大力量，尤其是基因工程、生殖技术和虚拟现实，从根本上影响了自我和性别的概念范畴。转基因食品呈现给我们没有纯洁身份和确定

---

[1] 刘霓：《技术与男性气质：应予瓦解的等式》，《国外社会科学》2002年第4期。

自我的人工物；新技术岗位对男女两性的需求改变了传统的劳动性别分工；网络为有色人种提供更多的技术工作；虚拟空间使性别完全成为无意义。一言以蔽之，哈拉维关注作为文化的技术如何包含在主体性别身份的建构之中。

马尔库塞指出，科学技术借助工具理性行使意识形态功能，构成工业社会的统治基础；如果缺少对现存技术的革命性转换，没有新技术新科学的替代，那么一个解放的社会只是乌托邦。哈拉维分析了新科学技术条件下妇女的贫困化、精神压力等不利方面，但又乐观地相信妇女改变自身状况的时机正在到来。以通信技术和生物技术为代表的高新技术正在给人类带来新的发展契机。人、机器和自然三者在未来世界将呈现互相制约和协调的局面，人与机器谁也不会替代谁，而是人机结合为杂合体的赛博。哈拉维据此认为，技术的重大进步必将引起社会的深刻变革，而这种新变革将极大地改进妇女的社会关系和地位。"由于在发达国家，机器人和与之相关的技术把男人从工作中排除出来，加深了男性工作的失败"，[1] 而办公自动化制度则使工作的女性化得到加强。哈拉维认为，高科技引起了社会关系中的种族、性别、阶级关系的重组和调整，这个难得的契机应该为女性主义者把握，借助社会力量、社会结构的变更，女性主义政治运动或可寻得新的力量源泉。因此，她与其他女性主义流派相比，对技术具有明显的好感，欢迎并积极推动女性参与技术创新。

在哈拉维的影响下，赛博女性主义已经在实践她寄予技术的帮助

---

[1] Donna Haraway, *Simians, Cyborgs, and Women: The Reinvention of Nature*, p. 169.

妇女解放的愿望。他们对互联网表现出狂热的拥护和赞美,将其视作容许差异、没有等级、孕育民主的处所,希望用技术改善妇女的地位和生活。但事实上,借助新技术改善妇女处境的目标实施起来并不是很容易。首先,新技术更新迅捷,妇女从中寻找为己(女性主义)所用的因素需要一定的时间,而且也未必都能为己所用;其次,哈拉维在很大程度上只是预见妇女可以利用技术斗争,但是如何利用还缺乏一个起码的指导思想;最后,新技术的运用难免带来一些不利于妇女的后果,所以在某种意义上反而不利于妇女改善自身处境,例如,互联网在增强妇女主体性的同时,也成为男性发动军事战争的理想武器以及色情业兴盛的温床。

哈拉维承认技术负载价值,却不回避技术,而是热情主张积极地利用技术,但这并不表明她是一个"技术狂热分子"(有不少人这样评价哈拉维),她在倡导技术的同时对技术施以深厚的伦理关怀。

哈拉维对实验室动物始终怀着崇敬之情与悲悯之心。例如,她怜惜地称致癌鼠为"我的姐妹",并且向为人类攻克癌症而牺牲自己的致癌鼠致以崇高的敬意。她关注动物所遭受的肉体与精神痛苦,谴责人类对自己的实验室"屠杀"行为麻木不仁。在她看来,人类非但没有把非人类动物看作自己的伙伴,还把对动物的剥削看作自然而然甚至是不可避免的。这是将动物客体化、对象化的人类中心主义的表现。在哈拉维这里,动物是包括女性在内的受压迫与被客体化者的代表,她要求人们反思的不只是如何对待动物,还包括如何对待人(与自己不同的人)、如何对待自然、如何对待我们所居存的世界。哈拉维提出,人们必须"关心动物的痛苦",即尊重动物,改善动物的居住条件，减少不必要的伤害，至少也要明白实验室利用动物的真相，要能解释这些真相。

伴生种之间的关系代表了哈拉维希望实现的技术社会中的伦理与道德理想。共同进化、共同建构与共同生活勾画了伴生种的真实生活世界。哈拉维称伴生种互为"伙伴"（partner）。伙伴彼此都不纯洁，没有界限，具有复杂的联系。伙伴之间彼此尊重、回应、信任、交流和负责是人与非人共处的理想境界。

"伙伴关系"（partnership）是美国当代著名思想家理安·艾斯勒（Riane Eisler）在《圣杯与剑——男女之间的战争》[①]中首次提出的概念。它指一种理想的社会组织模式，从根本上有别于"统治关系"的社会模式。她解释道：

> 伙伴关系要求人们合作并相互尊重。她包含参与、联系，并作为大家的共同利益和平而和谐地工作。伙伴关系方式是通过联系而形成一个整体的原则，它不同于当今社会占主导地位的强制性的等级制服从体制。伙伴关系要求公平合理，意见一致，互利互惠，民主地参与决策，必须积极地倾听，富有同情心地分担，相互支持，以促进共同兴旺发达。它包容并追求把

[①] 《圣杯与剑——男女之间的战争》被誉为"自达尔文《物种起源》问世以来最重要的书"。该书提出，人类社会一直有两种不同的社会模式，一种是男女平权和伙伴关系的社会模式，一种是男性压迫女性的统治关系的社会模式。这两种模式相互竞争构成了人类社会类型的更迭。作者认为，我们的未来完全可以按照伙伴关系建立合作型社会。

人们结为一体。在伙伴关系的环境里人人感觉自己受到了重视，有真诚的关怀和安全感。真正的伙伴关系使得人人有权利并有条件实现自我。①

艾斯勒的伙伴关系模式与"统治者"模式相对，后者以地位原则为基础，人的一方高于另一方；而前者以联系原则为基础，在伙伴关系中，"差别不等于劣等或优等"。②伴生种的关系就是艾斯勒所谓的"伙伴关系"，按照哈拉维的分析与艾斯勒的定义，我们可以懂得人类处理人与非人以及人与人关系的准则。

哈拉维强调人与动物之间的"回应"、互相依赖与复杂关系，这使她的主张十分接近生态女性主义者提出的"关怀伦理"。"关怀伦理"主张人与人、人与自然之间相互依赖与相互联系。"关怀伦理"是相对"统治伦理"而提出的。"统治伦理"即传统的伦理学，是二元论思维的产物，强调道德法则、权利、义务与正义，这种伦理"预设了这个世界是充满冲突的世界，是为正义去限制和约束人的世界，也是道德和自我决斗的世界"。③而"关怀伦理"则摒弃冲突与分离，提倡协同与关系、爱护与关怀。"关怀伦理"崇尚友情与母爱的完美道德理想，厌恶狭隘的个人自由和意志，代表人物吉利根（Carol Gilligan）、诺丁斯（Nel Noddings）等将这种与妇女的母性和生活直

---

① 王治河主编《后现代主义辞典》，中央编译出版社，2004，第313页。
② 〔美〕理安·艾斯勒：《圣杯与剑——男女之间的战争》，程志民译，社会科学文献出版社，1997，第6页。
③ 章梅芳、刘兵主编《性别与科学读本》，第233页。

接相关的伦理学视作建立人和自然和谐关系的基础。"关怀伦理"从人的生活经验出发真正关心和爱护自然。不过哈拉维的伦理主张不完全同于"关怀伦理",她的"关怀"不是女性特有的,而是对整个人类的要求。因为"关怀伦理"将妇女的经验与自然紧密结合的做法无异于承认女性比男性更接近自然,如此反倒有可能强化支撑等级制与统治逻辑的思考方式。由此,也可看出女性主义批判二元论的工作一直如履薄冰,稍不留神就可能重新陷入二元论的泥淖,即普兰姆伍德所谓的"无原则地倒退的女性主义"。

哈拉维与生态女性主义一样,不只是承认非人类自然的"非他者"地位,而且正在彻底转变到思考人和非人类自然之间的关系上来,体现了对自然、世界和环境的人文关怀。应该说,他们对二元论的批判是深刻的,对差异的关系的重构是富有建设性的。

综上所述,相较于其他女性主义者,哈拉维联手后殖民主义和多元文化论,借助浪漫主义的想象对科学的价值中立与二元论进行了更加彻底的批判。历史生成论的主张使她与一般社会建构论倾向的女性主义拉开了距离。"情境知识"的客观性突破了主流女性主义认识论固守的身份政治。关于技术与性别关系以及技术伦理的探讨丰富了女性主义对技术哲学的思考。应该说,除了在价值论方面的共同点以外,哈拉维在本体论、认识论方面都深刻认识到女性主义观点的流弊和困境,并提出更具建设性的解决方案。这一切表明,哈拉维是当之无愧的当代女性主义的领军人物,她的思想代表着女性主义科学论的前沿和走向,是我们把握女性主义科学论的极好切入点。

二 当代科学论研究中的哈拉维

在库恩之后，最重要的科学论流派莫过于SSK以及20世纪80年代后期至今出现的实践转向的后SSK。[1]因此评价哈拉维的科学论思想需要与这两个学派比较，以凸显她科学论思想的特色和价值，明确她在科学论中的定位。

（一）超越科学实在论与社会建构论之争

科学论现今已成为人文社会学者从各种不同的学科领域、以各自不同的研究方法研究科学的学科群。除了科学史、科学社会学、科学哲学、科学的文化研究之外，这个学科群还在继续蔓延。科学论领域各路工作的庞杂，导致内部许多不和谐的声音产生。其中音量最大的莫过于科学实在论与社会建构论的争论。科学实在论的客观性根据在于对象，达到客观就是如其本然地刻画对象；社会建构论的客观性在于主体间的协商和共识。但是，这两种客观性似乎都有问题。科学实在论的客观性预设了一个独立于人的对象世界；而社会建构论的客观性则把客观性的重心放在主体上，未能充分把对象也纳入客观性的范围。前者执着于自然，后者执着于社会。对二者的态度毋宁说是对自然与文化（社会）之关系的立场。只执其一者，即维持自然与文化边界，或赞同科学实在论，或拥护社会建构；并举此二者，即消解或

---

[1] 这里采用皮克林的说法。

逾越自然与文化边界,则无须在科学实在论与社会建构之间抉择。哈拉维就属于后一种科学论者。哈拉维在科学实在论与社会建构论之间走中间路线,针对这个论点,我们一方面通过分析哈拉维从"性别生成"到"文化批判与建构"的历史生成论进行论证,另一方面通过分析其重构自然与文化关系的关系实在论以及衍射的方法进行论证。

通过早期对科学史的考察,哈拉维针对性别中心主义、种族中心主义、资本主义等文化要素对科学知识的塑造进行了有说服力的分析,对科学进行了"重构",标志着一种科学的历史生成的观点。以灵长学研究为例,哈拉维认为,灵长学的变迁不是理论自身的逻辑发展变化,而是灵长学家"讲故事"的方式发生了变化;灵长学家"讲故事"的方式变化的原因在于讲述者所处的政治、社会与文化情境发生了变化。哈拉维通过对二战前后体现不同政治与社会偏见的灵长学版本的重述,将科学的客观性与纯洁性解构为一种"叙述策略"与意识形态斗争的结果。这种意识形态斗争尤其突出表现为男女两性的对立以及白种男性对女性和有色人种的歧视与压迫。身处这种意识形态斗争中的科学家提出并改进科学理论,尤其是女性灵长学家将自身的历史、经验与世界观带入研究,提出具有女性特征的知识体系,从而改变了自然界的事实。因此,在哈拉维这里,科学在以性别为导向的文化要素的关联与作用下历史性地生成,其中性别要素的凸显使这种历史生成论具有性别生成性特征。这种性别生成的特征是由哈拉维早期的女性主义内涵决定的。她此时的女性主义同其他多数女性主义者的立场一样,集中关注任何带有性别标记的物质与符号的东西,对之展开性别批判。

第五章 哈拉维女性主义技科学思想评价 | 323

进入 90 年代后，哈拉维偏离了科学史研究这个主阵地，转而从事纯粹的文化批判与建构。这种工作的特点表现为：开始用"衍射"的方法重述科学实践的过程，将这个过程中的政治、经济、道德、伦理、艺术与技术和科学等所有文化要素的内爆与纠缠展现出来。按照哈拉维的话说，技科学成为"一种生产装置"。这种工作与前期的性别生成论相比，几乎很少强调"性别"在这种生产装置中的突出作用，而是代之以十分宽泛和宏观的文化批判与建构。哈拉维将宏观的人类实践与文化背景都纳入技科学视野，这与微观的实验室进路相比有其独特的优势。实验室不是普通公众可以自由进入的场所，"门外汉"的研究十分困难，因此，实验室研究之于普通大众有相当的距离。而宏观的文化研究涉及的大众文化，如电影、广告、科幻、博物馆、公民政治等，是每个公众可以切身体会和参与的，因此，这个进路更容易获得大众的接受与信服。不强调"性别"也是哈拉维的女性主义思想发生转变的结果。经过赛博理论对性别的彻底解构之后，"女性"本身已经不存在，在研究中仍然固守性别的视角就失去了意义。虽然"性别"退居幕后，但是这丝毫不影响哈拉维对政治、经济和道德的持续关注。她对技科学实践的分析总是分外突出实践中的政治力量及其活动、经济利益及其活动，并且明显加重了对实践中各种力量之行动的道德与伦理分析。

为了进一步思考自然与文化究竟是何种关系，哈拉维在赛博研究及情境知识的基础上提出了关系实在论，作为对终极实在的否定。关系实在论与以往的各种实在论形式的首要差别在于对实在的理解有所不同。以往的实在论预设了一个独立于人存在的客观世界，而关系实在论认为，实在并非前提，而是结果，是关系过程或者说互动过程的结果。关系实在论并不承认参与互动过程的各种要素（无论是概念性的还是物质性的）具有先于互动过程的独立属性和存在。我们惯常认为，只有主体或人，才具有某种行动能力或作用能力，忽略了物质要素的参与。按照哈拉维对关系实在论的阐释，关系是作用着的互动成分之间在本体论上的不可分性。互动关系在本体论上要先于作为结果的确定的物质对象、概念意义以及各种边界和划分。对象的形态、意义和边界都是在关系互动中得以确定的。在关系实在论的框架中，实在不是物自体，不属于形而上的本体世界；实在是关系中的实在，是作为互动结果的实在。关系构成实在，实在并非由物自体或现象背后的物所组成，而是由关系中的物组成。因此，"实在是一个物质化（materialization）过程的结果"，[1]这里的"物质化"指动态的异质性要素的互动过程。关系实在论认可关系的先行性与整体性，那么，讨论关系之外的事物就没有意义了。这种观点就无须在"自然决定"还是"社会决定"的争论中抉择，相反，主张自然与社会互动作用决定我们的知识内容。

哈拉维认为，认识活动会产生实实在在的政治伦理和社会效果，因此，关系实在的客观性不能被限制在纯粹理性的范围之内，它要求认识主体对自身的边界、预设、权力和效果进行反思。我们的认识活动作为真实世界的一部分，不仅参与世界的构成和实在性，而且参与主体的构成。主体与客体的边界、物质与符号的边界、意义

---

[1] Donna Haraway, *When Species Meet*, p. 36.

与对象的边界都是在关系当中呈现出来的。相互作用的方式和相关的物质概念安排决定了政治上、伦理上、认识论上和本体论上的可能性。所以,作为实践的科学在概念上、方法论上和认识论上与特定的权力相互纠缠。总之,在哈拉维那里,作为干预的认识活动,要对与认识者联系的参与者负责,要对相关的社会效果负责,还要对世界的存在负责。

哈拉维坚持一种历史生成论的科学观,而社会建构论固守社会决定论的本质主义窠臼。社会建构在自然与社会二元对立的框架下,为科学寻求了另一种不同于科学实在论的科学统一根据——社会利益。它和科学实在论一样都是在自然解释与社会解释之间"站队"。如果说科学实在论如他们所攻击的那样导致了科学主义的霸权,那么社会建构论用社会彻底解构科学的做法无疑增加了反科学的倾向。哈拉维眼中的科学是包括"社会利益"在内的诸多异质性要素内爆的产物,其中没有哪一种要素是根本性的、具有决定性意义的。内爆是科学实践活动自身的情境,所以哈拉维牢牢立足于这一情境,而不是在这一情境之外去寻找解释科学的根据。正如罗斯所说:"要是我们不去介入理性主义者与相对主义者的两难选择,也不以社会学来取代认识论;要是我们用'所参与的世界'概念来取代'所观察的世界'概念,问题或许能得到更好的解决。……拒斥科学的整体合法化应该是一种实质的进步。"[1]社会建构论对科学的态度还是表征主义的在"观察"基础上加以解释的做法,而哈拉维对"参与的世界"的操作性描述则从

---

[1] Joseph Rouse, *Engaging Science: How to Understand Its Practice Philosophically?* Ithaca: N.Y. Cornell University Press, 1996, p. 295.

根本上抹去了科学的神秘光环。

由此，我们可以看到哈拉维与社会建构论的根本区别在于以一种实践的科学观取代表征主义的科学观。社会建构论与科学实在论同样坚持了表征主义的科学观。这种科学观对语言和符号推崇备至，认为认知主体借助语言和符号可以对客体世界做精确描述。语言是从属于主体的表述世界的工具，它与世界图景是分离的；客体是被动静止的被表述对象，它与主体是分离的；知识是静态的理论，它与丰富生动的世界是分离的；知识表征世界但不改变世界，认识论和本体论也是分离的。以这四个"分离"为特征的表征主义科学观脱离了知识的实际生产过程，是一种预设的知识观念。

哈拉维认为，事实与表征是完全不同的东西，无法比较，所以根据我们的表征去判断事实是愚蠢的。她指出，只有在具有具体历史情境的科学活动中我们才可以发现物质与符号、表征与世界的真实关系。哈拉维对灵长学的重述、对技科学的"衍射"，牵出了政治、经济、道德、伦理之线的交织缠绕，展现了主体与客体的互动与建构，勾画了人与非人的结盟与博弈。

哈拉维说："女性主义者不得不坚持对世界的更好描述，仅仅表明激进的历史随机性和建构一切的模式是很不够的。"[1] 她认为，批评性的女性主义科学论既要揭露科学知识的建构，又要"能够提供对真实世界的可靠描述"。"衍射"就是哈拉维为实现这一目标而提出的女性主义视角的描述方法，也是哈拉维针对表征主义科学观针锋相对提出

---

[1] Donna Haraway, *Simians, Cyborgs, and Women: The Reinvention of Nature*, p. 187.

的研究技科学的方法论要求。

表征主义关注反映世界的知识,而衍射关注知识得以产生的错综复杂的实践。衍射将在时间中突现出来异质性要素之间的关系重述出来,不再强调语言和符号,而是重视物质实践的意义,以及物质与符号的互动。衍射的重述性工作将技科学中的所有参与者,不论人还是非人,都包括在内,尤其是非人的力量。衍射展示了非人在日常生活中与人的交互作用,表明非人并不是人的资源或对象,而是影响并改变乃至塑造人的行动者。人与非人的互动关系构成实践的基本内容,这也是技科学实践物质性之所在。衍射展现了性别、阶级、种族等变量在技科学实践中遭受的知识施予的建构、变化,以及它们反过来对科学知识的影响。这表明技科学实践中物质与符号的辩证博弈。衍射追寻着技科学行动者的踪迹,追踪着政治、经济、技术、道德、艺术的纠结,不再从认识者的角度对行动者的活动做任何描述或想象,没有认识者与被认识者的分离,不存在前者对后者的"远观",只有对自然文化纠缠过程的展现与重述。表征主义思维下的自然科学与文化决定论都"误置了具体性"(怀特海语),表现为:用自然/文化等抽象范畴代替世界以及把潜在的结果当作预存的基础。总之,表征主义使经验的丰富复杂性和动态过程被还原为简单的抽象,符号与表征掩盖了操作性的实践;而衍射却高度重视关系、过程和历史纬度,坚持回到物质-符号实践内爆的生活世界。

简而言之,从性别生成转向文化批判与建构是哈拉维的历史生成论的显著特征,关系实在论是对该理论进行哲学反思的成果,衍射则是为该理论量身定做的研究方法。不论性别因素突出与否,哈拉维始终立足于科学知识的生成过程，这表明她从一开始就注意规避科学实在论与社会建构论两个极端，致力于摸索出一条中间路线。

（二）哈拉维的历史生成论与科学论的实践转向

SSK 在本体论上延续了自然与社会的二分，在认识论上试图寻求隐藏的社会结构，因此，批判自然实在论所造成的矫枉过正的社会实在论使一些 SSK 成员开始反思将科学作为知识进行研究的本质缺陷。这些被皮克林称为"后 SSK"的学者打破了自然与社会、主体与客体的根本界限，把科学理解为异质性要素建构的实践过程。这个过程充满了动态发展的文化多样性，而不再有任何先验的或隐藏的本质。于是，科学知识社会学的"知识"与"社会学"都被删除，只留下真实的"科学"实践。后 SSK 的研究对象由作为知识的科学转向作为实践与文化的科学。实践转向的研究标志着后实证哲学的真正到来。[1] 目前此类研究中影响较大的是皮克林与拉图尔。后 SSK 的"实践转向"同样是对表征主义科学观的挑战与克服，是对科学的"操作性"描述。他们主张，科学知识不是完全自主的，也非完全社会建构，而是处在无限的张力与持续的变动之中。科学知识是科学实践中各种异质性要素冲突、磋商、斗争与妥协的结果。哈拉维关于知识的历史生成的观点与后 SSK"实践转向"不谋而合，[2] 主张知识在技科学实践中，在政治、经济、道德、科学的纠缠中，在人与非人的结盟中历史性地

---

[1] 〔美〕安德鲁·皮克林编《作为实践和文化的科学》，译者序。
[2] "实践转向"以皮克林的"冲撞"理论、拉图尔的"行动者网络"理论等研究为代表，是在反思 SSK 社会建构论困境的基础上产生的；而哈拉维与 SSK 并没有源流关系。

生成。

哈拉维的历史生成论与皮克林的"冲撞"理论和拉图尔的"行动者网络"理论有诸多交叉之处,加上三人在不同的场合都有对另外两方研究成果的认可与赞美,因此,有人将哈拉维与皮克林归入后人类研究,有人将哈拉维与拉图尔的研究简单等同(哈拉维在多次受访中对这种误解做澄清,见 Joseph Schneider, *Donna Haraway: Live Theroy* 与 *The Haraway Reader*),也有人将哈拉维、皮克林与拉图尔共同作为技科学研究的主将(见 Don Ihde and Evan Slinger, eds., *Chasing Technoscience Matrix for Materiality* 一书)。这些草率的联谊并不利于认清三者的同与异,必须从他们的理论中去寻求答案。

皮克林是爱丁堡学派的成员,其《建构夸克》(1984)一书从爱丁堡学派的"社会利益"模式出发,阐述了夸克模型与规范场论的发展过程,即以社会利益来解释面对相竞争的理论模型及实验数据时科学家选择判断的导向和动力。该书的社会决定论主旨受到了物理学家与哲学家的激烈批评。皮克林对自己的工作做了总结与反思,提出一种摆脱 SSK 困境的新型科学观,即"实践的冲撞"理论,是物质力量和人类力量阻抗与适应的辩证法。"冲撞"是一个人类力量和物质力量共同参与的过程。在这一过程中,科学家是借助机器捕获物质力量的行动者。在这种捕获中,"人类力量与物质力量以相互作用和突现的方式相互交织"。[①] 整个过程中,物质力量与人类力量的相互作用通过阻抗和适应的过程表现出来。科学家在实践中有目的地捕获物质

---

① 〔美〕安德鲁·皮克林:《实践的冲撞——时间、力量与科学》,第1页。

力量时遭遇失败,即是阻抗的表现;科学家采取积极策略应对这种阻抗,则是适应的表现。不断遭遇的阻抗迫使科学家不断调整实践的目标和方向,如调整仪器设备、改变操作程序、建造新仪器、修改解释方案甚至假说等。"整个冲撞的过程是一个产生阻抗,进行适应,再产生新的阻抗,再进行新适应的无限开放的过程。"[1]在实践中,科学家不可能把握物质力量的本质,物质力量只能在与人类力量的交织中瞬间突现。人类力量也不是一成不变预设在实践过程中的(即便是在实验前就产生的人类动机也在阻抗与适应的过程中发生很大改变),而是在实践中不断调整、不断展现的。

哈拉维与皮克林突出了物质性与物质。哈拉维的"物质性"指的是技科学中政治、经济、技术、科学等维度的纠结,各色行动者的互动,其中包含了仪器、材料、资金等物质内容;皮克林的"物质"指的是实验室用的仪器、材料等,他用"物质力量"指实验室非人类物质所具备的能力。相比之下,哈拉维的物质性概念更加宽广,但二者都是对社会建构遮蔽起来的自然的一种祛蔽,恢复自然本来的意义。皮克林提倡一种生成的本体论,将时间性带回科学实践中。他主张在生成中发现和探讨科学的真正本质,将科学看作在时间中发生和演化的,是一个文化扩展过程,而不是在表征语言框架下存在的。哈拉维将异质性、偶然性、多样性力量对抗与联系的过程称为"历史"。在她看来,技科学就是历史,是开放的空间与动态的时间的整体。哈拉维与皮克林都关注人与非人力量在交互作用时不可预见的(瞬时的)

---

[1] 王娜:《皮克林的科学实践观初探》,《自然辩证法研究》2006年第7期。

联系。皮克林主张，在人与非人力量的阻抗与适应的博弈中，主客体不停地确立又不停地改变；哈拉维认为，没有先于关系的存在，在关系的遭遇中，主体与客体被确立。可以看出，哈拉维保留了主体与客体的称谓，此举是为了方便关于政治与责任伦理的分析。

拉图尔早期对实验室的人类学研究属于 SSK "强纲领"的重要分支，他与伍尔伽合著的《实验室生活》(1979) 是这一时期的代表作。尽管如此，拉图尔对爱丁堡的宏观利益模式已经感到不满，因而采用了微观的"追随科学家"的研究进路。拉图尔在《我们从未现代过》(1993) 一书中，指出了布鲁尔的"对称性原则"可能陷入的困境：虽然打破了片面强调自然的传统的不对称分析，但其将自然抛出解释的做法却赋予社会因素优先的解释地位。拉图尔说，用社会来解释自然，这本质上是一种新的不对称。由此，拉图尔领导的"巴黎学派"提出的"行动者网络"理论 (ANT) 即以"广义对称性"为核心原则，主张完全对称地处理自然世界与社会世界、认识因素与存在因素、宏观结构与微观行动等二分事物。"广义对称性"原则突出了保持人与非人的对称，即将自然和社会都纳入信念形成的解释框架。于是，科学研究对象被解释为始于既非自然客体，也非社会主体的"拟客体"(quasi-object)。"拟客体"是自然与社会的"杂合体"，在一定意义上既是客观的又是主体的，既是自然的又是社会的。人与非人的行动者通过"转译"征募成员，建立网络连接，当网络确定下来，知识就此确立。

拉图尔指出，"主客二元架构"，即所谓的现代化或现代性的象征，其实是随着现代科学的建立而诞生的一种"虚假意识"。现实的研究对象既不是纯粹的自然现象也不是纯粹的社会现象,而是介于两者之间,是一种自然与社会的"杂合体"。这种杂合体正与哈拉维的物质-符号的赛博杂合体具有本体论上的一致性。拉图尔认为,每个行动者都是转义者(mediator)而不是传义者(intermediator),[1]必然对事物形态发生作用,改变其他的存在物。人类与非人的行动者都担当转义者的角色,都是主动积极的。"铭写仪器、技能与非人类的因素,没有一个因素具有决定性的力量,这是事实,但所有这些因素在一起运动、交织,足以使一种情形的不确定性转变为一个不可逆的事实。"[2]拉图尔指出,我们的错误就在于总是忽略非人类的存在,把它们看作不可见的、无声的、不在场的。"非人类既不是主体认识的客体,也不是主人操控的对象(当然,它们自己也不是主人)。"[3]拉图尔认为,所谓的主体与客体是在实践中形成的。"一种事物并不是生来就是一个扇贝,而是逐渐变成一个扇贝的。"[4]除了肯定非人类的积极行动者地位和力量,拉图尔同皮克林一样完全抛弃了主体与客体的称谓,这与哈拉维的保留做法不同。拉图尔还表明,包括科学对象在内的任何事物都处于一个转义链或者说循环指称(circulating reference)之中,即处于历史性的构成和一系列的事件中。这种基于转义的发生机制标明了 ANT 的历史性特征。此外,拉图尔对科学与政治的关系

---

[1] 转义者指能够改变、转译、歪曲和更改其所传输的意义或要素的事物。传义者是指那些能够不加改变地传递意义或力的事物:界定其输入,完全可以界定其输出。见《我们从未现代过》。

[2] 〔美〕安德鲁·皮克林编《作为实践和文化的科学》,第372页。

[3] Bruno Latour, *Pandora's Hope,* Cambridge, Massachusetts & London, England: Harvard University Press, 1999, p. 185.

[4] 〔美〕安德鲁·皮克林编《作为实践和文化的科学》,第364页。

有明确的阐述。他反对在实践之外预先设定的政治，但主张在发掘并记录下实践中的社会关联之后，就要探究如何用一种令人满意的方式去组合它们。可见，拉图尔不赞同将政治与科学的直接混淆，但是主张科学与政治的一体化、不可分。因此，在拉图尔自己看来，ANT展示了真实的科学实践，因而是客观的；同时又欢迎政治参与，开辟了通过科学研究政治的又一领域。拉图尔所说的"政治"指重构或"铭写"实践中所发生之事，与哈拉维所说的对科学的故事进行重述的"叙述政治学"是相通的。

通过哈拉维与皮克林以及哈拉维与拉图尔的比较，我们可以发现此三人的共通之处主要有三点。一是采用后人类主义的视角。物理哲学家、女性主义思想家芭拉德（Karen Barad）对后人类主义做出了详细说明。后人类主义并不主张"人之死"，也不是指在人之后的下一个阶段。"我所说的后人类主义不是以人为准绳，恰恰相反，它质疑人类例外论，但同时要解释我们在差异的建构中的角色，以及我们在与其他造物（有生命的或无生命的）的关系中的地位。"[1]后人类主义拒绝自然与文化之间的观念的划分，而且要求对这种界限的构成与重构做出解释。后人类主义反对任何"物"的独立性。可见，后人类主义不是抛弃人类，而是抛弃人类中心主义，将人与非人的力量一起考察，并在人与非人的关系中探究人的意义与价值。哈拉维、皮克林与拉图尔都在寻求多种解释因素的融合，主张放弃单一性的决定论思想，提倡多种因素共存。他们将自然因素郑重其事地请入实践，与社

---

[1] Karen Barad, *Halfway: Quantum Physics and the Entanglement of Matter and Meaning*, Durham and London: Duke University Press, 2007, p. 135.

会因素一起建构科学,这种情况用哈拉维的话说是"自然与文化的内爆与纠缠""伴生种的共生",用皮克林的话说是"力量的冲撞""人与非人的阻抗与适应的辩证法",用拉图尔的话说则是"追踪行动者的踪迹"。

二是超越科学实在论与社会建构论之争的关系本体论与实践观点。科学实在论与社会建构论都是典型的本质主义观点,谋求隐藏在科学知识背后的稳定不变的本质因素。正像拉图尔所说,这两派分别将自然或者社会看作"传义者"。科学实在论与社会建构论都坚持实体的本体论,实体即自然或社会。实体本体论抹杀了科学实践的动态性、异质性与多样性,掩盖了真实的科学知识生产过程。哈拉维、皮克林与拉图尔三人的"关系实在论"也好,"阻抗与适应的辩证法"也好,"行动者网络"也罢,都紧紧抓住"实践"这个关键词。哈拉维考察的是"内爆"的科学实践,皮克林关注实验室"力量的舞蹈和冲撞"作为科学知识生产的摇篮,拉图尔则追踪各种实体之间的相互关系引起"转义"的运动。三人共享了一种实践科学观下的关系本体论。这种"关系"不是相对主义的,而是实在论的关系。把握"关系"和"实践"就摒弃了终极的实在观,可以有效抵制还原论与决定论的诱惑,是对科学实在论与社会建构之争的超越。

三是承认科学进入"赛博科学"阶段。哈拉维对赛博科学有明确的分析,给出赛博的定义——机器与有机体的杂合体,列举了赛博科学中的三个越界特征,并分析了赛博科学时代的政治学。皮克林认为,自 20 世纪 90 年代以来,西方学者逐渐形成了一种"赛博"的科学观,即科学进入了一种人与物的混合本体论。皮克林指出:"科学知识是认知主体与认知客体相互作用、人类与机器耦合的结果。"[1]他回顾了计算机由诞生到逐渐向人类在世界的唯我独尊挑战的历史,指出除计算机以外,控制论与自动控制装置都为在认识论上抹去人与非人的差距做出了贡献。拉图尔认为,巴斯德选择的联盟与体制造成了社会与自然的整合,物(thing)与人都获得了历史性。他将人类与非人类一视同仁(不管是巴斯德,还是母牛、细菌),主张人类与非人类的混合本体。

尽管哈拉维与皮克林、与拉图尔,以及三人之间有诸多交叉与类似的思想,似乎三人在论证自己的观点时几乎可以用另外两位做同盟,但是哈拉维与此二人还是有鲜明的不同。

其一,研究视角差异并且政治色彩浓淡不一。物理学博士皮克林关注的是物理学特别是量子物理学的研究,受过人类学训练的拉图尔关注的是实验室研究,而文化批评家哈拉维则从文化的历史与现实的宽阔视角考察技科学,结果哈拉维比皮克林与拉图尔走得要远得多。皮克林看见的是围绕某一项具体科学实验各种异质性要素的冲撞,拉图尔看到的是实验室内外联结的"行动者网络"中各种利益之间的转译,而女性主义者哈拉维却看见实验室大门外广阔社会政治生活中各种力量对技科学的建构。因此,哈拉维思想中的政治意义较为强烈,政治主张也是旗帜鲜明的。例如,哈拉维认为,主体与客体不是预先存在而是在关系中产生,接着她指出,主体要对技科学中各种线条的交缠做出解释,要对客体负责任。哈拉维不但保留了主体与客体的称

---

[1] 〔美〕安德鲁·皮克林:《赛博与二战后的科学、军事与文化》,肖卫国译,《江海学刊》2005年第6期。

谓，而且仍然坚持主体不可推卸的解释与责任。她最关注的是科学实践中每种关系的活动"为了谁，使谁受益，忽略了谁"等问题，她最喜欢询问主体的问题是："你关心什么，你对什么感兴趣？"[①] 这些反思或质问不是社会建构论意义上的利益决定论，而是女性主义视角下确保实现科学客观性的必要条件。因为，政治利益不是预设和一成不变的，而是在实践过程中不断调整变动的。在哈拉维看来，皮克林对于冲撞揭示的内容没有采用一种非纯洁的立场，即没有做出解释，她认为皮克林缺乏政治关注焦点。皮克林则认为冲撞理论能对政治争论有所帮助，但绝不信守任何政治承诺。哈拉维也批评拉图尔的技科学分析仅仅满足于杂合体的存在，没有进一步提问杂合体为谁而工作，它们如何工作。她认为，拉图尔只在认识论层面关注杂合体，忽略在政治以及感情层面的关注。在人类与非人类行动者的对称性问题上，哈拉维与皮克林及拉图尔的分歧就在一定程度上反映了他们与政治的密切程度不同。拉图尔主张自然与社会、人类与非人的严格对称，这几乎没给政治留下任何空间；但他新近修订了"广义对称性"原则，倾向一种关系本体论，这就为政治打开了一扇门。皮克林保留了概念的、社会的与物质的三种类型学范畴，这就好比在广义对称性的墙上凿开来一些洞孔，将对称变成局部性的，这就为政治留有一定的余地。哈拉维一直不放弃使用"政治、经济、道德、技术"等范畴，并着力研究它们在技科学中纠缠内爆的"表演"，因此，没有任何自然与文化的对称性可言，是彻底的混杂、彻底的随机。哈拉维的女性主

---

① Joseph Schneider, *Donna Haraway: Live Theory*, p. 120.

义视角为政治安排了最开阔的场地,也就为不同的解释与重构提供了最大的自由。

其二,与主流科学论的关系不同。皮克林与拉图尔都是经由最初的社会建构转变为科学的实践研究,他们在 80 年代末 90 年代初转入这个领域,对社会建构论的态度是由追随到批判。而哈拉维在进入科学的文化研究一开始,就批评了文化决定论将自然客体化、对象化的错误,主张恢复自然的地位与面目,将自然与文化视作相互建构的。哈拉维的"建构"实质上就是"历史生成",是关于知识的系谱学。拉图尔也说过,建构论并不是在某种程度上定义某物是由什么构成的,而只是说它具有历史性,即它依赖于时间、空间和人而存在。相较之下,哈拉维比皮克林与拉图尔更早意识到了"自然"的意义,更早开始弥合自然与文化的分裂。究其原因,女性主义理论的发展及妇女运动的启示(例如,围绕生理决定论的争论与社会性别理论研究的开展)促使哈拉维的思想更早成熟。但也正是为女性主义有所贡献的目标,使得哈拉维的思想从来都不能放弃政治诉求,或至少必须坚持政治的底线。哈拉维指出:"女性主义技科学的考察是一个内窥镜,一种医疗器械,一种拓宽所有小孔的工具,以改进观察和参与,当然同时要以追求自由、正义和知识为目标。"[1]对政治的过分坚持必然导致难以摆脱相对主义的质疑和指责,这也是为什么同样是对科学的实践研究,哈拉维的工作有时却不被承认是实践研究的主流(皮克林主编的《作为实践和文化的科学》这部介绍实践研究的总纲性著作,并没

---

[1] Donna Haraway, *Modest_Witness@Second_Millennium. FemaleMan©_Meets_Oncomouse™. Feminism and Technoscience*, p. 191.

有收录哈拉维的工作，只是在导言中点到哈拉维的名字），这一方面固然与哈拉维不使用圈子里通用的语言有关，更重要的恐怕还是她的女性主义者身份。哈拉维非常清楚自己在主流科学论中的尴尬地位，因此，她采取的策略是与科学论保持若即若离的关系，因为她深知一位女性主义者在任何时候总是被以有色眼镜观看的。

哈拉维技科学思想的历史生成论与主流科学论的实践转向异曲同工，都以对科学实践的操作性描述对表征主义科学观、自然/文化二分的本体论、主客二分的认识论和终极实在论进行了卓有成效的批判，都是超越科学实在论与社会建构论之争的典范。因此，我们有理由判断哈拉维的技科学思想应属主流科学论之列，但我们也应认识到，鲜明的女性主义特征使哈拉维的技科学思想与主流科学论始终保持无法消除的张力。

三　如何看待哈拉维与后现代主义

一般观点认为，哈拉维的思想属于后现代主义，是后现代女性主义的代表人物。而拉图尔在为《猿类、赛博、妇女：重构自然》一书写作书评时与众不同地指出：哈拉维的立场比较复杂，她既表现为现代主义者，又表现为后现代主义者。后现代主义是一种重要的世界性文化思潮，尤其对当代西方进行了深刻的洗礼。哈拉维身为"左派"成员与文化批评家，自然会受到后现代思潮的冲击与影响，但她同时又是一名女性主义者与科学家，这种复杂的身份使她与后现代的关系晦涩不清，离合交错。

（一）亦现代，亦后现代

按照后现代主义者的理解，"现代"从历史时期上讲是从文艺复兴开始，经启蒙运动，到20世纪50年代，实际就是资本主义产生、发展和走向现代化的过程。现代化过程是商品化、官僚机构化、城市化和理性化的过程，这些过程共同构成了现代世界。现代性体现的是理性和启蒙精神，它相信社会历史的进步和人类的发展，人性和道德的不断改良和完善，人类将从压迫走向解放，它追求公平、正义与平等、自由。[1]哈贝马斯指出："人的现代观随着信念的不同而发生了变化，此信念由科学促成，它相信知识无限进步、社会和改良无限发展。"

哈拉维通过对科学中的性别歧视、阶级压迫、种族压迫的揭露，对等级制的资本主义白人父权制进行了猛烈抨击。她向往不同性别、阶级、种族之间的平等，社会体制中的公正，国际政治、经济、军事关系中的正义，希望科学能够扫除压迫与剥削的余毒。哈拉维对科学中权力的批判全面而深刻，她敏锐地觉察到当代技科学中的权力只有通过网络、通信和相互关联才能实现。因此，反对这些权力也要在网络、通信与关联中进行。科学技术、社会秩序和个人身份以某种方式联系，并产生连锁效应，这种观点是典型的现代主义观点，即自我、社会与经济可以压缩在一种单一的秩序中。同时，哈拉维不放弃理性对于实现人性完善与人类解放的作用。应该说，哈拉维试图纠正偏离

---

[1]〔美〕冯俊等：《后现代主义哲学演讲录》，第2页。

现代性轨道的不良机制，从这个意义上说，她是一位希望改良社会的激进的现代主义者。

从 20 世纪 60 年代起，西方社会进入"后工业社会"，也被称作信息社会、传媒社会、消费社会等。科学、教育、文化领域经历了一系列的根本性变化，这些变化标志着一种后现代性，即与现代的东西决裂。从内容上看，后现代主义是一种源于工业文明，对工业文明的负面效应的思考与回答，是对现代化过程中出现的剥夺人的主体性、感觉丰富性的死板僵化机械划一的整体性、中心、同一性的批判与解构，也是对西方传统哲学的本质主义、基础主义、"形而上学的在场"、"逻各斯中心主义"的批判与解构。

在后现代思想的熏染下，与开始时的激进改良相比，哈拉维的思想发生了转变。她逐渐认识到战胜文化中的主导与统治力量异常艰难，因为随着信息技术与生物技术的发展，弱势群体（尤其是女性）遭遇的控制以新的形式愈加强化。哈拉维认识到，在当代文化与社会剧烈转折的历史情境下，建立新的宏大统一叙事的理想已如镜花水月，因此提出了"赛博"这个联结自然与文化的杂合体，希望在自然与文化的融合中消解文化的霸权，即消解旧的"宏大叙事"。如果说赛博是对现代性的同一性与整体性的批判，那么情境知识则提出了多元化的、局部的真理的认识论，是对叙事方式的一种重构。伴生种研究得出的关系实在论更是否定了终极实在，只承认"关系"为实在的基本单位，这是对本质主义与"逻各斯中心主义"的彻底颠覆。可见，哈拉维的思想充满对现代性的反叛精神，具有不折不扣的后现代性。

（二）践行后现代哲学

女性主义与后现代主义为最重要的政治－文化思潮中的两个。后现代主义主要从哲学方面发起对现代性的冲击，从而得到关于社会批评的结论；女性主义主要从社会批评出发，从而产生对哲学问题的看法。对现代性批判的方向相背但目标相近，因此，二者在许多方面有互补与借鉴。哈拉维就从后现代主义中汲取了许多重要思想，这使她对女性主义理论的发展与反思颇具深度与特色。

"后现代"的提出者利奥塔说："我把后现代定义为对元叙事的质疑。"[①] 质疑元叙事即否定自启蒙运动以来依次占统治地位的各种宏观话语，特别是客观真理，力主代之以多元的局部的真理观。利奥塔认为："这些'元叙事'用具体例子说明了对合法性问题的一个特别现代的解决方法。它们都将最初级的无定向的探索和政治实践置于一个使其合法化的更广泛的整合性的元话语中。"[②] 元叙事"是一种享有特权的话语，能够安置、描述和评价其他所有的话语，而本身又不受历史性和偶然性的影响……"[③] 在利奥塔眼中，后现代世界被分割成许多孤立的世界，一幅破碎的拼图，一幅由地域性叙述方式中的各种各样元素随意组成的拼图，并没有统一的图案。正是在这种"后现代状况"下，利奥塔认为，必然有许多合法的话语分布在众多最初级的无定向

---

① 〔美〕史蒂文·塞德曼编《后现代转向：社会理论的新视角》，吴世雄等译，辽宁教育出版社，2001，第35页。
② 〔美〕史蒂文·塞德曼编《后现代转向：社会理论的新视角》，第332页。
③ 〔美〕史蒂文·塞德曼编《后现代转向：社会理论的新视角》，第332页。

的实践中。于是,他设法证明这些略小的局部叙事的合法性。利奥塔反对"元叙事"的第一步就是把科学看作地域性的社会与文化传统建构的产物,彻底否定科学真理;第二步就是把对"元叙事"的质疑扩展到历史叙事与社会批评理论中。

从20世纪60年代到80年代,女性主义内部出现了鼓励"宏大叙事"与反对"宏大叙事"两种声音。持鼓励态度者看到了女性主义作为一种争取妇女解放的思潮与运动,不可能没有一种纲领性社会理论做指导,百家争鸣、一盘散沙的局面阻碍了妇女解放的脚步。持反对态度者则通过揭露女性内部的差异,指出妇女无共同本质,故不可能形成一种统一的社会理论。赞同派成为女性主义中的保守派,反对派则被称为女性主义的后现代派。[①]

赞同派如南希·弗雷泽和琳达·尼科尔森批评指出,利奥塔"在倒掉哲学中玄学话语这盆澡水时,把大型历史叙事这个孩子也倒掉了;在倒掉狭义的马克思主义阶级理论这盆澡水时,把对大规模的不平等的社会分析理论这个孩子也倒掉了"。[②]可以看出,赞同派恪守一种作为"元叙事"的宏大女性主义理论。哈拉维是反对派中的一员,通过赛博本体论解构了"女性"本质。她认识到,妇女因国家、民族、阶级等不同而有很多差异,妇女间的差异决定了不可能只有一种女性主义理论。同样,每个认识者的定位不同、价值不同,也就不可能得到同一个真理、同一种科学。哈拉维重构"宏大叙事"的理论成果就是

[①] 当然,许多被归入后现代派的女性主义者并不承认自己是后现代主义者,比如哈拉维就没有正面称自己为"后现代主义者",但她被归入后现代主义确是公认的。

[②] 李银河主编《妇女:最漫长的革命》,三联书店,1997,第135—136页。

提出"情境知识"。哈拉维非但将地方性的、局部的、多元的知识兼容并包地接受，还将这种"情境知识"提升到保证客观性以及就是女性主义客观性的高度。为了揭示出科学中的性别、种族、阶级差异，哈拉维坚持了一种叙事政治学。她认为，科学叙事依赖于它们的作者在"科学、种族和性别的特殊认知结构和政治结构中的地位"。正如格雷格·米特曼所说："她（哈拉维）的技能是讲故事；她关于科学知识的建构模型是竞争性的叙述领域。科学（此指灵长学）是关于自然的故事，一个由叙事者所刻画的故事，随着新的叙事者的不断参与，这个故事会不断发生演化。"[1] 如果说赞同派还在试图追求一种比传统的科学更少偏见、更少歪曲地反映社会现实的普遍知识的话，那么哈拉维已经放弃了这种希望。她认为女性主义所能做的只能是让来自不同种族、阶级和文化的女性讲述自己的故事，表达她们的不同经验和不同需求。如果仍不放弃寻求唯一真实的权威故事，女性主义的叙事难免会成为另一版本的"主人故事"，知识就仍然作为专制和权力的象征。在哈拉维眼里，知识最核心的要素就是"情境性"，没有不含偏见的知识，也不存在一种压倒一切、占绝对优势的知识形式，只有由多样化的支离破碎的主体所讲述的多种多样的故事。

身体很早就成为哲学思考的对象。柏拉图在《斐多篇》中描述苏格拉底之死时就明确表达了他对身体的敌意，认为身体是通向智慧与真理的障碍。奥古斯丁论证了欲望的身体无法通达上帝之城，于是在漫长的中世纪，禁欲主义将身体的沸腾能量扑灭，身体处于沉寂状

---

[1] 转引自章梅芳、刘兵主编《性别与科学读本》，第73页。

态。启蒙时期,笛卡尔的"我思故我在"断然将身体与心灵划开,心灵或思考成为主体的实质性标志。黑格尔的精神现象学把人抽象为意识和精神,身体陷入了永恒的黑暗之中。马克思意识到了身体的遮蔽,因此赋予了意识一个物质基础,但这个身体是纯经济学上的身体,马克思认为,人性的自由才是理想社会的目标。所以,身体并没有获得自主性。不论是把人看作智慧的存在、信仰的存在,还是理性的存在,主体哲学都围绕一个"人"的定义:人是理性的动物。[①]这个定义支撑起了全部的西方历史。

尼采将人看作身体的存在,身体就是权力意志,从而发起了对主体哲学的进攻。经过巴塔耶、德勒兹、罗兰·巴特对尼采哲学的解读和发展,主体哲学成为后结构主义孜孜不倦的批判对象。其中,福柯对身体的研究得到最多的关注,女性主义对身体的思考就主要源自福柯的工作。福柯看到,社会的各种实践内容和组织形式,各种权力技术都围绕身体而展开,身体成为权力规划、控制和生产的对象。总之,历史摧毁和塑造身体,而身体铭记历史的印记。在尼采和福柯眼里,身体同样是权力的核心与历史的焦点,但是二人的身体哲学是背道而驰的两个方向。尼采的身体洋溢着权力意志,具有主动的生产性;而福柯的身体被规训和折磨,悲观而被动。此后,关于身体的哲学讨论大都沿袭了尼采与福柯的两种方向。

女性主义在关于身体的讨论中扮演了一个重要角色。在后现代主义的冲击下,尤其受到福柯"生命政治"的启发,女性主义把身体视

---

① 汪民安、陈永国:《后身体:文化、权力和生命政治学》,吉林人民出版社,2003,第9页。

作政治性的，是由性别、种族等文化要素建构的，女性主义对身体最富成果的研究就是关于生育技术的讨论。还有少数女性主义者的思考更加深入，致力于塑造女性主义理想的身体模型，其中最著名的模型之一就是哈拉维的"赛博"。赛博对自然与文化之间的一系列区分提出了质疑，哈拉维认为，赛博将机器和人的关系复杂化，搅混了技术史中习以为常的边界。赛博将人与动物、有机体与机器联结在一起。"人们不再惧怕他们与动物和机器的亲属关系，不再惧怕永久的部分认同和矛盾立场。"① 赛博接纳了动物，接纳了机器，接纳了自然界的东西，人的理性在赛博中仍有自己的空间，但那只是一个并不起眼的角落。"人 = 主体 = 理性"的等式显然不再有效。然而，赛博并没有将主体否定掉，而是将他/她混杂的各部分解释出来。巴特勒说："对主体的批判并不是要否定或批驳主体，而是一种对它作为预先给定的或基础主义前提的建构提出质疑的一种方式。"② 这就是说，批判主体并不等于抛弃主体，而是要将使这个主体成为预设的那些条件都挖掘出来。正是赛博挖掘出了被人类刻意对象化的动物、机器与自然，是它们的遭际保证了人的自我高高在上。赛博使我们发现那些和我们不同的"他者"，它们和我们共居于这个世界，彼此之间互相联系，互相建构。人类失去了优越的中心地位，与非人类混杂纠缠。自然不再缩在沉默的角落，而是活跃起来。在哈拉维这里，赛博身体的塑造是技术、政治、经济与军事纠缠的结果，铭刻着每一条文化之线与权力之线的痕迹。这正反映了福柯的生命政治学思想。但是赛博不是被动

---

① Donna Haraway, *Simians, Cyborgs, and Women: The Reinvention of Nature*, p. 154.
② 〔美〕史蒂文·塞德曼编《后现代转向：社会理论的新视角》，第217页。

的、无所作为的身体。哈拉维认为,赛博是行动的存在者,其"身体是物质-符号生产性的节点"。所以说,赛博身体更大程度上是尼采活力旺盛的身体在科学技术中的表现。

德里达将西方哲学传统归结为"逻各斯中心主义",并指出正是这种"逻各斯中心主义"导致的二元对立使得统一性、同一性、当下性优于差异、延迟和时空距离。他提出用"差异"的原则取代"中心"概念,并自造了"延异"一词表示在时空中的差异。德里达对形而上学的"解构"就是要批判形而上学的独断性,震撼"整体",打破"结构",造成"延异"。列维纳斯区分了两种哲学精神。一种是把"他者"还原为"同一"。在这种哲学中,人征服自然,人自身的生活也被抹杀。他认为,"总体性是暴力的第一行为"。另一种哲学是保留"他者"的独立性与他异性,研究"自我"与"他者"的关系中表现出来的存在意义。"他者"是无限的,不能被表象,不能被包容,不能被征服,永远超过"自我"对"他者"形成的观念。哈拉维也有过类似的表述:"世界比范畴生动得多,我们也是如此,发生的事情总比你想象的要多得多。"[1] 德勒兹指出,主客二分以同一性为前提,是"树状的"纵向思维范畴,摆脱形而上学的最好方法就是承认"差异",采用"块状茎"的横向思维方式。总之,后现代的差异哲学成为反形而上学的重要阵地。

反"俄狄浦斯"与反"怀乡"是哈拉维关于"差异"的基本看法。"俄狄浦斯"与"怀乡"这两个概念是后现代批判形而上学的重

---

[1] Donna Haraway, *The Haraway Reader*, p. 335.

要概念。在哈拉维那里，这两个概念的意义基本相同。按照弗洛伊德的理论，"俄狄浦斯情结"人生而有之，无法割舍，是以人类异性恋家庭为基础的潜意识，是人的共同本质与本源之所在，也就是人的同一性之所在。哈拉维针锋相对地指出："赛博不能指望他/她的父亲重建一座花园，即组建异性恋的夫妻，来拯救他/她……赛博不梦想有机家庭的共同体模式，他/她抛弃了恋母情结。赛博不承认伊甸园，他/她不是泥土制成，也就不能梦想回到尘埃中去。"①赛博与本源和同一公开决裂，对差异热情赞美。哈拉维嘲讽说："赛博是军国主义与父权制资本主义的私生子，更是国家社会主义的私生子。私生子经常目无尊长，毕竟他们的父亲是谁无关紧要。"②"乡愁"代表着现代主义中的人们对失落的基础的感伤情怀。列维纳斯将"乡愁"视作由"异"向"同"的倒退性回归，代表了对"异"的拒绝。他指出，"这种逃避与其说是一种怯懦，不如说是一种需要——强化人们的自我同一的需要"。③哈拉维正是看到"非赛博"强化同一的企图，因此多次提出要人们斩断"乡愁"，彻底与基础、与本源决裂，也就是彻底抛弃二元对立的思想基础。

"差异"是哈拉维技科学研究中的核心概念之一。灵长学史的考察揭开了科学中的等级制与压迫剥削，哈拉维告诉我们要承认差异，接受差异，不能用"我们"去将差异的"他者"客体化、对象化。情境知识是在承认差异的本体和差异的情境的前提下，探索正确的认识

---

① Donna Haraway, *Simians, Cyborgs, and Women: The Reinvention of Nature*, p. 151.
② Donna Haraway, *Simians, Cyborgs, and Women: The Reinvention of Nature*, p. 151.
③ 王治河主编《后现代主义辞典》，第 651 页。

方式。伴生种研究则借助人与狗的关系向我们演示处理差异之间关系的途径。尼采与德勒兹都认为，哲学家的任务就是拒绝稳定的统一性而肯定差异与区别，反对普遍化的秩序与等级制，肯定多元性、偶然性、流动与生成，创造出思想和生活的新形式。哈拉维不论是提出新颖的差异组成的赛博本体，强调知识的情境性，还是伴生种的共同建构、共同生成，似乎都在努力践行一位纯哲学家的使命。

若论科学中的相对主义，必然要回到库恩。库恩的"范式"是包括科学、哲学、社会、心理等多重因素在内的综合体，不仅揭示了科学的"观察中立"、价值中立性等观点的片面性，颠覆了逻辑实证主义等理性主义对科学知识和科学活动人文性及价值性的否认和磨灭，更赋予了科学共同体和科研成果在形成、变化与发展过程中的主体意义，引发了人们对科学活动主体性层面上附带的文化特性的深入分析，让人们在审视科学——人类的一种社会事业时，必须将认识领域以外的社会背景和价值取向等问题纳入考虑范围，从而实现对科学的主体性因素、人文性特征的考察及对科学活动更为全面的认识。库恩开启了科学哲学由逻辑实证主义向历史主义的转向，同时也打开了相对主义的大门，女性主义等许多后现代倾向的进路都在解读库恩的基础上，争相投入相对主义的怀抱。

库恩在合理性问题上也进行了一场"哥白尼式的革命"。在库恩看来，传统的合理性概念所表达的都只是科学发展过程中某一阶段的合理性，但这种合理性被夸张、放大成超越历史条件的普遍知识原理。在一个以范式为指导的常规科学传统内部，合理性在于遵守该范式规定的"逻辑"和依赖该范式所提供的经验。但是，相互竞争的范式拥有不同逻辑规则、经验事实、价值标准,因此范式内的合理性在范式之间失效。这就是"不可通约性"论题的实质。因此,我们可以说,库恩的科学合理性概念是"局部合理性"。与逻辑实证主义的遵守逻辑规则和依赖观察事实相比,库恩对合理性的理解深深根植于历史和实践之中。

库恩对科学中文化要素的发现以及"局部合理性"的主张在哈拉维那里都有体现。哈拉维坚决拒斥科学知识的非历史化,主张对科学知识进行历史性研究。她对灵长学史的考察就如同一幅立体的流动的画卷,也仿佛一本由引人入胜的小故事组成的故事集。我们读后对灵长学的收获不限于灵长学理论的演化史,更重要的是认识到性别、种族、阶级在灵长学发展中扮演的角色。情境知识则旗帜鲜明地主张局部的真理,突出不同定位、不同价值的认识者,所以合理性与客观性没有统一的标准,认识者都可以解释自己的知识并决定这知识的条件。此外,库恩分析了"隐喻"作为一种修辞手段与思维方式在科学发展的不同阶段的作用,哈拉维因此特别重视范式中的隐喻的作用。她研究了发育生物学历史上的三个范式:以罗斯·G.哈里森为代表的"晶体"隐喻、以约瑟夫·尼达姆为代表的"结构"隐喻以及以保罗·外斯为代表的"场"隐喻。她自己的写作更是以使用大量隐喻见长,赛博、女性男人、吸血鬼、伴生种等都是典型的例子。

福柯认为,知识问题从来无法与权力运作过程分离,知识话语的产生与传播要靠权力的运作,反过来,权力的运作也离不开知识话语的参与。于是,他把真理与权力的相互影响确定为一种真理制度。福柯对知识分子提出:"本质的政治问题……是确保一种新的真理的政治学的可能性。关键并不是改变人们的意识,而是产生真理的政治、经济、机构制度……总之,政治的问题不再是一个错误、幻觉或反常的意识或意识形态,它是真理自身。"[1]福柯进一步把科学与特定的社会制度联系起来。他说:"每一个社会都有自己的真理制度,即真理的'普遍政治学':既指能够接受和充当真理功能与话语类型,使人们区分真与假陈述的机制和例证,每个陈述都必须经过这些机制和例证的认可;也指符合真理获取物之价值的技术与程序;还有能够说明何为真理的人的身份和地位。"[2]于是,福柯颠覆了以发现与辩护真理为己任的认识论,主张联系着权力与利益的政治斗争。在福柯这里,政治与权力不再是羞羞答答地挤在知识的角落,而是冠冕堂皇的真理的确定者。福柯对知识与权力关系的论述以及"真理政治学"的主张得到了女性主义者的热情拥护,使他们提出的对现有科学的替代性方案有据可依。

哈拉维的"情境知识"同样向我们表达了一种"真理的政治学"。如果我们追随她进入这种政治学,就会清楚地发现,权力对真理的持续影响表现为阻止对知识的局部替代形式。支配性知识通常来自支配性群体,正如哈丁所说:"只要科学对世界的描述和解释主要来自支配性群体的生活视角,女人和男人就都不能理解和解释我们生活的世界和我们真实的选择。"[3]技科学的现状是:在科学公共角色背后,在科学知识的生产中,从属地位的知识被排除,从属地位的群体处于沉

---

[1] Michel Foucault, *Power/Knowledge,* Brighton, Sussex: The Harvester Press, 1980, p. 133.
[2] Michel Foucault, *Power/Knowledge,* p. 131.
[3] Sandra Harding, *Whose Science? Whose Knowledge? Thinking from Women's Lives,* backcover.

默。而在哈拉维理想的自由社会，像从属地位的知识这样"不合格"的知识不是由具有权威的审查机构确定，而是像福柯说的那样，由"根据真假区分的所有规则以及权力对知识的特殊影响"决定。[①] 总之，真理权力（truth power）要在生产真理的特定的历史情境和政治经济领域内才能奏效。从这个意义上讲，技科学包容政治学的首要任务不是通过批评其意识形态内容而保持科学实践的纯洁性，也不是试图从权力中解放真理，相反，"要把真理权力与霸权形式相区分"。[②]

现代主义认为，真理就是主体对客体的正确表象（表征），真理和知识必有其绝对的基础，这种真理观是普遍的、一元论的。以福柯为代表的后现代主义否认事实的存在，坚持只存在某种对世界的解释，而且解释的方式是无限的，我们应该寻求对现象的多种解释。尼采也说过，我们对世界的透视角度越多，我们的解释和知识就越丰富深刻。哈拉维的"情境知识"放弃了表象论（表征主义），采取视角主义（perspectivism），[③] 对任何局部的知识都保持开放，接纳多元的、多维度的关于世界的解释。

（三）与后现代保持"必要的张力"

由于鲜明的建构论主张，哈拉维总是面临相对主义的指责。但是她认为这是对她的一种误解，并从两个方面反驳了这种指责。一

---

① Michel Foucault, *Power/Knowledge*, p. 132.
② Michel Foucault, *Power/Knowledge*, p. 133.
③ 又译作"透视主义"，是当代西方一种重要的哲学方法论。其根本的方法论特征是，放弃一种固定不变的观点，主张视角的多元性、多面化。

是澄清坚持物质性。物质性不同于物质，但其中包含了物质。哈拉维认为，技科学中的政治、经济、技术、道德、艺术等线条交织缠绕，彼此内爆，这种状态就如同福柯的"褶子"，这就是物质性的呈现。物质性里面必然充满着人、非人、实体物质等行动者。哈拉维把这种物质性作为她不放弃实在论的证据。二是表明坚持关系性。她嘲讽地评价道："相对主义是这样一个词：它可以意指六百万个事物。"① 她认为相对主义放弃了个体的人以及集体内部互相需要的事实。她指出，自己提出的"关系主义"（relativism）与相对主义区别很大。关系实在论要求道德与政治的判断，这是与相对主义的重要差异。关系实在论"确切地说，就是我们对世界、对彼此都有自己的主张。植根于这个世界，最大限度地认识它，最恰当地生活在其中。尽管关系实在论坚持关系主义、随机性以及很多相对主义也坚持的东西，但是它反对道德上的相对主义。……我认为，相对主义是一种不可知论或怀疑论，这与生活在这个世界是不相容的，它是反世俗的"。②

哈拉维从来都不否认科学追求真理的目标，不否认科学仍然可以是最成功的知识方案，只不过她加了一个限定条件："如果科学能改变它目前种种不合理的价值与制度的话。"她也仍然坚持客观性，不过她的客观性是最大限度的相对性基础上的客观性，因为"多元""局部""偶然"这些字眼无论如何都难以脱去与相对主义的干系。正是

---

① Joseph Schneider, *Donna Haraway: Live Theory*, p. 141.
② Joseph Schneider, *Donna Haraway: Live Theory*, p. 141.

由于哈拉维在相对主义问题上若即若离的矛盾态度,《高级迷信:学术左派及其关于科学的争论》的作者格罗斯与莱维特才会咄咄逼人地质问:"她(哈拉维)如何能做到既坚持事实、理论、实践和权力的本质有着社会建构性及政治竞争性,又推翻社会建构论呢?"[①] 格罗斯和莱维特把哈拉维的这种努力贬低为"充足妄想症"(delusion of adequacy)。

但笔者认为,这两位作者并没有仔细消化哈拉维的思想,哈拉维对社会建构论一向持批评态度,认为它最终必然走向相对主义;她主张的是文化与自然之间双向的建构,这完全不同于社会建构论的本质主义观点。哈拉维从来不认为有任何预设的、隐藏在现象背后的、决定性的东西存在,她主张在关系中生成。当然,她这种原则贯彻得并不彻底,为政治与道德留下了预设的余地。在她看来,政治与道德的判断是首先存在的,这个原则是由她的女性主义立场决定的,这也是多数女性主义认识论者始终不可能放弃的底线。女性主义不仅要求认识论和科学理性的进步,还要求道德与政治的进步。阿尔科夫(Alcoff)与波特(Potter)说:"对女性主义而言,认识论的目的不只是满足知识上的好奇,也具有解放的目的、在制造知识的过程中扩大民主的目的。这种目的要求我们的认识论能够认清知识是怎样被权威化的以及知识赋予了谁权力。"[②] 也难怪反对者尖刻地指出:"女性主义

---

① 〔美〕保罗·R.格罗斯、诺曼·莱维特:《高级迷信:学术左派及其关于科学的争论》,第152页。
② Linda Alcoff and Elizabeth Potter, eds., *Feminist Epistemologies*, London: Routledge, 1993, p. 2.

者的主张不应被看作'接近真理',而应看作一个永远的局部煽动者,煽动着对主流表述系统的破坏、决裂与拆解。"[1]

作为一名彻底的反本质主义者和坚决的唯名论者,哈拉维本人对"主义"一词非常反感和排斥。她十分不满评论者给她戴上"后现代主义"帽子,因为她深知,任何的分类和"站队"都会使她整个研究致力于批判的二元论死而复生。尽管如此,哈拉维的主要思想来源和思考方式还是追随了后现代主义思想家,她的思想主张渗透着浓厚的后现代哲学气息。但同时,哈拉维对女性主义道德标准和政治目标的追求违背了后现代无政府主义的宗旨,也正是这一点有效阻止她彻底滑向后现代虚无主义的深渊。

第三节 哈拉维女性主义技科学思想的理论意义与局限

行文至此,我们已经了解了哈拉维女性主义技科学思想的基本内容、研究的方法论特征,及其在女性主义、科学论和后现代主义中的定位。在此基础上,我们便可尝试概括哈拉维女性主义技科学思想的理论意义并反思其理论局限。

---

[1] 〔美〕保罗·R.格罗斯、诺曼·莱维特:《高级迷信:学术左派及其关于科学的争论》,第155页。

一 理论意义

就目前实际造成的影响来看,灵长学研究成为建构主义者公认的引以为豪的经典成果;赛博思想已经引起一场"文化地震",掀起赛博文化的研究热潮;"情境知识"已经被后现代女性主义接受为女性主义的知识图式。由此可以推断,哈拉维技科学思想对女性主义、科学论、文化批评都产生了不容忽视的意义。

哈拉维关于灵长学和免疫学的研究是女性主义重述科学的典范,她从女性主义的视角出发,对生命科学理论形成过程中的权力运作(包括研究者之间、研究机构之间、发达国家与前殖民地之间等)做出详尽展示。哈拉维从灵长学研究中提出的"叙述理论"颠覆了当代科学作为知识典范的霸权地位,为其他竞争性科学理论的产生赋予了合法性,开辟了空间。虽然这种重述里面渗透着意识形态与政治,但是对于同样渗透着意识形态与政治的当代科学而言,多种竞争性的叙述有可能增加我们选择更好科学的概率。或可说,哈拉维至少给我们开启了从不同的性别视角窥探科学的大门,这未尝不会产生一些以一种性别视角无法发现的科学的真实情况。

赛博是自然与文化混合的本体,这就意味着哈拉维创造了一种新的科学对象(scientific object)。这种新科学对象的特征不再是纯粹被动沉默的自然,而是自然与文化的混合体。因此,赛博思想有助于我们摆脱将自然对象化、将科学建构过程规范化的表征主义。赛博不仅启发我们想象一种不同的物质-符号世界,还启发我们想象一种不同的身份观念和政治学，并启发我们思考女性主义和文化批评的方式。赛博直接影响到我们对差异与多元因素的包容态度，鼓励我们真正持开放的认识方式和思考方式。

情境知识赋予任何差异主体的知识合法地位，并强调主体对知识解释和负责任。哈拉维尝试提出一种保证情境知识之客观性的方案，即科学技术专家与"外行"一起参与的"平民小组会议"模式。该会议的参加者围绕有关科学技术知识、技术伦理与道德、政治、经济等方面的知识、观点与举措展开交流、讨论与论证。在这个意义上，我们可以认为哈拉维已经在探求具体的参与技科学的方法。这种"民主集中制"的方法有利于保证民主与自由的诉求，有利于实现技科学最大限度的客观性。可见，哈拉维将客观性的标准问题转换为客观性实现的程序问题。这对于我们重新思考客观性问题未尝不是一种有益的启发。因为不同的认识主体从各自所处的社会历史条件出发，客观性的标准很难统一划定。但是如果我们从关注客观性标准转向关注实现客观性的程序，对于实现更客观的知识或许更具实际意义。

伴生种则明确了一种关系实在的哲学立场，将把握自然与文化要素密不可分的"关系"作为我们参与技科学的认识前提，这为我们在科学实在论与社会建构论之间寻找一种可能的超越位置提供了有价值的借鉴。人与狗在训练中共同提高技术；犬类饲主的网络在线交流以一种新方式学习和传播有关狗的生物学、养殖及防疫知识；"外行"人只要充满爱心、愿意学习和钻研，也可以提出最后成为权威的知识。哈拉维对人—狗关系的研究启发了作为非科学技术专家的人参与科学的方式。这些新方式无一不与我们的日常生活息息相关。因此，可以说，哈拉维将日常生活作为多元化科学赖以产生的肥沃土壤，这是对将知识与我们的世界区分开的表征主义科学的终结。

以上是对应哈拉维技科学思想的各阶段进行的理论意义分析。对其进行一项科学论语境中的归纳和收拢，将有助于我们进一步理解哈拉维技科学思想在当代科学论中的重要意义。

首先，我们可以初步认为哈拉维的技科学思想是反科学实在论的，而不是反实在论的。这种定位可以借用她所致力于实现的目标加以证明，即同时坚持建构主义与物质真实性。"反科学实在论"质疑的是科学所揭示的世界是否真实存在、理论能否正确反映实在的问题，但它并不否认世界本身的真实存在。哈拉维的反科学实在论批评了当代科学独一无二的真理地位，否认科学的霸权合法性及纯洁的客观性，并非否定外部世界的实在性。哈拉维的立足点是批判当代科学，不是反对实在；她抨击自然或文化的一元实在，而不反对多元实在——关系的实在。

其次，哈拉维的女性主义技科学思想体现一种彻底的实践科学观。这种实践科学观对当代科学论最大的启发就是坚持历史生成论，放弃表征的霸权幻想。当代哲学的"语言学转向""符号学转向""解释学转向""文化转向"几乎把所有的物（拉图尔语）和物质性（哈拉维语）都变成了语言或其他文化表征的东西。结果是，语言和文化被赋予越来越多的力量和历史性，而物和物质性则退缩到被动和不变的地位。表征主义用语言结构塑造和决定我们对世界的理解，而真实的世界与我们拉开了距离。哈拉维认为，表征主义"屈服"于语言，过于强调符号，必然造成对物质性的重视不足，事实上犯了抽象理论高于实际生活的错误。由此可见，哈拉维历史生成论的科学观是对纯粹"语言游戏"形式的挑战，包含鼓励竞争性的科学叙述权；发现自然与文化、物质与符号的纠结和作用；粉碎知识的表征形象，赋予其实践性和开放性的特点；回到日常生活，守住历史生成的肥沃土壤——"关系"实践。哈拉维历史生成论的科学观并没有抛弃建构主义，而是在主张另一种建构主义。这种建构不是自然与文化、科学与社会二者中一方对另一方的建构，而是二者彼此相互的建构。这种建构摒弃了表征主义符号化的抽象特征，实质上是对建构主义进路的批判性继承。这种科学观"拒绝类型学的（typological）思考、二元论、各种类型的相对主义和普遍主义，为突现的过程、历史性、差异、特殊性、共同生活、共同建构和随机性研究做出努力"。① 在哈拉维这里，历史生成论视野下的女性主义认识不再是简单地批判西方白人父权制的偏见，而是理解事物如何运作，谁在行动之中，什么是可能的，以及世俗的行动者如何解释对方并更少敌意地爱对方。

再次，哈拉维的女性主义技科学思想体现了一种开放性的科学观。它主张人人都有权提出自己的科学，人人都可从自己的立场、视角和处境出发对技科学实践进行解释；客观性必须以追求自由和民主为目标，必须考虑认识者局部的、随机的视角。这种科学观对待科学、知识与客观性秉承无与伦比的开放性与包容性，它否定了一种科

---

① Donna Haraway, *The Companion Species Manifesto: Dogs, People, and Significant Otherness*, p. 7.

学、一种知识、一种客观性,但是并没有主张用另一种女性科学、知识和客观性予以代替,它的努力只是为科学、为知识、为客观性打开欢迎异质性、欢迎差异的大门。在多元化的方案中,哈拉维不认为有哪一种特定的科学、知识与客观性方案是具有优势的,女性方案没有优势,其他方案也没有优势。因此,哈拉维启发我们,批判和重构科学完全不必反科学,我们需要做的工作是丰富科学。

最后,哈拉维的女性主义技科学思想体现了深厚的人文主义关怀。哈拉维对"我们是谁""自然是什么""我们的亲属是谁"这些问题锲而不舍地进行追问。她对技科学中科学与政治、技术与伦理交织的考察之目绝不限于揭示科学技术实践的原貌,她更关注的是我们在技科学中如何生存,如何与差异的"他者"共同生存。而要实现这个目标,我们必须首先认识我们与"他者"之间的本体论关系,我们在与"他者"共同生存时应采取的认识论,以及我们与"他者"之间的伦理与道德关系。可见,哈拉维关心世界上的所有存在如何能生活得更好,并以此作为她研究的终极目标。

简而言之,哈拉维的技科学思想以解构自然/文化二分与建构历史生成为核心工作,其中以"叙述理论"、"赛博理论"、"情境知识"以及"关系实在论"为代表的理论成果对于我们摆脱反映论的表征主义科学观,走向彻底的实践和历史生成的科学观具有较为积极的建设性意义和价值。同时,作为一名女性主义者,哈拉维能够摆脱一般女性主义本质主义的社会建构论误区,能够较客观地考察科学并提出重构科学的方案,而不是简单地主张某种女性的科学或科学哲学。总之,哈拉维的工作丰富了我们对科学的认识:科学知识不只是概念的，而且是过程的；它不是对自然或文化的反映，而是处于自然与文化的无限张力之中。也许我们最应该借鉴的就是哈拉维这种实事求是的态度。

二　理论局限

（一）政治学的软肋

女性主义的政治诉求是哈拉维科学论思想的特色，也是她最易受攻击的薄弱链条。对于其他主流科学论者而言，彻底的生成论/实践观应该避免预设政治学，因为固守任何既定的社会要素无异于为社会建构"招魂"。尽管哈拉维完全不同于一般女性主义者将性别、种族与阶级本质化和整体化的做法，而是主张这些社会要素在特定社会与历史情境的生成性，但是哈拉维批判性别中心主义和种族中心主义，向往民主、自由与解放的矛头总是毫不含糊地凸显在其技科学思想中。哈拉维从不掩饰自己的女性主义立场和使命，并在科学论思想中忠实履行这一使命。学术女性主义与女性主义政治运动"貌合神离"，是学术女性主义拓展步履维艰的根本原因，也造成哈拉维的技科学思想与主流科学论保持了相当的张力。

哈拉维的客观性方案强调注重科学的民主与自由有其合理性，这有助于减少当代科学实践中客观存在的忽视或践踏女性、有色人种以及第三世界国家利益的情况发生，有助于启示制定科学方案者更多地关注全人类的整体利益和公正平等，有助于科学研究者不至于追求偏狭的经济效益、政治效益，而是更注重追求社会效益。但是将自由和民主纳入客观性的衡量标准及目标,付出了牺牲求真求实精神的代价,而这种精神正是人类精神与社会发展之不竭动力。这样做并不能真正促进人类的自由与解放,反而会在很大程度上限制这种自由与解放的程度。此外,制定科学方案固然应该考虑社会各群体的利益,但如果将社会群体的利益作为主要的指标,可能会造成以政治自由度判断一项科学与技术的结果。一旦如此,围绕科学技术的政治自由度展开的社会各群体之间旷日持久的争论和斗争势必严重影响好的科学技术成果的推广和应用。

(二)贫瘠的方法论

哈拉维没有像社会建构论那样,采用"权力""利益"等传统术语,而是倚重对"赛博""女性男人"等新词做隐喻式的使用。除玛丽·海西外,戴维森、塞尔、波义德、莱考夫等哲学家们深入研究了隐喻的合法性地位、方法论功能、生成方式、本质、逻辑特征等问题,确立了隐喻的合法性地位并加以巩固,使隐喻成为当代科学哲学的一个新的生长点。与之相较,哈拉维没有从哲学上对隐喻的方法论价值做深刻剖析,而只是简单地把隐喻的依据归于她的宗教信仰和生物学自身的特点中。而且她对自己信手拈来使用的诸多新词或语言的历史积淀没有做预先交代或分析,这样略显轻率的处理难免使其隐喻和语言缺乏强有力的哲学支撑。"失去哲学根基"的隐喻在大量使用的情况下,容易给人哗众取宠、吸引眼球的印象。

哈拉维推崇通过"想象"去捕捉科学实践的生动性,似乎只有这条路径才可将不同于传统描述的某些方面的实践揭露出来。但是她并没有给我们提出一种关于"想象"的本体论,也没有指明"想象"的动力究竟是源自身体实践、历史积淀还是灵感启发。在哈拉维那里,"想象"的使用主要是出自实用主义的考虑,用她的话说就是"清晰表明所有物质－符号过程中(特别是技科学中)的修辞特性"。① 简而言之,缺乏哲学根基是哈拉维技科学研究方法的一个致命弱点。

哈拉维的早期工作表现为严肃而翔实的科学史考察,人物访谈、史料整理和情境分析是其主要的工作方式。但其后面的作品就时常可见修辞、想象、科幻小说、诗歌、漫画和广告,读者随处可以享受到大众文化的盛宴。科学史考察下的科学家的活动、科学理论的演变和科学研究的开展都以实验室和田野为主要场点,同时又置于广阔的历史与政治情境中。这种将微观考察与宏观考察相结合的研究方法,全面反映了科学知识在政治、经济、科学、技术、审美等线条的交织中的产生与变迁。哈拉维由最初的科学史考察发展为宏观的文化批判与建构,而且渗透着强烈的想象和嘲讽色彩。宏观的文化批判生动描述了围绕科学发生的政治、经济、道德、伦理等异质性要素的内爆,雄辩地证明了技科学中自然/文化二分法破灭的事实。对于普通大众而言,宏观的文化批判牵涉到他们身处的日常生活的方方面面,因而十分容易理解和令人信服。但是,宏观的文化批判也暴露出自身明显的弱点,即忽视了解释实验室内部微观的科学知识制造过程。科学实践本身就包括实验室内和实验室外与科学有关的所有活动,"技科学"

---

① Donna Haraway, *Modest_Witness@Second_Millennium. FemaleMan©_Meets_Oncomouse™. Feminism and Technoscience*, p. 11.

一词的初衷就是打破实验室"内部"与"外部"的隔墙。在哈拉维笔下，实验室外的政治、经济、道德等文化要素间的纠缠跃然纸上，而实验室内科学家的实验程序、使用的仪器装置、所获数据、实验报告、科学家的争论与磋商等制造知识的具体活动则显得暗淡许多。相较之下，皮克林提出实验室内部人与非人阻抗和适应的辩证法，拉图尔追踪科学家与工程师的行动，以及塞蒂娜对实验室制造事实与制造科学文本的解构，在论证实验室内部科学知识的生成方面则更具说服力。不重视对科学实践的关键地带——实验室进行"深描"，不能不说是哈拉维技科学研究的欠缺之处。兼顾实验室内部与实验室外部的研究，同时将科学史的考察与文化批判有机结合，或许是哈拉维应该强化的技科学研究方法。

使用修辞、发挥想象、截取科幻小说、引用诗歌、借用漫画和分析广告的技科学研究方法，彰显了哈拉维反叛传统科学方法论的勇气和尝试新方法的魄力。而且，严肃的科学报告、科学理论，与肆意挥洒的文学、艺术和审美在哈拉维作品中的糅合，典型地体现了她主张的科学与艺术、科学与文学、科学与审美的交织缠绕。哈拉维用自己的写作成功实践了"赛博"的理想，批判了自然与文化的二分。但是我们注意到，哈拉维的分析并没有证明为什么会选择某个广告而不是其他广告，为什么是这个画家（如兰朵夫）的画而不是别人的画，为什么哈拉维的论证主要是基于广告、绘画这些可视化的东西而不是科学记录的手写文本。例如，哈拉维大量引用了绘画并据此进行技科学分析，而绘画恰恰是拜物教具体化的最高表现形式，哈拉维一边批判拜物教，一边又在实践拜物教，这本身就是个矛盾。这些新方法固然跟她的文化研究有关，或者跟展示自然文化内爆的意图有关，但或许还是因为她没有放弃把社会/文化要素视作原因或决定性因素。从严谨的科学史考察到轻松的科学的大众文化考察，这种转变是否会降低哈拉维的理论力量？这个问题值得我们思考。

总的说来，哈拉维的技科学思想给我们强烈的方法冲击，却暴露了其方法论的贫瘠。方法论的"贫血症"对于反对方法论的哈拉维本人而言无足轻重，甚至说正中其下怀，但是对于任一进路的后实证的科学哲学研究而言，方法论的匮乏造成了它始终面临在科学哲学中昙花一现的危机。

（三）技术观照中的缺憾

哈拉维没有像大多数哲学家那样，从技术的本性入手分析技术与人的关系，因为大写的"技术"只是一个形而上学的概念，无法代替各色各样的技术，而且技术处于技科学的复杂网络中。哈拉维紧紧围绕生物技术与通信技术，分析它们给人和社会带来的深刻改变。她把握住具备时间和空间要素的日常生活中的技术问题，是对技术哲学形上之维的"经验转向"。

哈拉维不主张现象学意义上的共同的本质的"人"，"情境知识"主张的人和身体是具体的、情境的。"诚实的见证者"总是一个特殊的身体，有性别，有民族，非中立，在政治经济上有动机，具有社会意识，并且处于历史情境之中。具体的人和身体摆脱了自启蒙以来涂上的欧洲的、白种的、男性的特征，是对人和身体意义的解放，但这样一来，我们就很难获知身体在认识活动中的角色以及人类作为认识者的特征。而技术现象学家唐·伊德就致力于研究不同的技术对于人的经验和感知的影响,即各种特定技术如何放大、缩小、遮蔽和凸显人所经验到的现象。哈拉维围绕技术问题做了以下工作:反对将世界视作被动无声的、供人类占有和攫取的对象,提出的"伴生种"思想隐含对人与环境和世界之关系的探索,强调科学技术与道德、伦理和政治的结合,制定了具体的规约技术的方案。总的说来,哈拉维对技术的态度是欢迎和乐观的,她不是批评科学与技术,而是主张科学、技术同伦理、政治和审美的混合。这种立场使得她满足于对现代技术社会的描述,而对于现代技术社会对人的负面影响以及如何消除这些负面影响缺乏深邃的哲学探索。海德格尔指出,支配人逼索自然的技术的座架本质造成现代人无家可归的状态,他积极批判了技术应用给人、自然和社会带来的严重影响,并指出一条使人沉思地生活在地球上的审美解放之路。与海德格尔相较,或许哈拉维对技术的观照应该再多一些忧患意识。当任何新技术扑面而来,冲击并塑造我们自身和我们的生活时,居安思危、未雨绸缪或许更有助于我们高效利用和有效控制这些或为天使或为魔鬼的新技术。

(四)粗糙的多元化

"叙述理论"和"情境知识"如同费耶阿本德振臂一呼"怎么都行",为以西方科学为典范的科学与知识彻底松绑。在特定历史情境和社会定位中的认识者得到的关于科学理论、实践和体制的观点可以大相径庭,这固然对防范"意识形态化"的科学霸权起到积极作用,但是"负责任"的认识者如果都坚持自己从特殊的局部情境得到的解释和观点，难以接受与其他认识者交流，争执不下的争论是否还是一件好事？尤其是如果有的解释和观点明显是糟粕的话，科学的多元化是否加上一定的限度更合适？哈拉维在阐述科学的多元性主张时，从来都会指出，多元科学中总有一种是更好的。那么这个更好的科学如何确定？她给出的方案是外行公众与科学专家组织在一起共同进行论证和决策。这就涉及一个操作的问题：外行公众没有相应的科学知识，他们的建议对掌握科学知识的专家而言应该以何种方式和何种程度接纳？在这个意义上讲，仅靠哈拉维希望推广的丹麦"平民小组会议"的机制是不够的。这个机制远不能承担起选择更好的科学的任务。如何甄选更加客观与合理的方案和知识，哈拉维还没有给我们一个满意的答案。

（五）赛博还是非赛博

哈拉维极力将政治学与认识论结合起来，因此她在提出"情境知识"后，又提出了技科学生产的民主措施，即"民主决策"。她认为情境知识适用于技科学中的一切，技科学的所有知识都是情境知识。关于技科学生产的民主措施，哈拉维着墨不多，主要是介绍了丹麦的"平民小组会议"，并呼吁在美国推广这个技科学民主模式。她建议更多的不同声音可以被吸纳到决策过程，管理科学研究的执行情况。我们发现，哈拉维提出这个民主措施缺乏理论分析和依据，因为她没有涉及理论家们关于"什么是真正的民主"的讨论。最关键的是，"情境知识"与"民主决策"这两项主张隐含着自相矛盾。情境知识指出,参与者的情境相关性导致他们得到局部性的、偶然性的知识;然而民主决策的主张显然是要超越情境知识产生的多样性视角和依赖的情境。哈拉维似乎一方面在强调视角描述的"真理政治学",另一方面又强调客观描述的政治学。这个困境令人联想到费耶阿本德,他试图使相对主义与民主责任和谐,却并不成功。

还有一点非常关键,情境知识承认人与非人行动者,但是民主决策就只保留了"人"参加。我们可以这样理解,哈拉维同时主张赛博与"非赛博",如果追究她这两个主张提出的先后顺序的话,我们甚至可以认为哈拉维从赛博倒退到"非赛博"。而且哈拉维对民主决策的论述显得过于理想化。她认为,通过"平民小组会议",丹麦人就可以实现客观性。参与者(科学家、技术人员以及业余市民)彼此之间展开对话,虽然不是达成一致意见,但是他们可以意识到自然与文化交界处的特殊利益。哈拉维说:"普通百姓对科学与技术文献越来越感兴趣,技术与专业人员越来越尊重百姓的意见……这对于窒息了民主空气的美国技科学而言是多么难能可贵啊。"[1]

哈拉维提出赛博理论的重要政治学目的就是逃离身份的桎梏,对人类制定的类型学与等级制进行辛辣的嘲讽,赛博理论也的确收到了这个预期效果,特别是其对等级制下的官僚体制有深刻的批判性。官僚体制纯粹是禁锢性的,它承认长期确立的身份,在官僚体制中,人的权利和责任需要明确。但是哈拉维在后来的工作中接受了"强客观

---

[1] Donna Haraway, *Modest_Witness@Second_Millennium. FemaleMan©_Meets_Oncomouse™. Feminism and Technoscience*, p. 96.

性"概念以及增强民主的实践。她成为丹麦政府的群众讨论会中的一员,决定科学研究的社会与民主价值,这就表明她开始追求实现一种自由的官僚机制。于是,身份概念又悄悄复活。赛博强调个体的、创造性的过程和自我超越,但同时又不放弃亲合与关联,因此体现了一种个体与集体之间的辩证法。当赛博隐退,身份走向前台时,个体与集体的冲突又将重新开始。

赛博抛却了身份,超越了权力关系,并把知识创造置于内在价值的水平上。因此,哈拉维强调,女性主义应该关注的是我们如何丰富我们的生活质量,这是亲合的赛博政治目标之所在。女性主义不应再去计较能从社会斗争中获得什么。这就表明,至少哈拉维对权力政治的终结是有信心的。但是后来她不再相信在社会秩序中权力政治有终结的可能,她的口号变成了"你的眼睛要盯着奖品",即我们必须知道我们想要什么,我们如何做才能赢得它,以及我们如何坚持实现这个目标。哈拉维的主调已经不再是超越斗争规则,而是去赢得。哈拉维由政治上亲合转向政治上斗争,或许泄露了她对赛博政治模式弊端的失望或清醒。

哈拉维在书写技科学时,采用的是宏观方法,所以对于意义的制造过程阐述不够充分。相较之下,她对当代社会进行的道德评论似乎更加充分。从这个意义上说,赛博的光芒又有些黯淡了。在《诚实的见证者》一书中,哈拉维让作者——"我"站在社会和社会意义之上做出判断,给人的感觉仿佛是她所批判的"上帝的把戏"。即便在有限的解构科学研究的工作中,哈拉维运用的社会批评也很多。她抛弃对科学家和其多样科学文本的检查,单纯书写社会评论,在这种情况下，赛博与科学家都退居其后，哈拉维本人反而成为关键性因素。

（六）多大程度上的女性主义

赛博身体抹去了具体的女性角色，因此遭到了其他女性主义者的批评。苏珊·波尔多说，赛博否认了我们作为女性主义的物质存在的现实，这种女性形象的退缩反而符合现存白人男性权力结构的利益。针对哈拉维宣称的赛博的"后性别"特征，玛格丽特·摩尔斯尖锐地反问："当女性成为虚拟之物的时候，女性主义还有讨论的必要吗？"[①]摩尔斯根据互联网生活的经验指出，在虚拟世界中，有关性和性别的原型观念完全能够复活，虚拟世界并不必然是跨性别的或跨文化的；不论是怎样新颖而独特的身体都不能解决这个最现实的难题：妇女缺乏进入信息社会的技术通道。赛博的形象对人的主体性的消解也的确不利于唤起妇女作为"人"的自我意识和主体意识，建立她们作为"人"的主体性，而这一点恰恰是激励她们从事斗争的精神支柱。因此，有许多女性主义者质疑赛博理论的效果究竟是积极还是消极。女性过去一直被当作历史中被动的客体，现在她们清醒意识到了这一点，但是赛博理论竟然轻易将"主体性"抛弃，这表明赛博理论似乎偏离了女性主义的方向。哈拉维的密友哈特索克就是坚守女性之"主体性"的女性主义者，她曾不无激愤地说："我们中的许多人刚刚开始打破我们一直被迫保持的沉默，刚刚开始提出为我们自己命名的权利

[①] 汪民安、陈永国：《后身体：文化、权力和生命政治学》，第236页。

要求，刚刚开始作为历史的主体而非客体来行动，正当此时此刻，为什么主体的概念本身却成了问题？正当我们要形成我们自己关于世界的理论之时，世界是否能够被理论化这种非确定性却被提了出来。"①

从本体论上讲，哈拉维没有给"女性"留下合法性的空间；从认识论上讲，哈拉维由关注性别导向发展为解构性别本质，进而走向文化批判与建构。这一切标志着哈拉维与一般女性主义者相比走出了一条不同的女性主义道路。正如她所说，女性主义不应仍然停留在批判资本主义白人父权制的层面，而应深入事物的运作过程去看究竟发生了什么。但是另一方面，她也不得不面对其他女性主义者的质疑：究竟在多大程度上，哈拉维还是一名女性主义者？

小 结

除了女性主义特征，哈拉维女性主义技科学研究在科学论研究中最主要的特色就是其方法特征。哈拉维将技科学研究建立在生物学基础上，借用隐喻表达思想，采用超文本写作，依托衍射方法对技科学实践进行重述，而且示范了跨学科研究的"翻绳儿"方法。哈拉维的历史生成论思想使她脱离了一般女性主义深陷的社会建构论误区，而且在批判科学的价值中立、二元论，探索客观性方案以及思考技术等问题上均突破了一般女性主义的局限，并深刻剖析了一般女性主义思

---

① A. M. Jaggar and I. M. Young, eds., *A Companion to Feminist Philosophy*, Malden Massachusetts: Blackwell Publisher, 1998, p. 81.

想的流弊，其思想代表着女性主义科学论前沿的发展趋势。哈拉维历史生成论关注科学实践的本质与科学论的实践转向契合，展现出超越科学实在论与社会建构论之争的中间姿态。但是哈拉维思想中具有强烈政治色彩的女性主义旨趣仍使她与主流的科学论保持着"必要的张力"。哈拉维一方面践行后现代主义的哲学思想，另一方面极力避免陷入后现代主义无法避免的相对主义和无政府主义困境，因此，我们无法也无必要明确定位哈拉维的现代主义或后现代主义者身份。

结　语

　　本书主要研究了当代著名女性主义科学论者唐娜·哈拉维的技科学思想及其发展过程，并从中透视当代科学论、当代女性主义及当代文化的时代特征。本书基本完成了三项任务：首先，在纵向上全面把握哈拉维的技科学思想，重构其发展的历史与逻辑线索；其次，在横向上把哈拉维的技科学思想置于当代科学论的语境之中，对之进行较为全面的评价；最后，在上述研究基础上深化我们对当代科学、技术以及当代生活的认识。

　　第一，对哈拉维的女性主义技科学思想进行历史和逻辑的重构。

　　"历史的重构"不是简单地按照时间顺序阐述哈拉维的技科学思想内容，而是紧紧依托其每个阶段思想所处的历史与文化情境，在全面分析其各阶段思想之理论背景、时代特征和文化促因的基础上，丰满动态地理解哈拉维技科学思想的内涵与意义，同时关注寻找哈拉维技科学思想前后发展中"变"与"不变"的因素，从而更加简捷地提取其思想延展的脉络。"逻辑的重构"则是厘清哈拉维技科学思想发展的逻辑线索，根据这条线索展现其思想，从而避免一盘散沙、照本宣科地介绍。将历史与逻辑的重构有机结合是本文把握哈拉维技科学思想的基本研究方法。

本书循着"批判自然/文化二分与主张历史生成"这条线索,将哈拉维的技科学思想分为四个阶段:生命科学中的性别研究、赛博本体论研究、情境知识认识论研究以及日常生活中对自然与文化关系的哲学思考。这四个阶段的内在逻辑性是:哈拉维用灵长学历史证明了自然与文化的越界,接着提出"赛博"这个自然与文化的混合本体,然后进入认识论将自然与文化彻底融合,最后回到日常生活反思处理自然与文化关系的哲学。我们从中发现,科学与政治和经济、技术与伦理和道德、知识与艺术和审美、主体与客体以及精神与物质的界限在技科学中统统打破,所有与科学有关的异质性文化要素历时性地"内爆"与纠缠,这种动态的物质-符号实践成为科学知识的"生产装置"。由此,我们归纳出哈拉维技科学思想的历史生成论特征。

哈拉维技科学思想的"内在变化"主要表现在三个方面。其一,前三个阶段的研究集中在对"科学世界"(涵盖了科学、技术与知识)的研究,而第四阶段则集中在对"生活世界"的研究。这是因为,一方面,哈拉维坚定的女性主义信念和深切的人文主义关怀决定了她对科学史、本体论和认识论的考察最终要服务于指导我们的生活实践,启发我们在生活中如何处理与"他者"的关系;另一方面,赛博作为一种虚构与隐喻用来批判自然/文化二分毕竟缺乏扎实的哲学根基,同时也因具有较强的历史情境性,不能完全胜任对新世纪初技科学复杂情况的考察。其二,前三个阶段主要是批判自然/文化二分,第四个阶段则专注于重建自然与文化的关系。对女性主义者哈拉维而言，解构不是目的，重建才是表达希望的方式。相比于前面的批判性工作，哈拉维对重建自然与文化关系的反思更多体现了一种哲学的探求。基于对日常生活中"伴生种"的哲学反思，哈拉维提出"关系实在论"，对她同时坚持历史随机性与物质真实性的技科学主张进行了哲学提炼，向我们宣读了她超越科学实在论与社会建构论之争的明确纲领。其三，以赛博研究为分水岭，哈拉维的技科学思想与女性主义主张前后发生重要转变，由关注科学研究过程中的性别、挖掘性别导向、偏重性别批判的性别生成论，发展为彻底进入异质性要素内爆的技科学实践的立场。之所以发生这个转变，主要有两点原因：一是以性别要素为主导的生成论很容易被误解为以性别为决定要素的社会建构论，"性别"这个女性主义的标志性字眼在很大程度上遮蔽了哈拉维历史生成论的本质特征，使哈拉维被简单归入社会建构论者行列；二是赛博理论彻底解构了任何类型学和二元对立的本质，赋予非本质的、非普遍的、多元的异质性要素技科学行动者的地位，"性别"只是这些异质性要素中的一员。宽泛的文化批判与建构，淡化了性别的生成性作用，突出了包括政治、经济、伦理、道德等在内的诸多文化要素的历史生成作用。这种转变标志着哈拉维的技科学思想完全摒弃了表征主义科学观，进入实践的科学观。哈拉维技科学思想的"外在变化"表现为：技科学研究由严肃的专项科学史考察变成综合了"超文本"写作方式，充满了嘲讽与想象的文化批判。然而，这个"华丽的转身"在争取更多读者理解的同时也付出了疏离科学实践的核心地带——"实验室"的代价。

哈拉维技科学思想中也有贯穿其思想始终的不变因素。哈拉维一以贯之地坚持女性主义视角和服务于女性主义理论与运动的宗旨；主张科学、技术与伦理、政治和审美的混合；渴望科学与技术世界中的民主、自由和公正；依托生物学开展研究。

第二，将哈拉维的女性主义技科学思想置于当代科学论语境中进行评价，彰显其意义。

社会建构论的主要特征即主张科学知识的内容是对社会利益的反映。这种主张将社会与人的力量无限放大，而将自然的力量无限缩小，甚至将自然视作无意义。"社会利益"作为一种隐藏在知识背后的本质的东西，需要我们探寻；而知识本身不过是科学家磋商与谈判的结果。总之，在社会建构论那里，知识是对社会利益的表征。女性主义科学论整体上表现为社会建构论的一种特殊形式。女性主义科学论将"性别"视作知识内容的决定性因素，知识是对性别的反映，我们目前的知识不过是男性的性别偏见与男性价值观的体现。而哈拉维与一般的女性主义科学论最显著的不同就是，她拒斥反映论，坚持历史生成论。性别在她那里不是决定知识内容的要素，而是参与制造知识的关键要素。而且后来她在自己的历史生成论中不再突出性别的导向意义，而是采用一种更加宽泛的文化批判与建构。这就造成了哈拉维彻底区别于社会建构论，并超越社会建构论。哈拉维的历史生成论趋同于后SSK的实践转向，但同样是强调实践，哈拉维与后SSK不同的是，她的生成论更加突出文化中的政治、伦理与道德的生成作用。而后SSK则没有侧重点地描述人类与非人类力量的"冲撞"与"转译"。

如果比较哈拉维的技科学思想与主流科学论，可以发现两点重要的差异：一是哈拉维技科学思想的女性主义特征，二是哈拉维技科学思想的方法特征。正是这两方面的特征使哈拉维在"实践转向"的当代科学论中特立独行、一枝独秀。

关注科学中的性别、批判科学中的性别歧视是哈拉维与其他女性主义者的共同之处，也是女性主义认识论的基本特点所在。正如批评夏平和沙弗尔忽视了17世纪英格兰实验科学中的性别因素，作为女性主义者的哈拉维在承认多种文化要素影响波义耳实验的同时，最突出强调的还是性别的导向性意义。在研究灵长学理论发展的机制时，哈拉维也同样把女性科学家参与灵长学视作灵长学发生根本转变的主要原因。出于女性主义解放妇女、争取两性平等和种族平等的基本立场，哈拉维的技科学思想反对体现白种男性意识形态的科学霸权，提倡多元化的竞争性叙述，呼吁局部性的真理。给予女性和有色人种表达认识、参与科学的权利是哈拉维技科学思想的题中应有之义。哈拉维还进一步将对女性、动物和所有被客体化的"他者"的非客体化上升到对人类社会自由与民主的追求，这使其技科学思想表现出鲜明的政治色彩。相较于主流科学论，哈拉维通过文化批判把性别偏见、种族歧视和阶级压迫、政治经济斗争等预设为分析技科学实践绕不开的要素，这一点是主流科学论者普遍不能接受的。

尽管因女性主义的政治性诉求而区别于主流科学论，但哈拉维与其他女性主义者并不可以等同，他们之间有两点显著不同：其一，哈拉维的"性别"不是本质的、同一的、不变的社会因素，而是在一定社会历史情境中不断建构生成的；其二，哈拉维的"性别"不是决定科学的社会因素，而是参与共同建构科学的异质性文化要素之一。这两点表明哈拉维以一种彻底的历史生成论区别于其他社会建构论倾向的女性主义。

哈拉维与实践转向的科学论者共同向我们描述了科学实践中异质性要素的"内爆"（哈拉维语）、"冲撞"（皮克林语）与"转译"（拉图尔语）的动态过程，但是他们的研究方法不同。除了早期的科学史考察外，哈拉维主要采用了文化批判与建构的宏观研究方法，而以皮克林和拉图尔为代表的后 SSK 则采用微观的实验室人种学考察法。文化研究在选用研究方法上给予哈拉维很大空间。她综合调动了隐喻、超文本、符号学等方法，并自创了"衍射"和"翻绳儿"的技科学研究方法和科学论研究方法。其中，虽然一些来自隐喻的方法缺乏必要的哲学根基，但在哈拉维技科学思想中起到的作用是十分关键的，至少形象生动地传达出哈拉维较为抽象的理论主张。

第三，通过研究哈拉维的技科学思想，深化我们对当代科学、技术以及当代生活的认识。

哈拉维的技科学思想引导我们关注与当代科学有关的所有要素，将科学看作开放性、动态性和异质性的实践过程。我们认识到，科学绝不只是实验室高墙内的事业，而是一幅广阔的历史与文化"画卷"，这幅"画卷"里的所有"人物"和"事件"都是真实发生的，并共同构成这幅"画卷"的胜景。其中任何一个"人物"或"事件"的改动都会引起这幅"画卷"的寓意变化。哈拉维启发我们对科学、知识与客观性持开放与包容态度。她否定了一种科学、一种知识、一种客观性，但是并没有主张用另一种女性科学、知识和客观性代替，她的努力只是为科学、知识、客观性打开欢迎异质性、欢迎差异的大门。因此，哈拉维启示我们：批判和重构科学完全不必反科学，丰富科学或许将使我们真正从科学中受益。

我们通过哈拉维的赛博理论可以追踪当代技术发展的前沿——信息技术与生物技术的轨迹，可以了解到令人叹为观止的赛博技术（包括空间技术、医学技术、军事技术、工程技术、虚拟技术等），享受到一场高新技术的盛宴。哈拉维发掘出科学技术的社会关系之变革的重大意义。她认为高科技引起了社会关系中种族、性别、阶级关系的重组和调整，为女性主义政治运动提供了新的力量源泉。哈拉维告诉我们，在20世纪晚期，人们不再根据生理特征和生活经验建构他们的身份和意义话语，而是根据他们身处其中的科学与技术进行建构。因此，我们认识到，技术的问题不只是研发、应用与推广的问题，还是社会与文化转型及政治斗争的助推器或有效工具。我们对技术的态度不应是逃避或排斥，而是主动学习和恰当应用。科学与技术对社会的建构性意义是哈拉维十分关注的，也是我们在枯燥的哲学争论之余应该思考的。另外，哈拉维还特别突出了对技术的伦理关怀，并为我们如何处理与"自然－技术客体"的关系提出了颇有价值的建议，对于我们如何在技术社会处理与自然、环境和世界的关系有深刻的启发意义。

哈拉维的《赛博宣言》引起的"赛博地震"席卷了西方文化界，激发了多个领域的研究热潮，包括医学、工程、军事、人类学、政治学、教育学等，一门新兴学科"赛博学"出现。"赛博女性主义"这个崭新的流派建立，开辟了一个新的妇女斗争场点——赛博空间。有关赛博形象的科幻影视作品层出不穷，有色妇女写作影响越来越大，女性主义科幻创作在文学领域加强了对二元论思维的批判。由此，我们也可以再次确信哈拉维反复强调的论断：科学与哲学、技术、文学、政治和艺术从来都统一在我们的技科学生活中。

我们的日常生活并不是与科学和技术截然分开的世俗世界，而是技科学的肥沃土壤，我们在生活中与"伴生种"的许多行为和活动都在直接或间接地改变我们学习科学和传播科学的方式。"回到日常生活"也许会给我们思考科学新的启示。

哈拉维女性主义技科学思想解除了"二"，即自然/文化的二元论，也取消了"一"，即普遍主义的一元论。她关注以"关系"为基本单位的事物的运作过程，关注人在其中的恰当角色，关心人的责任与道德之于我们整个世界更加融洽繁荣的意义。我们每个人在日常生活中都应该改变"自我"与"他者"二元对立的思维方式，代之以赛博式的包容差异的思维方式。因此，就现实意义而言，通过认识和理解哈拉维的女性主义技科学思想，至少我们在如何处理与"自我"之外的人和事物的关系，尊重多样的知识成果，减少科学体制中不公平的惯例，在科研立项与技术成果应用时注意考虑弱势群体的利益等方面会受到一定的启发。

参考文献

一 英文文献

(一) 哈拉维的作品

1. 著作

Primate Visions: Gender, Race, and Nature in the World of Modern Science, New York and London: Routledge, 1989.

Simians, Cyborgs, and Women: The Reinvention of Nature, London: Free Association Books and New York: Routledge, 1991.

Modest_Witness@Second_Millennium. FemaleMan©_Meets_Oncomouse™. Feminism and Technoscience, New York and London: Routledge, 1997.

How Like a Leaf: An Interview with Thyrza Nichols Goodeve, New York: Routledge, 2000.

The Companion Species Manifesto: Dogs, People, and Significant Otherness, Chicago: Prickly Paradigm Press, 2003.

Crystals, Fabrics, and Fields: Metaphors that Shape Embryos, Berkeley: North Atlantic Books, 2004.

The Haraway Reader, New York: Routledge, 2004.

When Species Meet, Minneapolis: University of Minnesota Press, 2008.

2. 论文

"The Transformation of the Left in Science: Radical Associations in Donna Haraway, Britain in the 1930s and the U.S.A. in the 1960s, " *Soundings,* LVIII 4 , 1975.

"Animal Sociology and a Natural Economy of the Body Politic, Part I, A Political Physiology of Dominance," *Signs,* 4, 1978.

"Animal Sociology, Part II, The Past is the Contested Zone: Human Nature and Theories of Production and Reproduction in Primate Behavior Studies," *Signs,* 4, 1978.

"The Biological Enterprise: Sex, Mind, and Profit from Human Engineering to Sociobiology," *Radical History Review,* 20, 1979.

"In the Beginning Was the Word: The Genesis of Biological Theory," *Signs,* 6, 1981.

"The High Cost of Information in Post World War II Evolutionary Biology: Ergonomics, Semiotics, and the Sociobiology of Communications Systems," *Philosophical Forum,* XIII 2-3, 1981-82.

"Sex, Race, Class, Scientific Objects of Knowledge: A Marxist-Feminist Perspective on the Scientific Generation of Productive Nature and Some Political Consequences," *Socialism in the World,* 29, 1982.

"Signs of Dominance: From a Physiology to a Cybernetics of Primate Society, C.R. Carpenter, 1930-70," *Studies in History of Biology,* 6, 1983.

"The Contest for Primate Nature: Daughters of Man the Hunter in the Field, 1960-80," Mark Kann, ed., *The Future of American Democracy: Views from the Left,* Temple University Press, 1983.

"Class, Race, Sex, Scientific Objects of Knowledge: A Socialist-Feminist Perspective on the Social Construction of Productive Nature and Some Political Consequences," Violet Haas and Carolyn Perrucci, eds., *Women in Scientific and Engineering Professions,* Ann Arbor: University of Michigan Press, 1984.

"Primatology is Politics by Other Means: Women's Place is in the Jungle," *Philosophy of Science Association,* 2, 1984.

"Teddy Bear Patriarchy: Taxidermy in the Garden of Eden, New York City, 1908-36," *Social Text,* 11, 1984/1985.

"Manifesto for Cyborgs: Science, Technology, and Socialist Feminism in the 1980s," *Socialist Review,* 80, 1985.

"The Heart of Africa: Nations, Dreams, and Apes," *Inscriptions,* 2, 1986.

"Reading Buchi Emecheta: Contests for Women's Experience in Women's Studies," *Inscriptions, 3/4, 1988.*

"Remodeling the Human Way of Life: Sherwood Washburn and the New Physical Anthropology, 1950-80," *History of Anthropology,* 5, 1988.

"Situated Knowledges: The Science Question in Feminism as a Site of

Discourse on the Privilege of Partial Perspective," *Feminist Studies,* 14.3, 1988.

"Investment Strategies for the Evolving Portfolio of Primate Females," Mary Jacobus, Evelyn Fox Keller, and Sally Shuttleworth, eds., *Body/Politics: Women and the Discourses of Science,* New York: Routledge, 1989.

"Monkey, Aliens, and Women: Love, Science, and Politics at the Intersection of Feminist Theory and Colonial Discourse," *Women's Studies International Forum,* 12. 3, 1989.

"The Subjects Are Cyborg, Nature Is Coyote, and the Geography Is Elsewhere," C. Penley and A. Ross, eds, *Technoculture,* Minneapolis: University of Minnesota Press, 1991.

"Ecce Homo, Ain't (Ar'n't) I a Woman, and Inappropriate/d Others: The Human in a Posthumanist Landscape," Joan Scott and Judith Butler, eds., *Feminists Theorize the Political,* New York: Routledge, 1992.

"Otherworldly Conversations, Terran Topics, Local Terms," *Science as Culture,* 3.1, 1992.

"The Promises of Monsters: Reproductive Politics for Inappropriate/d Others," Larry Grossberg, Cary Nelson and Paula Treichler, eds., *Cultural Studies,* New York: Routledge, 1992.

"When Man™ is on the Menu," Jonathan Crary and Sanford Kwinter, eds., *Incorporations,* New York: Zone, 1992.

"A Game of Cat's Cradle: Science Studies, Feminist Theory, Cultural Studies," *Configurations: A Journal of Literature and Science,* 1, 1994.

"Shifting the Subject: A Conversation between Kum-Kum Bhavnani and Donna Haraway, 12 April 1993, Santa Cruze, California," *Feminism & Psychology,* 4.1, 1994.

"Cyborgs and Symbionts: Living Together in the New World Order," Chris Hables Gray, Heidi J. Figueroa-Sarriera and Steven Mentor, eds., *The Cyborg Handbook,* New York: Routledge, 1995.

"Universal Donors in a Vampire Culture: It's All in the Family. Biological Kinship Categories in the Twentieth Century, " William Cronon, ed., *Uncommon Ground: Reinventing Nature,* New York: Norton, 1995.

"Modest Witness: Feminist Diffractions in Science Studies," Galison and David Stump, eds., *The Disunity of Sciences: Boundaries, Contexts, and Power Peter,* Stanford, CA: Stanford University Press, 1996.

"Enlightenment@Science_Wars.com: A Personal Reflection of Love and War," *Social Text,* 15.1, 1997.

"Gender for a Marxist Dictionary: The Sexual Politics of a Word," Sarah Franklin, ed., *The Sociology of Gender,* London: Edward Elgar, 1997.

"Maps and Portraits of Life Itself," Peter Galison and Caroline Jones, eds., *Picturing Science, Picturing Art,* New York: Routledge, 1998.

"Mice into Wormholes: A Technoscience Fugue in Two Parts," Gary Downey and Joseph Dumit, eds., *Cyborgs and Citadels: Interventions in the Anthropology of Technohumanism,* Santa Fe, NM: School of American Research, 1998.

"Modest_Witness@Second_Millennium," Donald MacKenzie and Judy Wajcman, eds., *The Social Shaping of Technology,* 2nd ed, Buckingham: Open University Press, 1999.

"Morphing in the Order: Flexible Strategies, Feminist Science Studies, and Primate Revisions," Shirley Strum and Linda Fedigan, eds., *Primate Encounters,* Chicago: University of Chicago Press, 2000.

"Cloning Mutts, Saving Tigers: Ethical Emergents in Technocultural Dog Worlds," Sarah Franklin and Margaret Lock, eds., *Remaking Life and Death: Towards an Anthropology of the Biosciences,* Santa Fe, NM: School of American Research Press, 2003.

"Cyborgs to Companion Species: Reconfiguring Kinship in Technoscience," Don Ihde and Evan Slinger, eds., *Chasing Technoscience: Matrix of Materiality,* Bloomington: Indiana University Press, 2003.

"For the Love of a Good Dog: Webs of Action in the World of Dog Genetics," Alan Goodman, M. Susan Lindee and Deborah Heath, eds., *Genetic Nature/Culture: Anthropology and Science beyond the Two Culture Divide,* Berkeley, Los Angeles, London: University of California Press, 2003.

"Chicken," B. Eekelen, J. Gonzalez, B. Stötzer and A. Tsing, eds., *Shock and Awe: War on Words*, Santa Cruz: New Pacific Press, 2004.

3. 访谈

"*C*yborg at Large," An Interview Conducted by Constance Penley and Andrew Ross, C. Penley and A. Ross, eds. , *Technoculture*, Minneapolis:

University of Minnesota Press, 1991.

Marcy Darnovsky, "Overhauling the Meaning Machines: An Interview with Donna Haraway," *Socialist Review,* 21.2, 1991.

"The Literature of Cyborg Feminism: An Interview with Donna Haraway," conducted by Takayuki Tatsumi, for Japanese Journal, *Hermes,* Tokyo: Iwanami-Shoten Publishers, 31, 1991.

"More Than You Think, Less than There Should Be," A Conversation with the *Praxis* Editorial Collective and Guests, *Praxis,* 3, 1992.

P.K. Jamison, "No Eden under Glass: A Discussion with Donna Haraway," *Feminist Teacher,* 6.2, 1992.

"The Practice/Effect Gap," Interview with Brian D'Amato, *Catalogue for Virtual Reality Art Show*, New York, 1992.

"Nature, Politics, and Possibilities: A Debate and Discussion with David Harvey and Donna Haraway," from the Association of American Geographers, Chicago, March 17, 1995.

"Writing, Literacy and Technology: Toward a Cyborg Writing," Gary Olson and Elizabeth Hirsh, eds. , *Women Writing Culture*, Albany: State University of New York Press, 1995.

"Monkey Puzzle," Interview with Jennifer Gonzalez, *World Art,* 1, 1996.

Hari Kunzru, "The Unlikely Cyborgm," *Wired* (London), December 1996.

"In and Out of This World," Profile by Gail Vines, *The Times Higher*

Education Supplement, April 25, 1997.

"Donna Haraway: Blurring the Line between Science and Fiction," Interview by Nicole Heller, *Speak*, Summer 1999.

（二）关于哈拉维的研究

1. 著作

Chris Habels Gray, ed. , *The Cyborg Handbook,* New York: Routledge, 1995.

David Bell, *Cyberculture Theorist: Manuel Castells and Donna Haraway,* New York: Routledge, 2007.

Glen A. Mazis, *Humans, Animals, Machines: Blurring Boundaries,* New York: State University of New York Press, 2008.

Joseph Schneider, *Donna Haraway: Live Theory,* Continuum International Publishing Group, 2005.

Mike Michael, *Reconnecting Culture, Technology and Nature: From Society to Heterogeneity,* Florence, KY, USA: Routledge, 2000.

Nina Lykke and Rosi Braidotti, eds. , *Between Monsters, Goddesses and Cyborgs-Feminist Confrontations With Science, Medicine and Cyberspace,* London: Zed Books, 1996.

2. 论文

Baukje Prins, "The Ethics of Hybrid Subjects: Feminist Constructivism According to Donna Haraway," *Science, Technology & Human Values,* 20.3, 1995.

Casper Bruun Jensen, "CSCW Design Reconceptualized Through Science Studies," *Ai & Society*, 15, 2001.

Constance Penley, Anrew Ross, and Donna Haraway, "Cyborgs at Large: Interview with Donna Haraway," *Social Text*, 25/26, 1990.

Edward Hall, "Reading Maps of the Genes: Interpreting the Spatiality of Genetic Knowledge," *Health & Place*, 9, 2003.

Eleanor M. Miller and Frank B. Varney, "Reviewed Work(s): *Modest_Witness@Second_Millennium. FemaleMan©_Meets_Oncomouse™* by Donna J. Haraway," *Gender and Society,* 13.3, 1999.

Erin Smith and Cynthia L. Selfe, "Chapter 5: Teaching and Transformation: Donna Haraway's 'A Manifesto for Cyborgs' and Its Influence in Computer-Supported Composition Classrooms," *Springer*, 2006.

James D. Ebert, "Reviewed Work(s): Crystals, Fabrics and Fields. Metaphors of Organicism in Twentieth-Century Developmental Biology by Donna Jeanne Haraway," *Isis,* 68. 3, 1977.

Jonathan Crewe, "Transcoding the World: Haraway's Postmodernism," *Signs,* 22.4, 1997.

Judith Genova, "Tiptree and Haraway: The Reinvention of Nature," *Cultural Critique*, 27, 1994.

Kevin J. O'Brien, "An Ethics of NatureCulture and Creation: Donna Haraway's Cyborg Ethics as a Resource for Ecotheology," *Ecotheology,* 9.3, 2004.

Kirsten Campbel, "The Promise of Feminist Refl Exivities: Developing Donna Haraway's Project for Feminist Science Studies," *Hypatia,* 19.1, 2004.

Lisa Weasel, "Dismantling the Self/Other Dichotomy in Science: Towards a Feminist Model of the Immune System," *Hypatia,* 16.1, 2001.

Nicholas Gane, "When We Have Never Been Human, What Is to Be Done? Interview with Donna Haraway," *Theory, Culture & Society,* 23, 2006.

Nigel Thrift, "Donna Haraway's Dreams," *Theory, Culture & Society,* 23, 2006.

N. Katherine Hayles, "Unfinished Work from Cyborg to Cognisphere," *Theory, Culture & Society*, 23, 2006.

Peta S. Cook, "The Modernistic Posthuman Prophecy of Donna Haraway," *Paper Presented to the Social Change in the 21st Century Conference Centre for Social Change Research Queensland University of Technology,* 29 October 2004.

Peter S. Rodman, "Review: Flawed Vision: Deconstruction of Primatology and Primatologists," *Current Anthropology,* 31.4, 1990.

Roger Smith, "Reviewed Work(s): Simians, Cyborgs, and Women: The Reinvention of Nature by Donna J. Haraway," *Isis,* 83.2, 1992.

Rita Arditti and Shelley Minden, "Comment on Haraway's 'In the Beginning Was the Word' and Errington's Review of 'The Death of Nature'," *Signs,* 9.2, 1983.

Rosi Braidotti Posthuman, "All Too Human: Towards a New Process Ontology," *Theory, Culture & Society,* 23.7-8, 2006.

Stacy Alaimo, "Cyborg and Ecofeminist Interventions: Challenges for an Environmental Feminism," *Feminist Studies,* 20.1, 1994.

Thomas R. Dunlap, "Reviewed Work(s): Primate Visions: Gender, Race and Nature in the World of Modern Science by Donna Haraway," *Environmental History Review,* 14.1/2, 1989.

William Grmie, "Donna Haraway's Metatheory of Science and Religion: Cyborgs, Trickster, and Hermes," *Zygon,* 31.2, 1996.

Hari Kunzru, "You Are Cyborg," http://www.wired.com/wired/archive/5.02/ffharaway.html.

Josephine M. Carubia, "Haraway on the Map," http://www.univie.ac.at/wissenschaftstheorie/srb/srb/haraway.html.

Julie Boulanger, "The Companion Species Manifesto by Donna Haraway," http://www.bookslut.com/nonfiction/2004_05_002059.php.

Kate Phillips, "Haraway's Cyborg and Feminism," http://www.associatedcontent.com/article/226769/haraways_cyborg_and_feminism.html.

Robert M. Young, "Science, Ideology and Donna Haraway," http://www.human-nature.com/rmyoung/paper/paper24h.html.

Theresa M. Senft, "Senft's Reading Notes for Donna Haraway's 'A Cyborg Manifesto'," http://www.kaboodle.com/reviews/theresa-m.-senfts-reading-notes-for-donna-haraways-a-cyborg-manifesto.

(三) 其他文献

Abby Wilkerson, "Ending at the Skin: Sexuality and Race in Feminist Theorizing," *Hypatia*, 12.3, 1997.

Alan Sokal and Jean Bircmont, *Fashion Nonsense,* New York: Picardor USA, 1998.

Allison Muri, "Traversing the Territories: When Humanists Engage with Biotechnology and Technoscience," *New Media & Society*, 9.5, 2007.

A. M. Jaggar and I. M. Young, eds. , *A Companion to Feminist Philosophy,* Malden Massachussetts: Blackwell Publisher, 1998.

Andre Kukla, *Social Constructivism and the Philosophy of Science,* London and New York: Routledge, 2000.

Andrew Picking, *Constructing Quarks,* Chicago: University of Chicago Press; Edinburgh: Edinburgh University Press, 1984.

Andrew Picking, "Practice and Posthumanism: Social Theory and a History of Agency," Ted Schatzki, and Karin Knorr-Cetina, eds. , *The Practice Turn in Contemporary Theory,* New York: Routledge, 2001.

Andrew Picking, New Ontology, Presented at the Eighth Conference on the Agenda for the Millennium, "Reality/Simulacrum/Artificial: Ontologies of Post-Modernity," Candido Mendes University, Rio de Janeiro, Brasil, 20-22 May 2002.

Anne Kull, "The Cyborg as an Interpretation of Culture-nature," *Zygon,* 36.1 , 2001.

Anne Kull, "Symposium on Technology-speaking Cyborg: Technoculture and Technonature," *Zygon,* 37.2, 2002.

Bell Hooks, *Yearning: Race, Gender and Cultural Politics,* Boston: South End Press, 1990.

Bruce Mazlish, *The Fourth Discontinuity,* New Haven and London: Yale University Press, 1995.

Bruno Latour, *The Pasteurization of France,* Cambridge Mass, USA: Harvard University Press, 1988.

Bruno Latour, *We Have Never Been Modern,* Catherine Porter, trans., Cambridge: Harvard University Press, 1993.

Bruno Latour, *Pandora's Hope,* Cambridge, Massachusetts & London, England: Harvard University Press, 1999.

Bruno Latour, *Politics of Nature: How to Bring the Sciences into Democracy,* Catherine Porter, Cambridge, Mass, trans., USA: Harvard University Press, 2004.

Bruno Latour, *Reassembling the Social: An Introduction to Actor-network Theory, Oxford* , New York, Oxford: University Press, 2005.

Bruno Latour and Peter Weibel, eds. , *Making Things Public: Atmospheres of Democracy,* Cambridge, MA: MIT Press, 2005.

Darren Tofts, Annemarie Jonson and Alessio Cavallaro, eds. , Prefiguring Cyberculture: An Intellectual History, Cambridge: MIT Press, 2002.

Elizabeth Potter, *Gender and Boyle's Law of Gases,* Bloomington, IN:

Indinana University Press, 2001.

Evelyn Fox Keller, *Reflections on Gender and Science,* New Haven: Yale University Press, 1985.

Evelyn Fox Keller and Helen E. Longino, eds. , *Feminism and Science,* Oxford: Oxford University Press, 1996.

Michael Foucault, *Power/Knowledge: Selected Interviews and Other Writings, 1972-1977,* Colin Gordon, ed. The Harvester Press, 1980.

Gassndra L.Pinnick, Noretta Koertge and Robert F. Almeder, eds., *Scrutinizing Feminist Epistemology: An Examination of Gender in Science,* New Brunswick, New Jersey, and London: Rutgers Press, 2003.

Stacy Gillis, Gillian Howie and Rebecca Munford, *Third Wave Feminism: A Critical Exploration,* Expanded second edition, Palgrave, 2007.

Deleuze Gliies and Felix Guattzri, *A Thousand Plateaus,* Minneapolis: University Of Minnesota Press, 1987.

G. A. Olson and E. Hirsh, eds. , *Women Writing Culture,* Albany, NY: SUNY Press, 1995.

Gloria E. Anzaldúa, and Cherrie Moraga, *This Bridge Called My Back,* Kitchen Table-Women of Color Press, 1981.

Gordon, "A. Possible Worlds: an interview with Donna Haraway," in M. Ryan and A. Gordon, eds. , *Body Politics: Disease, Desire and the Family,* Boulder CO: Westview, 1994.

Margaret Atherton, "Cartesian Reason and Gendered Reason," Antony and Witt, eds. , *A Mind of One's Own,* Colorado: Westview Press, 1993.

Linda Alcoff and Elizabeth Potter, eds. , *Feminist Epistemologies,* London: Routledge, 1993.

Sandra Harding and Merrill B. Hintikka, eds. , *Discovering Reality: Feminist Perspectives on Epistemology, Metaphysics, Methodology and Philosophy of Science,* Dordrecht: Reidel, 1983.

Sandra Harding, *The Science Question in Feminism,* Ithaca, N.Y: Cornell University Press, 1986.

Sandra Harding, *Whose Science? Whose Knowledge? Thinking from Women's Lives,* Ithaca: Cornell University Press, 1991.

Nancy Hartsock, *The Feminist Standpoint Revisited and Other Essays,* Boulder, CO: Westview Press, 1998.

Heather Walton, "The Gender of the Cyborg," *T&S,* 10.2, 2004.

Henk G. Geertsema, "Cyborg: Myth or Reality," *Zygon*, 41.2, 2006.

Hilary Rose, "Beyond Masculinist Realities: A Feminist Epistemology for the Science," Ruth Bleier, ed. , *Feminist Approaches to Science,* New York: Pergamon Press, 1986.

Ian Hacking, "Canguilhem amid the Cyborgs," *Economy and Society,* 27.2-3, 1998.

Joseph Rouse, "What are Cultural Studies of scientific Knowledge?" *Configurations,* 1, 1992.

Joseph Rouse, *Engaging Science: How to Understand its Practice Philosophically?"* Ithaca: N.Y. Cornell University Press, 1996.

Karen Barad, *Halfway: Quantum Physics and the Entanglement of*

Matter and Meaning, Durham and London: Duke University Press, 2007.

Helen Longino, *Science as Social Knowledge: Values and Objectivity in Scientific Inquiry,* Princeton: Princeton University Press, 1990.

Michael Lynch and Steve Woolga, eds. , *Representation in Scientific Practice,* Cambridge, Mass and London: MIT Press, 1990.

Martha McCaughey, "Redirecting Feminist Critiques of Science," *Hypatia,* 8.4 , 1993.

Maurice Collins, "Stage in the Empirical Programme of Relativism," *SSS,* 11, 1981.

Micheal Mulkay, *Science and the Sociology of Knowledge,* London: George Allen and Unwin, 1979.

Nancie E. Caraway, "The Challenge and Theory of Feminist Identity Politics: Working on Racism," *A Journal of Women Studies,* 12.2, 1991.

Nancy Hartsock, "Postmodernism and Political Change: Issues for Feminist Theory," *Cultural Critique,* 14, 1989-1990.

Lynda Nead, *The Female Nude: Art, Obscenity and Sexuality,* New York: Routledge, 1992.

Lynn Hankinson Nelson, *Who Knows: From Quine to Feminist Empiricism,* Philadelphia, PA: Temple University Press, 1990.

Lynn Hankinson Nelson and Jack Nelson, eds. , *Feminism, Science, and the Philosophy of Science,* Dordrecht: Kluwer, 1996.

Patrick Parrinder, *Science Fiction: Its Criticism and Teaching,* London: Methuen, 1980.

Philip Hefner, "Technology and Human Becoming," *Zygon,* 37(3), 2002.

Phyllis Rooney, "Recent Work in Feminist Discussions of Reason," *American Philosophical Quarterly,* 31.1, 1994.

Plant Sadie, *Zeros and Ones: Digital Women and the New Technoculture,* New York: Bantam Doubleday Dell Publishing Group, 1997.

Hilary Rose, *Love, Power and Knowledge: Towards a Feminist Transformation of the Sciences,* Cambridge, U. K.: Polity, 1994.

Sandra Handing, "Rethinking Standpoint Epistemology: 'What is Strong Objectivity'?" Linda Nicholson, eds. , *Feminist Epistemologies,* New York and London: Routledge, 1993.

Sandra Harding, "Feminist Philosophies of Science," *APA Newsletters,* 99.2, 2000.

Sarah Franklin, "Science as Culture, Cultures of Science," *Annual Review of Anthropology,* 24, 1995.

S. Shapin and S. Schaffer, *Leviathan and the Air-pump: Hobbes, Boyle, and the Experimental Life,* Princeton, NJ: Princeton University Press, 1985.

Steve Woolga and Malcolm Ashmore, "The Next Step: An Introduction to the Reflexive Project," Steve Woolga, eds. , *Knowledge and Reflexivity: New Frontiers in the Sociology of Knowledge,* London: Sage, 1988.

Nancy Tuana, ed. , *Feminism and Science,* Bloomington: Indiana University Press, 1989.

Tudor Balinisteanu, "The Cyborg Goddess: Social Myths of Women as

Goddesses of Technologized Otherworlds," *Feminist Studies,* 33.2, 2007.

William A. Covino, "Grammars of Transgression: Golems, Cyborgs, and Mutants," *Rhetoric Review,* 14.2, 1996.

Elizabeth Anderson, "Feminist Epistemology and Philosophy of Science," http://plato.stanford.edu/entries/feminism-epistemology/.

Elizabeth Anderson, "How Not to Criticize Feminist Epistemology: A Review of Scrutinizing Feminist Epistemology," http://www-personal.umich.edu/~eandersn/hownotreview.html.

Marianne Janack, "Feminist Epistemology," http:// www.iep.utm.edu/f/fem-epis.html.

二　中文文献

（一）著作

〔澳〕艾伦·查尔默斯:《科学及其编造》，蒋劲松译，上海世纪出版集团，2007。

〔美〕爱德华·W. 萨义德:《东方学》，王宇根译，三联书店，2007。

〔美〕安德鲁·皮克林:《实践的冲撞——时间、力量与科学》，邢冬梅译，南京大学出版社，2004。

〔美〕安德鲁·皮克林编《作为实践和文化的科学》，柯文、伊梅译，中国人民大学出版社，2006。

〔英〕阿尔弗雷德·诺思·怀特海:《过程与实在》，杨富斌译，中国城市出版社,2003。

〔美〕阿尔温·托夫勒:《第三次浪潮》,朱志炎译,三联书店,1983。

〔美〕阿兰·巴纳德:《人类学历史与理论》,王建民等译,华夏出版社,2006。

〔美〕彼得·辛格:《动物解放:生命伦理学的世界经典素食主义的宣言》,祖述宪译,青岛出版社,2004。

〔美〕贝尔·胡克斯:《女权主义理论——从边缘到中心晓征》,平林译,江苏人民出版社,2001。

〔英〕巴里·巴恩斯、大卫·布鲁尔、约翰·亨利主编《科学知识:一种社会学的分析》,邢冬梅,蔡仲译,南京大学出版社,2004。

〔法〕布鲁诺·拉图尔、〔英〕史蒂夫·伍尔伽:《实验室生活》,张伯霖、刁小英译,东方出版社,2004。

〔法〕布鲁诺·拉图尔:《科学在行动》,刘文旋、郑开译,东方出版社,2005。

〔美〕保罗·R.格罗斯、诺曼·莱维特:《高级迷信:学术左派及其关于科学的争论》,孙雍君、张锦志译,北京大学出版社,2008。

蔡仲:《后现代相对主义与反科学思潮:科学、修饰与权力》,南京大学出版社,2004。

曹荣湘选编《后人类文化》,上海三联书店,2004。

程代熙等编著《西方现代派作家谈创作》,文心等译,中国广播电视出版社,1991。

〔美〕丹尼·贝尔:《后工业社会的来临》,高銛等译,新华出版社，1997。

〔英〕大卫·布鲁尔:《知识和社会意向》，艾彦译，东方出版社，2001。

〔美〕大卫·雷·格里芬:《后现代科学——科学魅力的再现》，马季芳译，中央编译出版社，2004。

〔美〕E.F.凯勒:《情有独钟》，赵台安、赵振尧译，三联书店，1987。

〔法〕福柯:《词与物——人文科学考古学》，三联出版社，2001。

〔美〕F.拉普:《技术哲学导论》，刘武等译，辽宁科学技术出版社，1986。

〔美〕冯俊等:《后现代主义哲学演讲录》，陈喜贵等译，商务印书馆，2003。

高宣扬:《当代法国思想五十年》，中国人民大学出版社，2005。

郭贵春:《隐喻、修辞与科学解释》，科学出版社，2007。

〔德〕海德格尔:《海德格尔选集》，孙周兴选编，上海三联书店，1996。

〔德〕黑格尔:《精神现象学》，贺鳞、王玖兴译，商务印书馆，1997。

〔法〕吉尔·德勒兹、费利克斯·瓜塔里:《游牧思想》，陈永国编译，吉林人民出版社，2003。

〔英〕简·弗里德曼:《女权主义》，雷艳红译，吉林人民出版社，2007。

〔英〕简·古多尔、菲利普·伯曼:《希望的理由：著名生物学家简·古多尔的精神之旅》,祁阿红译,上海译文出版社,2001。

江天骥:《当代西方科学哲学》,中国社会科学出版社,1984。

〔英〕卡洛琳·麦茜特:《自然之死:妇女、生态和科学革命》,吴国盛等译,吉林人民出版社,1997。

〔英〕柯林武德:《自然的观念》,吴国盛译,北京大学出版社,2006。

〔英〕柯林武德:《历史的观念》,何兆武、张文杰译,中国社会科学出版社,1986。

李思孟、宋子良主编《科学技术史》,华中理工大学出版社,2000。

李银河:《李银河自选集——性、爱情、婚姻及其他》,内蒙古大学出版社,2006。

李银河主编《妇女:最漫长的革命》,三联书店,1997。

〔美〕理安·艾斯勒:《圣杯与剑——男女之间的战争》,程志民译,社会科学文献出版社,1993。

〔美〕理查德·罗蒂:《哲学和自然之镜》,李幼蒸译,商务印书馆,2003。

林德宏、肖玲:《科学认识思想史》,江苏教育出版社,1995。

〔匈〕卢卡奇:《历史与阶级意识》,杜章智等译,商务印书馆,1996。

罗嘉昌:《从物质实体到关系实在》,中国社会科学出版社,1996。

〔美〕罗斯玛丽·帕特南·童:《女性主义思潮导论》,夏侯炳、艾小明等译,华中师范大学出版社,2002。

〔德〕M.石里克:《普通认识论》,商务印书馆,2005。

〔美〕马尔库塞:《单向度的人》,刘继译,上海译文出版社,2006。

《马克思恩格斯全集》第44卷,人民出版社,2001。

〔德〕尼采:《曙光——尼采文集》,田立年译,漓江出版社,2007。

〔德〕尼采:《权力意志》,孙周兴译,商务印书馆,2007。

〔美〕诺里塔·克瑞杰主编《沙滩上的房子》,蔡仲译,南京大学出版社,2003。

〔美〕佩吉·麦克拉肯主编《女权主义理论读本》,艾晓明、柯倩婷译,广西师范大学出版社,2007。

〔英〕乔治·迈尔逊:《哈拉维与基因改良食品》,李建会、苏湛译,北京大学出版社,2005。

〔法〕让-弗朗索凡·利奥塔:《后现代状况:关于知识的报告》,岛子译,湖南美术出版社,1996。

〔德〕斯宾格勒:《西方的没落》,陈晓林译,黑龙江教育出版社,1988。

〔美〕桑德拉·哈丁:《科学的文化多元性》,夏侯炳、谭兆民译,江西教育出版社,2002。

〔美〕史蒂文·塞德曼编《后现代转向:社会理论的新视角》,吴世雄等译,辽宁教育出版社,2001。

〔英〕史蒂文·夏平:《真理的社会史:十七世纪英国的文明与科

学》,赵万里等译,江西教育出版社,2002。

〔英〕索菲亚·孚卡文:《后女权主义》,文化艺术出版社,2003。

〔美〕索卡尔、德里达、罗蒂等:《"索卡尔事件"与科学大战》,蔡仲、邢冬梅等译,南京大学出版社,2002。

〔美〕托马斯·库恩:《必要的张力》,纪树立等译,福建人民出版社,1981。

〔美〕托马斯·库恩:《科学革命的结构》,金吾伦、胡新和译,北京大学出版社,2003。

王治河主编《后现代主义辞典》,中央编译出版社,2004。

汪民安:《身体、空间与后现代性》,江苏人民出版社,2006。

汪民安、陈永国:《后身体:文化、权力和生命政治学》,吉林人民出版社,2003。

汪民安、陈永国、马海良:《后现代性的哲学话语:从福柯到赛义德》,浙江人民出版社,2000。

汪民安主编《生产》第3辑,广西师范大学出版社,2006。

〔德〕文德尔班:《历史与自然科学》,商务印书馆,1953。

吴国盛主编《自然哲学》第2辑,中国社会科学出版社,1996。

吴小英:《科学、文化与性别——女性主义的诠释》,中国社会科学出版社,2000。

〔美〕希拉·贾撒诺夫等编《科学技术论手册》,盛晓明等译,北京理工大学出版社,2004。

〔法〕西蒙娜·德·波伏娃:《第二性》,陶铁柱译,中国书籍出版社,1998。

〔加〕许志伟:《基督教神学思想导论》,中国社会科学出版社,2001。

曾国屏、李正风等:《赛博空间的哲学探讨》,清华大学出版社,2002。

张广利、杨明光:《后现代女权理论与女性发展》,天津人民出版社,2006。

章梅芳、刘兵编《性别与科学读本》,上海交通大学出版社,2008。

〔美〕詹妮特·A.克莱妮编《女权主义哲学问题:理论和应用》,李燕译,东方出版社,2006。

赵敦华:《西方哲学简史》,北京大学出版社,2000。

赵敦华:《现代西方哲学新编》,北京大学出版社,2000。

《自然辩证法百科全书》编辑委员会编《自然辩证法百科全书》,中国大百科全书出版社,1995。

三 论文

〔美〕安德鲁·皮克林:《赛博与二战后的科学、军事与文化》,肖卫国译,《江海学刊》2005年第6期。

蔡仲:《对女性主义科学观的反思》,《南京大学学报》2002年第4期。

陈键:《女权主义科学哲学》,《哲学动态》1995年第5期。

陈俊:《基因技术与伦理关怀:保持必要的张力》,《科学技术与辩证法》2007年第12期。

陈永国:《德勒兹思想要略》,《外国文学》2004年第7期。

程党根:《异域中的异样主体之维——德勒兹视域中的后现代主体模式》,《南京社会科学》2003年第6期。

董林群:《女性主义立场论视野中的"强客观性"》,《科学技术与辩证法》2005年第8期。

董美珍:《科学、女性与客观性——兼评女性主义对客观性的探索》,《自然辩证法研究》2006年第4期。

董美珍:《女性主义视野中的科学》,《山西师大学报》2005年第7期。

董美珍:《性别问题与性别意识》,《科学技术与辩证法》2005年第12期。

E.A. 克尔:《论女性主义的自然科学:把理论与实践相连接》,《国外社会科学》1999年第1期。

郭丽丽:《另一种科学另一类哲学——女性主义立场论科学哲学评析》,《自然辩证法通讯》2005年第2期。

胡涤菲:《西方女性主义认识论与科学批判》,《浙江学刊》2003年第11期。

洪晓楠、郭丽丽:《后现代女性主义科学哲学评析》,《科学技术与辩证法》,2004年第12期。

洪晓楠、郭丽丽:《论女性主义对科学的批判、重建及其反思》,《自然辩证法研究》2004年第4期。

洪晓楠、郭丽丽:《再论女性主义对科学的批判、重建及其反思》,

《科学技术与辩证法》2005 第 6 期。

洪晓楠:《女性主义经验论科学哲学评析》,《自然辩证法研究》2005 年第 11 期。

蒋道凤:《女性主义科学能存在吗?》,《东南大学学报》2005 年第 1 期。

李建会:《苏湛.哈拉维及其"赛博格神话"》,《自然辩证法研究》2005 年第 3 期。

李霞:《女性主义与后现代主义的对立和融合》,《国外社会科学》1998 年第 1 期。

利春蓉:《颠覆男权文化,重塑女性自我——美国作家乔安娜·拉斯〈雌性男人〉的女性透视》,《前沿》2006 年第 8 期。

林德宏:《人与技术关系的演变》,《科学技术与辩证法》2003 年第 12 期。

刘兵:《曹南燕:女性主义与科学史》,《自然辩证法通讯》1995 年第 4 期。

刘兵:《科学方法与性别》,《读书》1997 年第 1 期。

刘军:《女性主义方法研究》,《妇女研究论丛》2002 年第 1 期。

刘霓:《技术与男性气质:应予瓦解的等式》,《国外社会科学》2002 年第 4 期。

刘鹏:《客观性概念的历程》,《科学技术与辩证法》2007 年第 6 期。

麦永雄、德勒兹:《生成论的魅力》,《文艺研究》2004 年第 3 期。

邱仁宗:《女性主义哲学述介》,《哲学动态》2000 年第 1 期。

R. 科沃德:《我们需要一个新的女性主义吗?》,《国外社会科学》

2000第3期。

宋秋水:《关于"后人类"若干问题的思考》,《中国矿业大学学报》2005第4期。

王宏维:《论哈丁及其"强客观性"研究——后殖民女性主义认识论语境分析》,《华南师范大学学报》2004年第6期。

王娜:《皮克林的科学实践观初探》,《自然辩证法研究》2006年第7期。

吴淼、郑辰坤:《科学和性别相关吗?——对女性主义科学观的反思》,《科学技术与辩证法》2003年12期。

吴小英:《当知识遭遇性别——女性主义方法论之争》,《社会学研究》2003年第1期。

吴小英:《女性主义的知识范式》,《国外社会科学》2005年第3期。

邢冬梅:《女性主义、客观性与科学大战》,《科学技术与辩证法》2004年第5期。

杨富斌:《怀特海过程哲学思想述评》,《国外社会科学》2003年第4期。

杨通进:《转基因技术的伦理争论:困境与出路》,《中国人民大学报》2006年第5期。

虞凌艳:《对女性主义认识论的批判性考察》,《广西社会科学》2005年第4期。

张伟琛:《对主体及主体哲学的批判》,《河南师范大学学报》2007年第3期。

张小简:《关于女性主义科学哲学的争论》,《世界哲学》2004年第5期。

张晓荣:《当基因改良食品遭遇后现代》,《广西社会科学》2007年第4期。

张晓荣:《关于cyborg的哲学探索》,《华北电力大学学报》2004年第4期。

郑毓信:《后现代主义之审思——从科学哲学的角度看》,《陕西师范大学学报》2004年第2期。

周丽昀:《情境化知识——唐娜·哈拉维眼中的"客观性"解读》,《自然辩证法研究》2005年第11期。

李燕:《全新的女权主义理论和实践》,http://www.studa.net/zhongguo/070517/16334767.html.

董美珍:《女性主义科学观探究》,博士学位论文,复旦大学,2004。

洪晓楠:《科学文化哲学前沿问题研究》,博士学位论文,大连理工大学,2006。

王玲莉:《哈拉维技术哲学思想研究》,硕士学位论文,东南大学,2006。

张巍:《哈拉维的赛博格思想研究》,硕士学位论文,哈尔滨工业大学,2006。

周丽昀:《科学实在论与社会建构论比较研究》,博士学位论文,复旦大学,2004。

图书在版编目（CIP）数据

自然、文化与历史生成：唐娜·哈拉维的女性主义技科学思想研究 / 杨艳著. -- 北京：社会科学文献出版社，2024.6（2024.9 重印）
ISBN 978-7-5228-2017-0

Ⅰ.①自… Ⅱ.①杨… Ⅲ.①唐娜·哈拉维－科学思想－研究 Ⅳ.① K837.125.1

中国国家版本馆 CIP 数据核字（2023）第 120862 号

自然、文化与历史生成
——唐娜·哈拉维的女性主义技科学思想研究

| 著　　者 / 杨　艳

| 出 版 人 / 冀祥德
| 责任编辑 / 邵璐璐
| 责任印制 / 王京美

| 出　　版 / 社会科学文献出版社
　　　　　　地址：北京市北三环中路甲29号院华龙大厦　邮编：100029
　　　　　　网址：www.ssap.com.cn
| 发　　行 / 社会科学文献出版社（010）59367028
| 印　　装 / 唐山玺诚印务有限公司

| 规　　格 / 开　本：880mm×1230mm 1/32
　　　　　　印　张：12.875　字　数：295 千字
| 版　　次 / 2024 年 6 月第 1 版　2024 年 9 月第 2 次印刷
| 书　　号 / ISBN 978-7-5228-2017-0
| 定　　价 / 98.00 元

读者服务电话：4008918866

▲ 版权所有 翻印必究